■新股民从零开始学炒股系列

从入门到精通的成长秘笈，从新手到高手的实战宝典！

从零开始学炒股

（第三版）

陈金生◎编著

本书包括股票基础知识、入市流程、炒股软件使用、大盘指数、移动平均线、K线、突破缺口、量与价等内容，是新股民入市的第一本书！

经济管理出版社
ECONOMY & MANAGEMENT PUBLISHING HOUSE

图书在版编目（CIP）数据

从零开始学炒股/陈金生编著. —3 版. —北京：经济管理出版社，2015.10
ISBN 978-7-5096-3935-1

Ⅰ. ①从… Ⅱ. ①陈… Ⅲ. ①股票交易—基本知识 Ⅳ. ①F830.91

中国版本图书馆 CIP 数据核字（2015）第 203944 号

组稿编辑：勇 生
责任编辑：胡 茜
责任印制：黄章平
责任校对：车立佳

出版发行：经济管理出版社
（北京市海淀区北蜂窝 8 号中雅大厦 A 座 11 层 100038）
网 址：www. E-mp. com. cn
电 话：（010）51915602
印 刷：北京晨旭印刷厂
经 销：新华书店
开 本：720mm×1000mm/16
印 张：16
字 数：253 千字
版 次：2016 年 1 月第 3 版 2016 年 1 月第 1 次印刷
书 号：ISBN 978-7-5096-3935-1
定 价：48.00 元

第三版序

有股票交易经验的投资者会有一个共识：股票市场投资风险大，规避风险获得利润是一件看似简单却难以实现的事情。要获得稳定的投资回报，我们需要在牛市中买卖股票。只要我们有自己的一套交易策略，获得收益就并非难事。股市经历了 2009 年 7 月到 2014 年 7 月长达 5 年的熊市调整后，终于在 2014 年下半年进入牛市状态。截至 2015 年 5 月底，上证指数收盘在 4500 点的时候，涨幅已经高达 150%，创业板指数上涨 400%以上。我们显然不应该错过这波大牛市。在牛市中，上证指数还未突破历史高位的时候，个股早已经处于突破的边缘或者已经再创新高。

在新的牛市行情中，我们可以利用已有的交易策略来买卖股票，同样可以收到较好的投资效果。与以往不同的是，这一次涨幅较大，而个股当中牛股辈出。行情转暖的时候，把握交易机会的投资者，可以是超短线买卖的投资者，也可以是中长期持股的投资者。

根据不同的交易策略需要，我们判断行情的时候，可以选择 K 线、技术指标等完成短线交易，提升每一次买卖的盈利空间。当然，我们要想获得中长期的盈利机会，可以在均线交易、趋势线交易和跟庄交易上下功夫，获得庄家买卖股票的信息，提升把握中长期盈利机会的能力。

短线买卖的时候，每一次都能有机会获得 10%~30%的利润；而中长期交易的时候，卖出股票时获得翻倍收益的概率很大。在牛市行情中，我们短线交易盈利的机会很多，低买高卖是个不错的交易手段。即便短线买入股票后出现亏损，随着股票指数的反弹我们还是能够继续盈利的。在中长期回升趋势中，我们可以利用股票指数调整的机会增加持股资金，在中长期的回升走势中获得收益。

技术分析过程中，我们可以通过学习最基本的 K 线、均线、指标、趋势、短线交易策略等获得收益。如果我们能够在各种走势中融会贯通地运用这些指标，那么盈利是迟早的事情。从短线交易到跟庄和战胜庄家，我们有很多需要学习的地方。“新股民从零开始学炒股系列”丛书，内容涉及K线、均线、指标、趋势、短线和跟庄等全面的技术分析内容。在经过修订后的本系列第三版的书中，我们将更好、更新的实战案例融入进来，为投资者提供更贴近实战的交易手法。

在牛市出现的时候，各种技术指标也会出现不同于以往的复杂变化。不过，指标变化万变不离其宗，按照本系列第三版书中所讲的内容，我们不难发现交易机会并可获得稳定的投资回报。值得一提的是，本系列第三版图书的内容并非只针对特定案例做出特定的买卖策略解读，实际上，书中的案例全部是可以参考的操作策略。我们要善于把握交易机会，举一反三地运用买卖方法，提高交易的准确性。

升级版的牛市需要升级版的技术分析方法，在牛市当中，牛股有更好的波动潜质，而技术指标的变化也是有迹可循的。我们平时常见的指标形态和价格走势，会在牛市中表现得更加出色。当然，相应的交易机会就更不能错过了。围绕K线、趋势等技术分析方法，我们能在实战交易中做得更好。

不同的牛市行情有不同的牛股走势，在2014年7月以后的牛市中，成交量远超过历史量能。融资融券活跃，股指期货、期权蓬勃发展，我们应当以平常心看待牛市。从零开始学习股票交易的过程，也可以获得超过指数的投资回报。

前 言

对于国内的广大投资者，可以选择的投资渠道并不多，很多投资领域都需要较大的资金投入量，这对于资金量相对较少的投资者无疑是难以逾越的障碍；即使资金允许，这些投资领域也需要较为专业的知识和丰富的经验。那么有没有不需要太多资金投入量和专业知识，也可以有不菲收益的投资渠道呢？答案是肯定的，这就是股票市场。

相对于其他投资产品（如基金、银行理财产品、保险、储蓄、期货等），股票的魅力无疑是巨大的。首先，在股市中，没有资金放大的杠杆效应，这使得我们可以较好地控制风险。其次，虽然股价的波动较为频繁和剧烈，但这种波动不是随机的，而是有其内在规律可循的，只要我们方法得当、学以致用，就可以较为准确地预测出价格的后期走势，从而实现高额的利润回报。

虽然股票交易只有一买一卖两个操作，但是要想从这一买一卖两个操作中获取利润却并不是一件简单的事情，这需要投资者对股票市场较为熟悉并且对个股价格的后期走势有一个准确的预测。我们可以这样理解股票操作中的整个获利过程：获利是最终的结果，在获利前是我们对价格后期走势的准确预测，我们要利用自己精通的某种分析方法来进行预测，但是在使用这些分析方法前，对股市、股票等方面基础知识的学习却是首要任务。可以说，要想成功地在股票市场中实现稳健的获利，我们既需要掌握相关的炒股知识，也要有丰富的实战方法。本书以这两点为核心，力图帮助新入市场的股民在最短的时间内理解股市、掌握炒股的基本方法，并学会实战方法。

在前五章中，本书由浅入深、循序渐进地讲解炒股所需要的基础知识，力求从零开始、通俗易懂。投资者即使对股市没有任何概念，只要从第一章开始依次阅读，也是可以完全理解并掌握这些内容的。在后五章中，理论结合实例，讲解了如何利用不同的方法分析预测股价的后期走势，从而可以在准确判断的基础上展开成功的低吸高抛操作。综上所述，前五章是基础知识，后五章是实战运用，通过这种前后连贯的学习，读者就可以系统性地掌握炒股的基本知识和技能，从而从容地游弋于股海中，乘风破浪、无往不前。

炒股绝不能打无准备之仗，否则吃亏的只有自己。股票市场所涉及的各方面的知识点众多，任何一本书都无法完全覆盖。对于其他知识的学习，读者可以在以后的实盘操作中结合自己的发展方向有所选择地进行学习。为了使读者可以学深、学透某一种具体的买股卖股方法，本书对技术指标、趋势、K 线等内容进行了较为深入的专题讲解，希望能够给读者朋友们提供切实可行的指导。

在本书的编写过程中，得到了谢荣湘、张彩玉、王海涛、石国桥、李顺安、张良钊、薛莎莎、张玉梅、王站鹏、王令群、刘月秀、苗小刚、李银玲、李星野、黄俊杰、张乐、张超、伍拥军等的大力支持，在此一并致谢！

目　录

第一章　了解股票的发展进程

第一节　为何会出现股票交易

节前提示："读史可以使人明智"，了解一种事物，从它的形成历史着手，可以更为深入地了解事物的本质并深入到其内部当中。本节中，我们主要从股票交易产生的历史出发，了解是怎样的时代背景促使了股票交易的出现，它为企业、投资者带来什么样的益处。

股票交易是一种全新的交易方式，它是社会发展的产物，其出现有着深刻的历史背景。17 世纪初，随着资本主义大工业的发展，企业生产经营规模不断扩大，由此而产生了资本短缺。企业经营者为了扩大生产规模、满足生产资本需求中的不足，通过发行公司股票的方式向社会募集到大量的闲散资金，而买股票的公众也可以通过买入企业股票来分享企业所创造的利润。对于企业来说，通过发行股票的方式，企业的规模及生产能力得到了质的提升，股票带来了一种全新的企业组织模式；对于广大投资者来说，股票则带来了一种新的投资理念。

1602 年在荷兰成立的东印度公司是世界上最早的股份有限公司，之所以会诞生在荷兰，是因为荷兰在当时世界经济贸易中的地位是非常重要的。16 世纪末，荷兰的海运业非常繁荣昌盛，当时的荷兰仅是一个拥有 150 万人口的国家，却将自己的贸易势力几乎延伸到地球的每一个角落，成为整个世界的经济中心和最富庶的地区。它被马克思称为当时的"海上第一强国"。荷兰的船队通过将国外盛产而国内稀缺的东西运回来，同时，再将国内盛产而国外稀缺的东西运出去的方式，实现了高额的利润回报。当时荷兰一个国家的商船数量就相当于英、法两国商船数量的总和。但当时的航海技术有限，那些出没无常的狂风巨浪常给远航的贸易带来无法回避的巨大风险，且当时的船只数量及规模均无法满足日益增长的国内外经贸往来。远航带来的高额利润是所有人都希望得到的，而获取它所必须承担的巨大风险又是所有人都无法逃避的，那么，有没有一种办法既能够获得足够的利润又能够把风险控制在一定程度呢？

答案是肯定的，通过建造规模庞大、承载量大的船只既可以降低远航的风险，也可以创造更多的利润。但建造船只、扩建公司规模就需要足够多的资金，这样通过向公众发行股票募集社会闲散资金的方式就被率先提出来。通过发行股票的方式，公司可以募集到巨额的资金，而且如果在以后的经营发展中遇到了资金难题，还可以通过发行新股来加以解决；买股票的投资者则可以通过购买股票来分享公司所创造的高额利润，当然也要同时承担公司经营中所遇到的风险。

1602 年荷兰东印度公司成立，它创造了一个前所未有的经济组织模式，即通过向全社会融资的方式，它发行了当时价值 650 万荷兰盾的股票，差不多相当于 300 万欧元，而在当时这些钱值几十亿欧元。那时，几乎每一个荷兰人都购买了这家公司的股票，甚至包括阿姆斯特丹市市长的佣人。通过向全社会融资的方式，东印度公司成功地将分散的财富变成了自己对外扩张的资本，成千上万的国民愿意把安身立命的积蓄投入到这项利润丰厚，同时也存在着巨大风险的商业活动中，虽然一定程度上是出于对财富的渴望，而更重要的是，因为荷兰政府也是东印度公司的股东之一。东印度公司在荷兰的 6 个海港城市设立了办事处，其中最重要的一个当然就是阿姆斯特丹了，在这里发行的股票数量占总数的 50%以上。

东印度公司成立之初即实现了以股票的方式来募集资金，但由于公司的建设、船只的建造有一个时间周期，因而，在公司成立之初即买入股票的投资者将在随后很长一段时间内无法获得资本利得，那么投资者为何还要买它呢？这其中的原因就在于，投资者对公司的未来有一个良好的预期，且所买入的这些股票具备较好的流通性，投资者不用担心无法兑现。在东印度公司成立的最初十年中，公司没有支付任何的利息，也没有派发红利，但这并不妨碍投资者购买该公司股票的热情。为了使股票具有更好的流动性，进而增强投资者的购买意愿，1609 年，世界上第一个股票交易所诞生在阿姆斯特丹，在此之后，持有股票的股东们就可以在股票交易所中将自己持有的股票转手卖掉。

股票的诞生使得人们的投资理念发生了全新的变革，经营好的企业会创造巨额的利润，而投资者则可以通过购买好企业的股票来分享其所创造的财富。以东印度公司为例，从 1602 年成立至 1782 年停发股息，其给投资者的资本年回报率平均为 18%，鼎盛时期高达 40%。

股票交易所的诞生彻底激活了人们购买股票的愿望，在此之后，股票、股份制公司、股票交易所等很快被资本主义国家广泛利用，股份制公司成为资本主义国家企业组织的重要形式之一。

相对于资本主义国家来说，我国的股份制公司制度及股票市场起步较晚、历史较短，上海证券交易所及深圳证券交易所均成立于 1990 年 10 月，但国内股市的成长速度却是飞快的，且股市相关制度也在借鉴、总结中快速地完善着。当前的国内股票市场已成为一个资金存量巨大、参与人数众多、流通性极强，且在国际股票市场中占据着举足轻重地位的股市。对于国内广大的普通投资者来说，可以实现资产保值、增值的渠道并不是很多，此时，门槛较低、易于上手且回报率往往惊人的股市就不失为一个好的投资渠道。

第二节　股份制公司的特点

节前提示：股票是股份制公司制度下的产物，如果把股份制公司看作是一种实实在在存在的实体资产，股票则是与其一一对应的虚拟资产。通过将公司资产划分为等额股票，股份制公司的权责划分更为明确、资产规模也可以更为庞大。可以说，股份制公司的产生推动了工业化的发展进程，并已成为现代公司构成中最为重要的一种形式。本节中，我们主要介绍股份制公司的组织架构及其特点所在。

股份制是一种新型的企业组织形式，也是企业组织形式在适应社会化大生产背景下的一种进化型产物，它主要包含以下三方面的特点：

1. 可以快速聚集到大量的资本

马克思说："假如必须等待积累去使某些单个资本增长到能够修建铁路的程度，那么恐怕直到今天世界上还没有铁路。但是，集中通过股份制公司转眼之间就把这件事完成了。"股份制公司可以通过向公众发行股份，实现短时间内"积少成多、集腋成裘"的目的，从而为企业的生产发展提供大量的可用资本。可以说，股份制公司可以在短时间内把不同形式、不同种类的资本组合在一起，形成资本集聚，充分发挥社会资本的力量。

2. 所有权与使用权分离

股份制公司的资本划分为若干股份，由出资人认股，出资人可以根据自己的资金能力认购一股或若干股，通过认购股权，股东享有企业相应份额资产的所有权，从而也享有了企业在经营过程中所创造出的相应利润。所有权仅仅代表股东对企业财产上的所有权，但并不代表股东要去经营企业，股份制企业会选择一些有专业才能的人进行经营运作，这就是企业的经营权。实行所有权与经营权相分离的原则，更有利于实现优势互补、权责明晰，也有利于企业沿着清晰、明确的战略方向发展。

3. 相对完善合理的组织架构

在通常情况下，公司的组织管理机构由股东大会、董事会、董事会下设的专门委员会和监事会，以及总经理、副总经理等组成。这种组织管理机构的设置借鉴了资产阶级政治理论中三权分立的学说，把股东大会视作立法机关、决策机构，把董事会视为行政机关、业务执行机构，把监事会视为司法机关、监督机构。采取三权分立的体制，以实现公司内部的权力自我制衡和自治。这种组织架构的形式既有利于企业内部之间的相互配合、沟通，从而形成一个具有合力的团队；又有利于监督约束机制发挥作用，避免企业因个人偏见而误入歧途。

第三节　熟识股票的特性

节前提示：股票（Stock 或 Share）是由股份有限公司发给投资者以证明其所买入股份的一种有价证券，也是一种可买卖、可转手、流通性强，但却不可以直接兑现的有价证券。虽然股票仅仅是一种有价证券，但它的特点绝不止这些，本节中，我们就来了解一下股票的特性，以帮助读者对股票这种产物有一个更为深入的理解。

与其他商品相似，股票也是一种可以买卖的商品，但它毕竟是一种特殊的商品，与我们在超市、市场中所买的那些物品还是有些明显区别的。一般来说，我们可以把股票的特性归结为六点：

1. 可流通性

可流通性是股票的最大特点。所谓的可流通，是指我们可以用现金将股票买进，同样，也可以将手中的股票卖出去并获得相应的现金。我们常说“炒股”，其实所谓的“炒股”就是指股票通过在不同投资者之间的不断转手，从而实现价格的不断上涨。若股票不具备可流通性，则它的魅力无疑会大打折扣。

可流通性仅仅表明股票具备了流通性，但如果没有足够多的投资者来参与股票的买卖，则它的流通性就是极差的。古玩、邮票、纪念币等也具有流通性，但它们的流通性却显得较差，若投资者手中持有一枚值得收藏的古玩，且依据市场行情来说，它的价格不菲，但是若想马上将其转手卖出则难度较大。这是因为从事古玩交易的投资者本就较少，而且对于价高的古玩来说，想买的人则会更少。因而，我们可以说像古玩这类品种，虽然可以流通，但流通性较差，想买的人难以依据行情变化实时买入，想卖的人也难以依据行情变化实时卖出。但对于股票这个交易品种来说，它的流通性却是极强的，全国有 1 亿多的股票投资者，而沪深两市的股票市场中仅有几千只个股，这使得在每个交易日中参与每一只股票买卖的投资者数量众多，股票也在大量投资者的买卖交易中具备了高度流通的特性，想买的投资者可以依据行情变化实时买入，想卖的投资者也可以实时卖出。

2. 收益性

投资者买股票是为了获得良好的收益，股票可以通过以下三种方式为投资者创造收益：

第一种是通过买卖过程中所形成的差价来获得收益。股票短期内的价格波动幅度往往较大，如果投资者对股票价格的走势判断准确，就可以通过“低吸高抛”的方式赚取差价利润，这也是投资者通过股票获利的首要方式。

第二种是通过上市公司发放现金红利的方式获得收益。上市公司如果经营良好且创造利润丰厚，则往往会在每个年度实施一到两次的分红，这种分红来自于上市公司的利润，也称为股息或红利。它是上市公司对股东的回馈，毕竟股东才是上市公司的资产所有者，分享上市公司的利润也是理所当然的。

第三种是通过上市公司的不断成长来获取收益。“买股票就是买上市公司的未来”，如果上市公司的业绩不断增长、盈利能力不断增强，则每股股票所包含的价值会水涨船高，伴随着上市公司的业绩不断成长，其股价也会同步持续上涨，从而使投资者的账面不断增值。

3. 保值、增值性

股票通常被视为在高通货膨胀期间可优先选择的投资对象。在通货膨胀时，由于公司的资产会随着通货膨胀而增加，因而代表着上市公司资产价格的股票，也会随着公司原有资产重置价格上涨而上涨，从而避免了资产贬值。

4. 不可偿还性

股票与上市公司是共存亡的，从期限上看，只要上市公司存在，它所发行的股票就存在，股票的期限等于公司存续的期限。投资者认购股票后，就不能再要求退股，只能到二级市场卖给第三者（这就是股票的流通性）。股票的转让只意味着公司股东的改变，并不减少公司资本。

5. 参与性

股东是公司资产的所有者，对公司来说，股东有着财产上的所有权。虽然股份制公司都实施了财产所有权与经营权分离的方式，但这并不意味着股东无法参与公司的重大决策，他们可以通过出席股东大会的方式来参与公司的重大决策。股东参与公司决策的权力大小，取决于其所持有的股份的多少，如果股东持有的股票数量能够达到一定比例时，股东就可以掌握公司的决策控制权。

6. 风险性

股票市场中的价格波动频繁且幅度巨大，这种价格波动走势既蕴含着获利机会，同时也蕴藏着风险。如果投资者对价格走势判断准确，则可以从低买高卖中获取高额的差价利润；但是如果投资者判断失误，在高点处进行了买股操作，则就要面临巨额的亏损。此外，股票价格的走势易受各种偶然因素及外界因素的影响，这些大大增加了其不确定性，使得普通的散户投资者难以准确地把握股票价格走势，增加了交易风险。

第四节　看懂股价走势图

节前提示：为了帮助读者更好地理解本书随后讲到的内容，我们首先指导读者学会看懂股票价格走势图，即股价走势图。股票的价格走势直接关系着持股者的盈亏情况，而且，股价走势也是我们分析预测个股后期走势的直接依据。在国内的股市中，通常用 K 线图表示股票的价格走势，本节中，我们就来了解 K 线图的具体知识。

K 线图是一种用来表示股票价格走势的图表类型，也称为阴阳烛、阴阳线、棒线、蜡烛图和日本线等。它起源于 18 世纪中叶日本德川幕府时代，是米商用于记录米价的涨跌情况，分析米价走势时所采用的一种图表类型。米商们每天仔细地观察市场米价的变化情况，以此来分析预测市场米价的涨跌规律。

K 线图是由一根根的 K 线以时间为横轴、价格为纵轴连接而成的图表，每一根 K 线记录了一定时间周期的价格波动情况。一般来说，以“日”为时间周期，即一根 K 线记录的是一天内的价格变动情况。图 1-1 为单根 K 线形态示意图。单根 K 线由四个价位来确定：开盘价、收盘价、最高价和最低价。开盘价是每个交易日开市时的成交价，由集合竞价产生，一般来说，每个交易日开盘价会以上一个交易日的收盘为基础。如果当日的开盘价高于上一个交易日的收盘价，则称为高开，反之则称为低开。如果当日的开盘价等于上一个交易日的收盘价，则称为平开。收盘价是每个交易日收市时的价位。最高价是当日全天交易中最高的成交价位。最低价则是当日全天交易中最低的成交价位。

由图 1–1 中可以看到，如果当日的开盘价低于收盘价，则价格走势在当日处于上涨状态，此时收盘价位于开盘价的上方，这一 K 线形态称为阳线，阳线一般用红颜色来表示；反之，如果当日的开盘价高于收盘价，则价格走势在当日处于下跌状态，此时收盘价位于开盘价的下方，这一 K 线形态称为阴线，阴线一般用绿色或黑色表示。在单根 K 线形态中，中间的矩形（即开盘价与收盘价所构成的矩形实体）称为实体部分；而其上下的竖线则称为影线，上方的竖线为上影线，下方的竖线为下影线。这就是单根 K 线的构成方式，可以看出，单根 K 线蕴含了较多的信息，既体现了价格当日的涨跌幅度，也体现了当日盘中交投过程中产生的最高价与最低价，是我们解读、分析价格走势时不可或缺的工具。

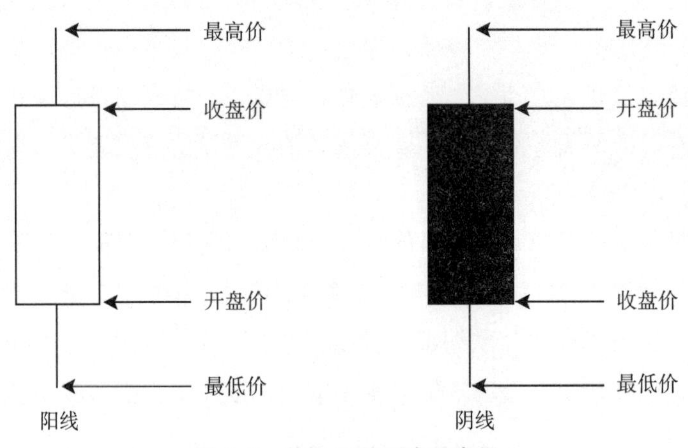

图 1–1　单根 K 线形态示意图

在以时间为横轴（时间周期为“日”）、价位为纵轴的二维坐标系中，将每个交易日的 K 线依次排列，我们就会得到价格走势的 K 线图，它直观、清晰地体现了价格在持续运行过程中的波动情况。图 1–2 为江铃汽车的日 K 线走势情况，通过一根根 K 线的依次排列，我们可以清晰地看到此股的价格运行过程。在 K 线图的下方，我们可以看到柱形图，它的时间周期与 K 线图的时间周期是一致的，这种柱状形态其实代表的是成交量，那么，什么是成交量呢？

图 1–2 江铃汽车日 K 线走势图

所谓成交量，是指股票某一时间周期内的成交数量。对于一只股票而言，由于交易日是双向的（即买方买进一定数量的股票时，也就意味着卖方同时卖出了这些数量的股票，买方买进的股票数量等于卖方卖出的股票数量），因而，统计成交量的方法有两种：一种是单边统计，即只以买方买入的股票数量（或者卖方卖出的股票数量）作为依据；另一种则是双边统计，即成交量=买方买进的股票+卖方卖出的股票。在国内股票市场中，成交量是以单边方式进行统计的。

K 线图下方对应的柱形图就是表明当日成交量大小的，柱形越长说明当日的成交量越大，反之则越小。K 线走势的形态及成交量柱形图的形态，蕴含了丰富的市场信息，它们是我们分析并预测价格后期走势时的重中之重。

在了解 K 线图后，我们还应了解分时图。分时图以分钟为时间单位，用于反映盘中实时的走势。对于大盘来说，其分时图反映了指数的实时运行情况；对于个股来说，其分时图反映了股价的实时运行情况。

我们首先来看看个股的盘中分时图。图 1–3 为申能股份（600642）2015 年 4 月 16 日的分时图，我们可以看到分时线、均价线和分时量这三个重要的构成要素。它们均以分钟为时间单位，其中的分时线波动速度较为频繁，代表着股价的盘中实时走势；均价线的波动速度较为平缓，代表着此股当日市场平均持仓成本的变化情况，其计算方法是，当日到目前这一时刻的成交总金额除以当日到目前这一时刻的成交总股数；在分时线与均价线的下方有一些长短不一的柱形条，这些柱形条以分钟为单位，代表着个股每分钟的成交量。

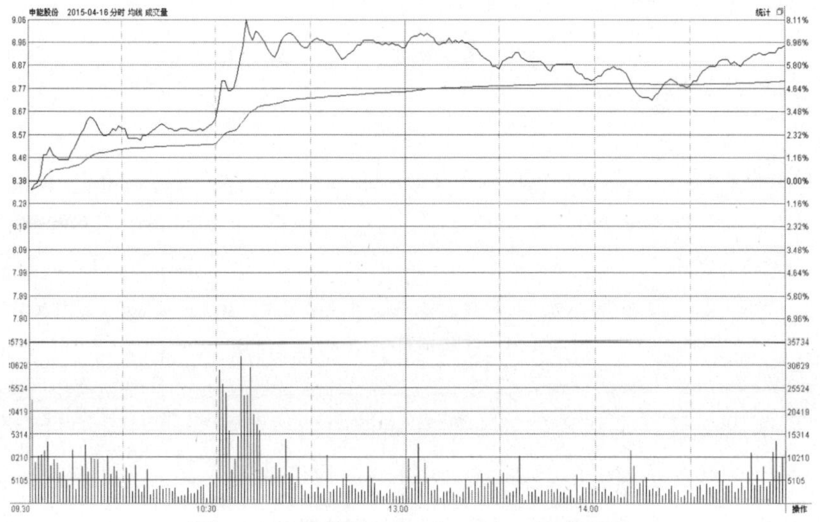

图 1–3　申能股份 2015 年 4 月 16 日分时图

第五节　你手中的个股属于哪一类

节前提示：沪深两市有几千只股票，我们在股市中也常听到“绩优股”、“垃圾股”、“大盘股”、“权重股”和“银行股”等不同的说法。其实这些说法主要用于指出股票的类型，了解这些分类，有助于我们更好地识股、选股。本节中，我们将以公司业绩、股本大小、行业特性和所在区域等几个因素作为划分标准，了解各式各样的股票是如何分门别类的。

1. 业绩划分法

股票体现上市公司的质量，而上市公司的质量就体现在它的当前业绩和发展潜力等方面，因而，依据上市公司的当前业绩、预期业绩等标准来划分股票就是一种较科学且最为常用的划分方法。股市中影响股价的因素虽然多种多样，但业绩无疑占据着核心的地位，从长远的角度来看，股价是要与业绩挂钩的，而且业绩的变化也深深地影响着个股的后期走势。因而，我们应关注个股的当前业绩及未来业绩的变化情况。依据上市公司的业绩情况，我们可以把全体个股分为大盘蓝筹股、中小盘绩优股、成长股（潜力股）、垃圾股和 ST 股等。

大盘蓝筹股是指那些企业规模庞大、股本也同样巨大的股票，这些股票所属的上市公司在行业中有着举足轻重的地位，且具有较强的竞争力和抵御风险能力，因而其业绩较为稳定。但是由于这些企业规模过于庞大，因而其市场开拓空间相对狭小，难以实现企业的高速发展，业绩也难以实现高速增长。在选择这类股票时，我们可以重点关注其估值情况，当这类个股的股价明显低于其实际价值时，则是中长线布局的好时机。因此，从中线的角度来讲，这类个股很可能会随着大盘的回暖走势而呈现出上扬形态；从长线的角度来讲，即使大盘走势不佳，则这类个股的下跌空间也是极其狭小的，而如果我们长线持股，还可以获取高于同期银行利息的稳定分红，可谓一举两得，不失为稳健投资者的首选。

中小盘绩优股是指业绩较好，且企业规模适中的个股，对于这类个股而言，它们在同行业中往往会在某一领域或某一区域内具有一定的独特优势。因而，在市场环境趋好时，这类个股往往会取得不俗的业绩，但是由于它们的行业地位难以与大盘蓝筹股相比，当市场环境不佳时，它们的抵御风险能力就会较差。在选择这类股票时，我们既要关注其行业发展情况，也要关注上市公司的竞争能力，只有两者兼备时，才是最佳买入时机。

成长股是股票市场的最大魅力体现，因为它真真正正地实现了财富的裂变，如果说买股票就是买未来，那么用这句话来形容成长股的走势最恰当不过。成长股不会在短期内带给我们业绩暴增百分之几百的惊喜，但是其业绩增速却可以在几年之内保持 30%以上，在这种业绩增长的复利基础上，成长股的中长期涨幅往往是极为惊人的。成长股多产生于小盘股身上，这些股票所属的企业或是基于良好的管理团队；或是基于行业的美好前景；或是基于难得的市场机遇，使得其企业规模不断扩大、市场空间不断扩大、盈利能力持续增长，业绩的增长必将导致股价的裂变，成长股在几年内的涨幅很可能是十几倍，甚至几十倍的。

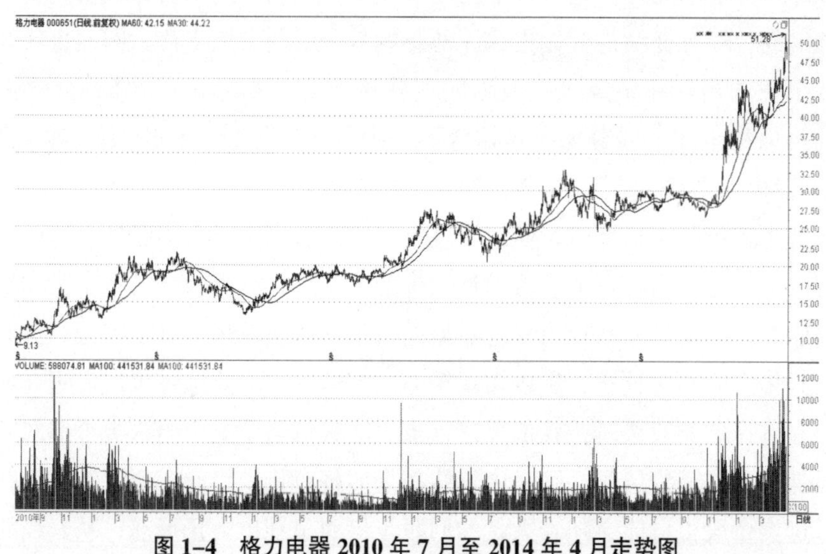

图 1–4　格力电器 2010 年 7 月至 2014 年 4 月走势图

图 1–4 为格力电器 2010 年 7 月至 2014 年 4 月走势情况，此股在这三年多的时间内股价上涨了数倍。股价的这种上涨速度正是源于此股业绩的高速增长，每当此股公布年报或季报时，总能看到其业绩增速保持在 100%左右，而且这种增长具有持续性，是复合增长的。在业绩高速增长的背后，自然也就是股价的裂变。

垃圾股也称为绩差股，是指那些主营能力较差、业绩处于微利或亏损状态的上市公司的股票。这类股票所属的上市公司或者由于行业前景不好或者由于经营不善等原因，导致其在同行业中竞争力极弱、毫无优势可言。这类股票由于没有持续稳定增长的业绩支撑，因而其价格走势往往会随着股市交投环境的变化而呈现大起大落，如果从中长期的角度来说，它们难以形成稳健持续的上涨。

国内股市规定，对于那些连续两年亏损的企业要实施特别对待，即在其股票名称前面加一个“ST”；而对于连续三年亏损的企业则还要在 ST 前面加一个“*”，表示这只股票有退市的风险。与普通的股票不同，ST 类个股的涨跌幅限制为 5%。

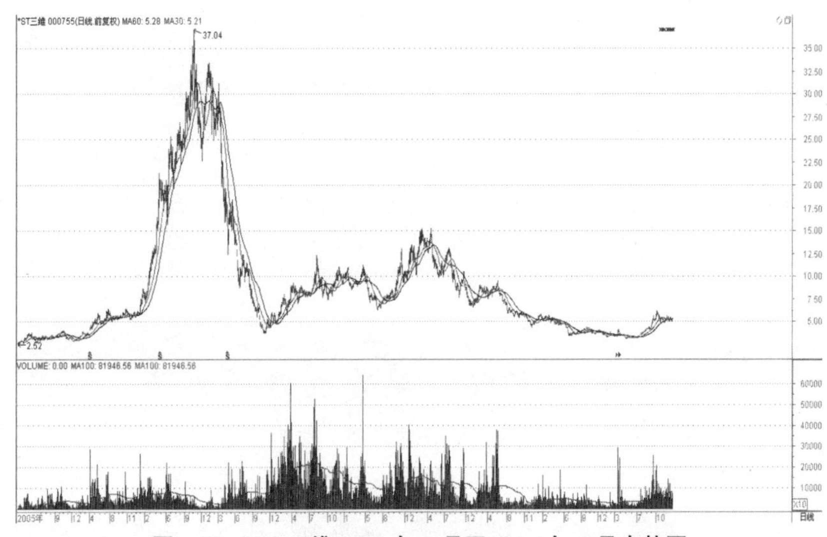

图 1–5 *ST 三维 2005 年 2 月至 2014 年 4 月走势图

图 1–5 为 *ST 三维（600755，原名：山西三维）2005 年 2 月至 2014 年 4 月走势情况。此股在上市后，其业绩长年处于小幅盈利、微利或亏损的边缘，很难实现稳定的增长。由于股价从中长线的角度来看势必要与业绩挂钩，因而，在这长达九年多的时间内，此股并没有出现较大的累计上涨幅度。

2. 板块划分法

所谓的板块是指具备了相似属性的一类股票的集合，即板块是某一类股票的一个集合。这种相似的属性可以是行业上的相同，可以是地域上的相同，也可以是概念题材上的相近。

股市中的热点往往是以板块的形式来实现不断转换的。在股市中，我们常会看到这样一种现象，很多具有相同特征的个股往往呈现出明显的齐涨共跌走势，其实，这些具有相同性质的个股就构成了一个板块。

依据不同的标准，我们可以对全体个股进行不同的板块划分，例如，依上市公司的行业特点，可以将全体个股分为钢铁板块、银行板块、券商板块、电力板块、煤炭石油板块……依据上市公司所处地域的不同，可以将全体个股分为上海板块、北京板块、黑龙江板块、新疆板块……依据个股所具有的概念或题材，可以将全体个股划分为新能源板块、亚运板块、高送转板块、3G板块……

了解板块的划分至关重要，因为国家出台的行业政策或是区域政策，都是针对某一特定群体的，而这正好与股市中的板块划分方法相符。因而，当有好的行业扶持政策或区域政策利好消息出台时，我们往往可以看到某一类个股都会出现大涨走势。如果我们可以很好地把握住板块，并能在实盘操作中积极关注板块，就可以更好地把握住股票买卖时机。

第六节　买股，风险与收益并存

节前提示：股票、基金、期货、外汇和债券等证券类产品都属于风险与收益共存的品种，它们与银行储蓄不同。银行储蓄虽然未必能很好地抵御通货膨胀所带来的本金贬值，但在绝对数字上，银行储蓄只能让资金数额增长。而对于这些证券类产品来说，却不是这样的，如果投资者对后期走势判断错误，则很有可能出现本金亏损的不利局面；但风险与收益是成正比的，如果投资者对后期走势判断准确，则可以获取远远高于定期存款利率的利润回报。在几种证券产品中，债券的风险最低，但回报率也较低，对投资者的吸引力不大；期货、外汇由于引入了保证金制度，虽然预期收益可观，但这也使得其风险成倍地放大，在买卖操作中，投资者难以准确拿捏；基金是一个不错的品种，但过于依赖大盘环境，只有在股市整体向好时，才有望获取较高的回报；只有股票，是一个风险与收益绝佳组合的品种，它既不失令人激动的高额预期回报，又可以让投资者有能力较好地控制风险。

买股票是一项风险与收益共存的投资活动，与其他任何风险投资项目的原理一样，它的风险与收益是成正比的。很多不了解股票的投资者可能会认为股市是一个风险极大的市场，其实，这种观点有其片面之处。因为“股市”这个概念只是一个笼统的说法，而我们所买卖的却是某一只或几只具体股票，参与不同类型的股票，预期的收益不同，当然所承担的风险也不同。此外，风险的大小也取决于投资者的研究判断能力，若具备良好的知识与丰富的实战经验，就可以在最好的时机出击那些可以带来预期高回报，但却无须承担太大风险的个股。下面我们结合几个实例来看看买股卖股时所分享的收益与承担的风险。

国内股市中的获利机制是低吸高抛，也可以称为低买高卖，即投资者先在相对低点进行买入操作，随后若股价上涨，就可以通过在相对高点卖出的方式实现获利；反之，若在投资者买入一只股票后，其价格走势不涨反跌，则投资者就会出现亏损，这种获利方式可以称为做多获利机制。关于做多获利机制的详细讲解，投资者可以参见第六章第一节。

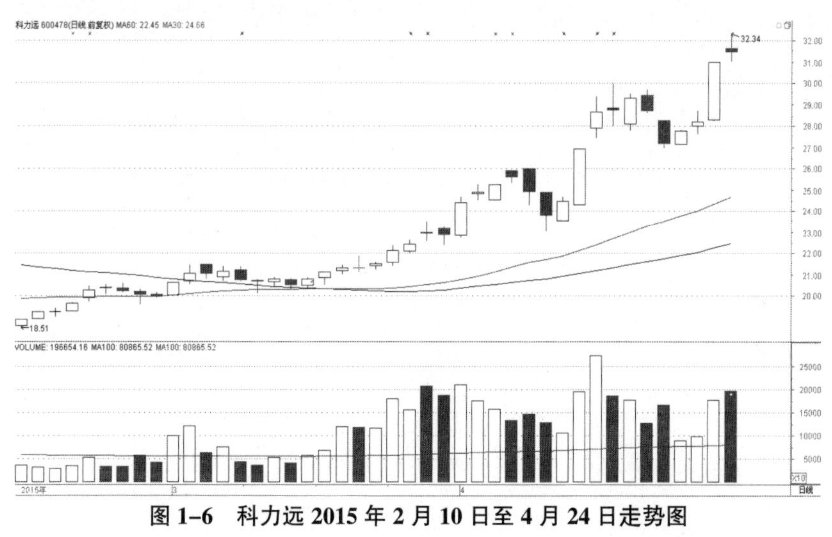

图 1–6 科力远 2015 年 2 月 10 日至 4 月 24 日走势图

图 1–6 为科力远 2015 年 2 月 10 日至 4 月 24 日走势情况，可以看出，此股在此期间实现震荡上扬。如果我们在 2015 年 2 月前后买入此股进行布局，并耐心持有至 2015 年 4 月前后再卖出，就可以完成一次成功的低买高卖，并获取不错的差价利润（此股在此期间的涨幅超过60%）。如果投资者对价格的后期走势判断正确，股票就会带给其高额的收益。

图 1–7 为科力远 2014 年 11 月 26 日至 2015 年 2 月 9 日走势情况。如图所示，此股在此期间处于震荡下跌的走势中，如果我们在 2014 年 11 月前后买入此股，那么，由于此股随后出现了较长时间、幅度较大的震荡下跌走

势，我们将出现亏损。这就是买股的风险所在，即如果买在了高位区，将面临被套的不利局面。

图 1–7　科力远 2014 年 11 月 26 日至 2015 年 2 月 9 日走势图

第二章　了解股市结构，熟识开户流程

第一节　什么是证券交易所

节前提示："交易所"与"券商"是股票市场中最为常用的两个概念，也是股票市场中最为重要的两个组成部分。但很多投资者并不能够明确地区分两者，本章第一节和第二节，我们就来了解什么是交易所，什么是券商？

交易所，也就是我们常说的证券交易所，它是依据国家有关法律，经政府证券主管机关批准设立的集中进行证券交易的有形场所，即证券交易所是进行证券交易的集中场所。股票只是众多证券中的一个种类，当然，它也是最为重要的一种证券。在整个证券市场发展中，证券交易所是证券市场发展到一定程度的产物，是集中交易制度下证券市场的组织者和一线监管者。

依据《证券交易所管理办法》第十一条，证券交易所的职能包括：

（一）提供证券交易的场所和设施；

（二）制定证券交易所的业务规则；

（三）接受上市申请、安排证券上市；

（四）组织、监督证券交易；

（五）对会员进行监管；

（六）对上市公司进行监管；

（七）设立证券登记结算机构；

（八）管理和公布市场信息；

(九) 国务院证券委许可的其他职能。

在内地股票市场中，共有两家证券交易所，一家是设立在上海的上海证券交易所，另一家是设立在深圳的深圳证券交易所。平常所说的“上市公司”就是那些在某家证券交易所挂牌上市的公司，这类公司均为股份制公司，且其股票可以在证券交易中进行买卖交易。

公司上市的好处诸多，其中最大的好处就是可以通过发行股票来募集企业生产发展中所需的巨额资金。但证券交易所只对那些相对优质的企业敞开大门，这也是避免企业恶意圈钱，为购买股票的投资者负责的体现。就目前国内股市来说，一家企业想要成为上市公司要符合一些硬性条件，比如，企业的组织形式为股份制；该股份有限公司的主体企业设立或者从事主要业务的时间（实足营业记录）应在三年以上，且具有连续盈利的营业记录；最近一年度的有形资产净值与有限资产总值的比例应达到38%以上，且无累计亏损；税后利润与年度决算的实收资本额的比率（资本利润率）要求在前两年均应达到8%以上，最后一年达到10%以上；等等。可以说，这些条件对于一家普通的企业来说是难以达到的，这也是我们为什么常说上市公司多是同行业中做得较为出色、是同行业中佼佼者的缘故。

第二节　什么是券商

证券交易所是证券集中交易的场所，对于股票来说，所有的股票交易均发生在证券交易所中。但由于投资者数量众多，证券交易所没有能力，也难以直接为每一位投资者进行买卖服务，且证券交易所还要展开接受上市申请、安排证券上市，组织、监督证券交易等工作，那么，对于广大投资者来说，如何买卖股票呢?

这时就需要一个中介，而这个中介就是券商，券商是指经营证券交易的公司，或称证券公司。证券公司是指依照《公司法》的规定，经国务院证券监督管理机构审查批准，从事证券经营业务的有限责任公司或者股份有限公司。证券交易所实行会员制，只有具有会员资格的才可以入场买卖，而券商就是这样的会员，投资者通过券商这个中介，就可以实现在证券交易所中买卖股票的目的。

券商在全国各地建立一些证券交易网点，投资者在某家券商开设账户后，就可以向券商发送买卖指令，券商在接到这些指令后，会通知其在证券交易所内派驻的在场人员进行买卖，再把成交结果通知客户。对于投资者来说，这就是股票买卖的过程。当然，由于现在的买卖指令、买卖申报等均是以计算机网络的方式实现的，使得这个看似相对复杂的买卖过程在一瞬间就能够完成。

当然，券商所提供的服务绝不仅仅局限于为投资者代理买卖股票，其依据经营范围的不同，可以分为证券经纪商、证券自营商和证券承销商。证券公司接受投资人的委托，代为买卖证券，并收取一定手续费即佣金，具备这种功能的券商称为证券经纪商；此外，一些证券公司还可以自行买卖证券，具备这种功能的券商称为证券自营商；或者一些证券公司以包销或代销形式帮助发行人发售证券，具备这种功能的券商称为证券承销商。

第三节　A 股、B 股、H 股等

节前提示：在股市中，投资者常听到“A 股”、“B 股”、“H 股”等不同的说法，它们分别指代什么呢？其实，它们分别指代不同类型的股票市场，其中的 A 股市场主要面向境内的广大普通投资者，我们通常所说的股票就是指 A 股股票。本节中，我们主要了解这些常用的概念。

A 股、B 股和 H 股是以所面向的不同投资者群体作为划分依据的。A 股的正式名称是人民币普通股票，它是由我国境内的公司发行，供境内机构、组织或个人（不含港、澳、台投资者）以人民币认购和交易的普通股股票，也就是我们国内普通投资者所参与的股票市场。国内的 A 股分为上证 A 股与深证 A 股，上证 A 股包括全体在上海证券交易所上市的股票，其所形成的股票市场也常被称为“沪市”；深证 A 股则包括全体在深圳证券交易所上市的股票，其所形成的股票市场也常被称为“深市”。在股市中，每只股票都有唯一的一个代码来标识它，上证 A 股是以“60”打头的，例如，601398 为工商银行的股票代码，601857 为中国石油的股票代码；深证 A 股则是以“00”打头的，例如，000002 为万科的股票代码。

除此之外，我们还应了解创业板的概念，由于创业板所面向的投资者群体与 A 股一致，因而它隶属于 A 股市场。创业板，顾名思义就是给创业型企业上市融资的股票市场，创业板又称二板市场，这一说法是相对于主板市场而言的。在我国，主板市场指的是沪、深股票市场。

创业板可以说是一个单独的股票市场，它的入门门槛较低，例如，创业板要求拟上市企业连续 2 年盈利，总额不低于 1000 万元；而主板要求拟上市企业连续 3 年盈利，总额不低于 3000 万元。此外，世界上几乎所有的创业板市场都明确表示鼓励高新技术企业或者成长型中小企业申请在创业板发行上市。在创业板上市公司多属于高新技术领域，因而其发展潜力往往惊人，但这类企业所蕴含的风险也是较大的，这也是创业板不同于主板的原因所在。创业板出现于 20 世纪 70 年代的美国，兴起于 90 年代，美国的纳斯达克市场就是一个典型的创业板市场，曾孵化出像微软、英特尔和思科等一批世界 500 强企业。

B 股的正式名称为人民币特种股票，是为境外投资者购买国内股票提供的一个窗口，它以人民币标明面值，以外币认购和买卖，其所对应的公司在境内（上海、深圳）证券交易所上市交易。B 股公司的注册地和上市地都在境内，起初，B 股所面向的投资者群体为：外国的自然人、法人和其他组织，中国香港、中国澳门、中国台湾地区的自然人、法人和其他组织，定居在国外的中国公民，中国证监会规定的其他投资人。现阶段，B 股也对国内投资者开放，国内投资者只要有美元就可以开户投资。

H 股（H 是“Hong Kong”的首字母）指注册地在内地、上市地在中国香港的外资股，也称国企股，它代表了在香港募集资金的内地企业。由于上市地点在香港证券交易所，因而，它所面向的投资者主要是香港投资者及境外投资者。如果我们查看一些在国内已上市的大盘蓝筹股，就会发现，很多公司都是既在国内的 A 股市场上市，也同时在 H 股市场上市。虽然上市的地点不同，但对于同一家企业来说，它的 A 股与 H 股的股票是“同股同权”的。

第四节　新股民开户流程

节前提示：要想进入股票市场买股卖股，投资者就要开户，开户相当于取得了进入股票市场的通行证。本节中，我们就来了解投资者的开户流程。

开户，也称为开设账户，投资者可以在券商柜台处办理。国内现有众多的券商，例如，海通证券、中信证券、宏源证券、光大证券、兴业证券……投资者可以择优选取一家进行开户。

在开户后，投资者炒股时的资金由银行托管，不存在券商挪用客户资金的隐患。因而，在选择哪一家券商进行开户时，我们不妨把重点放在佣金高低上。佣金是在每笔交易成交后，券商向投资者收取的“中介”费用，直接在投资者的股票资金账户中扣除。一般来说，券商所收取的佣金是成交金额的1‰~3‰，不同的券商有不同的收取比例，有的券商收的较少，仅有万分之几，有的券商则收的较多，接近3‰。投资者可不要小看这万分之几与3‰的区别，因为佣金是投资者在买卖交易中的一种成本，如果投资者从事短线交易，找一个佣金较低的券商，其一年所节省的交易成本往往是极其可观的。

在开户时，投资者一般要开设两个账户：一个为证券交易账户，另一个为资金账户。

证券交易账户也称为股东账户，是由中国证券登记结算有限责任公司（以下简称中证登公司）为投资者开出的记载其证券持有及变更的权利凭证，也是证券交易所管理、记录投资者交易时所用到的。每位投资者配发一个单独的股东账号，而且，每个投资者也只能拥有一个股东账号，换言之，若投资者已在A券商处开设了股东账户，则无法再在其他券商处再次开户。由于内地有两家证券交易所，因而，投资者在开户时，既要开设上海证券交易所的股东账户（这样就可以买卖在沪市挂牌上市的股票），也应开设深圳证券交易所的股东账户（这样就可以买卖在深市挂牌上市的股票）。

根据国家有关规定，下列人员不得开设A股证券账户：

（1）证券主管机关中管理证券事务的有关人员；

（2）证券交易所管理人员；

（3）证券经营机构中与股票发行或交易有直接关系的人员；

（4）与发行人有直接行政隶属或管理关系的机关工作人员；

（5）其他与股票发行或交易有关的知情人；

（6）未成年人或无行为能力的人以及没有公安机关颁发的身份证的人员；

（7）由于违反证券法规，主管机关决定停止其证券交易，期限未满者；

（8）其他法规规定不得拥有或参加证券交易的自然人，包括武警、现役军人等。另外，证券从业人员及国家机关处级以上干部、现役军人等不得参与股票交易，但可以设立基金账户，买卖基金和债券。

资金账户也称为保证金账户，是与证券账户相对应、相挂钩的。它是对投资者买股卖股进行资金管理的一个账户，是一种由相应银行托管资金、由券商从事核算的资金管理平台。每次买卖交易结束后，资金账户的结算由券商负责完成，但是具体的资金却是由银行托管的，券商只负责结算，并无存取权限，资金账户的存取权限仅限于投资者个人。

此外，在开户时，投资者还要在券商柜台处与券商签订一系列的委托合同、风险说明书等，这些可以在相关人员的指导下完成。

第五节　委托申报，展开交易

节前提示：进入股市后，我们只有通过具体的买卖股票才能获利，虽然买卖股票多是在我们分析预测价格走势后的行为，但这却是最基本的操作。为了使读者可以近距离接触股票、切实感受股票交易本身，本节中，我们就来了解买卖股票的具体操作。

我们可以通过券商提供的委托软件进行具体的买卖操作，虽然不同的券商会有不同的委托软件，但其基本操作方法是一样的，因为，股票交易只有两种操作，即买进与卖出。

对于委托软件来说，我们可以从券商的官方网站下载、安装，并用开户时所获得的股东账号与设定的密码进行登录。

在进行具体的买卖前，我们先了解一下买卖的交易规则，国内的股市以100股为最小的成交单位，100股也称为1手，我们买入的股票数量或卖出的股票数量只能是100股的整数倍（注：因上市公司转增股份而导致手中股票数量不是100股的整数倍时，投资者在委托卖出时，可以将其全部卖出，不必是100股的整数倍）。例如，小王在挂出委托买单时，输入的股票数量是1005（股），显然，这是不合规则的，这样的单子无法挂出，而如果输入的股票数量是1100（股），则可以成功挂出，因为1100是100的整数倍（11倍）。

此外，只有在每个交易日的9：15后和15：00前，才能进行买卖申报操作，每个交易日的9：30~11：30、13：00~15：00为盘中交易时间；每个交易日的9：15~9：25为集合竞价时间，以此来确定当日的开盘价。在9：15~9：20投资者可以对已发生的买卖单子进行撤销，在9：20后挂出的单子在9：30正式开盘前就不能再撤销了，只有在9：30开市后没成交的情况下，才可以进行撤销，这些交易规则是投资者应该注意的。

在委托软件中进行买入股票操作时，投资者要输入股票代码、委托买入价位和委托买入股票数量这3个数字。如果所输入的委托买入价位高于当前的实时成交价格，则这样的买单可以实时成交（以当前的实时价位成交）；如果委托买入价位低于当前的实时成交价格，则只有在股价跌至我们所委托的买入价位时，才可以成交；如果委托买入价位低于当日的最低限价（跌停价），则这样的单子是无效的，无法进行委托（注：关于涨停板与跌停板的概念，投资者可以参见第四章炒股基础知识点扫描）。

在委托软件中进行卖出股票操作时，投资者要输入股票代码、委托卖出价位和委托卖出股票数量这3个数字。如果所输入的委托卖出价位低于当前的实时成交价格，则这样的卖单可以实时成交（以当前的实时价位成交）；如果委托卖出价位高于当前的实时成交价格，则只有在股价上涨至我们所委托的卖出价位时，才可以成交；如果委托卖出价位高于当日的最高限价（涨停价），则这样的单子是无效的，无法进行委托。

第三章　股票行情软件基本使用方法

第一节　什么是股票行情软件

节前提示：本章主要讲解如何快速地学会使用看盘软件，投资者的看盘行为都是建立在看盘软件（股票行情接收软件）上的，可以说，学会使用看盘软件的基本功能是对投资者的最基本要求。那么，对于股市的门外汉来说，看盘软件是否难以学习呢？答案当然是否定的，其实，如不刻意追求软件的高级分析功能，投资者是完全可以在半个小时内快速上手的。

所谓看盘就是通过对股票行情软件提供给我们的各种交投数据进行分析，以更好地理解市场多空双方力量的转化情况，从而为我们的实盘操作提供依据。正所谓“工欲善其事，必先利其器”，快速地学会使用股票行情软件，利用其所提供的各种看盘数据，是我们看盘过程中的第一步，也是最为基础的一步。

网络时代已经来临，投资者选择、分析和买卖股票等操作都是在网络上完成的。买卖股票的操作较为简单，只需登录券商提供的委托交易软件，输入欲买入或卖出的股票代码、交易价格及交易数量，然后发出买卖指令即可。但是在具体实施买卖股票前，投资者首先要选择和分析股票，这才是一次交易的重中之重。能否选出好股票、能否正确地分析出股票价格的后期走势，将直接决定着投资者是盈利还是亏损。那么，投资者应从哪里着手选择和分析股票呢？答案就是股票行情软件。

股票行情软件也称为看盘软件，它的最主要作用就是实时接收股市行情，并为投资者提供关于股票的各方面的数据。这些数据既包括体现上市公司盈利能力的基本面数据，例如，每股收盘、每股净资产、净资产收益率、行业新闻和上市公司的重大事项等，也包括二级市场中的交易数据，例如，委比、量比、K线走势和盘中分时图等。可以说，想要全面地了解个股走势、市场交投情况和上市公司的发展前景等，投资者就要学会使用股票行情软件。

虽然股票行情软件有很多种，但是在最基本的行情接收和行情提供等功能上，它们却是大同小异的，而且其操作方法也基本相似。本章中，我们就以“如何利用看盘软件获取基本的行情信息”为核心，帮助读者在最短的时间内掌握看盘软件的基本使用方法。此外，一些看盘软件除了提供基本的行情接收功能外，还提供强大的分析功能，对于这些扩展内容，有兴趣的读者可以结合看盘软件的帮助文件进行自学。

第二节　如何获得看盘软件

节前提示：市场上的看盘软件种类繁多，如常见的大智慧、同花顺、通达信和钱龙等。一般来说，它们多具有简单易操作的看盘界面，且盘中行情接收速度也相对稳定、快速，投资者可以从网络上获得这些软件。获取并安装看盘软件，是炒股的第一步操作，对于这部分内容，投资者只需具备基本的电脑操作知识即可。

要想成功地安装某种股票行情软件，就要从网上将其下载到本地计算机中，“下载”是获取软件的第一步。所谓下载，就是把网络上的相关资源保存到本地计算机中，首先，投资者要拥有一个可以登录互联网的计算机；随后，在获得股票行情软件时，可以从相应软件的官方网站上下载，也可以从专业的下载网站下载（如华军软件园、天空软件站、中关村下载等），或者是利用专门的搜索引擎（如百度、谷歌）来搜索其下载地址，找到相应股票软件的下载地址后，我们就可以在相应的网页上单击下载，将其保存到本地计算机中。

通常所下载的股票行情软件是以安装包的形式呈现出来的，为了可以在本地计算机中使用，还需要对其进行安装。所谓的安装，就是把相应的安装包转换为可运行程序的过程，通过双击安装包，依据提示，不断地单击“下一步”，即可以完成安装。

安装完成后，一般在桌面上会有一个启动这一股票行情软件的快捷图标，双击这一快捷图标，即可以进入到这一股票行情软件中。

第三节　如何调出大盘走势图

节前提示：大盘走势是股票市场的整体平均走势，是个股运行的背景，它牢牢地牵动着个股的走势。调出大盘走势图，投资者就可以清晰直观地看到股市的整体运行情况。

在股市中，投资者常听到“大盘”这个词语，其实它是一种笼统的说法。所谓的大盘，是指一个股票交易平台，它包括了所有上市公司的股票；“大盘走势”也就是指股市的整体平均走势，它可以用具体的大盘指数来表示；大盘指数是反映股市整体平均变化情况的一个数值。

由于在国内股票市场中有两个交易场所：一个是上海证券交易所，另一个是深圳证券交易所。因而，对于国内的企业来说，如果想登陆股票市场并成为上市公司，要么是在上海证券交易所挂牌上市，要么是在深圳证券交易所挂牌上市。由于这两个股票交易所面向的投资者群体是相同的，故上海证券交易所的全体股票平均走势与深圳证券交易所的全体股票的平均走势几乎是一致的。我们可以用上证指数来表示在上海证券交易所上市的全体股票的平均走势情况，用深证成指来表示在深圳证券交易所上市的全体股票的平均走势情况。在实际应用中，由于在上交所挂牌的上市公司其公司规模往往更大、行为主导地位更突出、股本规模及资产规模也更庞大，因而，投资者常常将“上证指数”看作是“大盘指数”（注：关于“指数”的概念，我们会在本书后面的章节中进行详细介绍）。

在明晰了概念后，就应着手了解股票市场的具体走势，那么，如何调出上证指数走势图呢？方法很简单，通过快捷键即可以快速地调出大盘走势图。同时，投资者也可以通过菜单栏或者工具栏的入口点调出。一般来说，在常用的股票行情软件中，“03”代表着上证指数走势图的快捷键，“04”代表着深证成指（即深圳成份股指数）走势图的快捷键。例如，通过在键盘上键入数字“03”，一般可以在股票行情软件界面的右下角处看到一个键盘精灵窗口。如图 3–1 和图 3–2 所示，在键盘精灵窗口中会列出与我们所输入的按键相符的目标，通过小键盘区的上下方向选择键，选择相应的目标，随后单击回车，即可以进入指数走势图。

图 3–1　键盘精灵窗口示意图 1

图 3–2　键盘精灵窗口示意图 2

此外，投资者还可以通过在键盘上输入指数名称的首字母进入相应的走势图。例如，“上证指数”的首字母为“SZZS”，“深证成指”的首字母为“SZCZ”。将系统输入法切换到英文状态，输入“SZZS”并回车，可以打开上证指数走势图；输入“SZCZ”并回车，可以打开深证成指走势图，如图 3–3 和图 3–4 所示。

对于指数走势图来说，可以依据时间周期的不同分为两种：一种是反映其历史走势情况的日 K 线走势图，其中的每一根 K 线都代表一个交易日的价格变动情况，将一根根的 K 线以时间为横轴、以指数数值大小为纵轴，依次排列起来，我们就可以清晰地看到指数的历史走势情况。在键盘上通过小键盘区的上下方向键，我们可以放大或缩小其显示的时间范围。图 3–5 为上证指数的日 K 线走势情况，我们可以清晰地看到上证指数在这

图 3–3　键盘精灵窗口示意图 3

图 3–4　键盘精灵窗口示意图 4

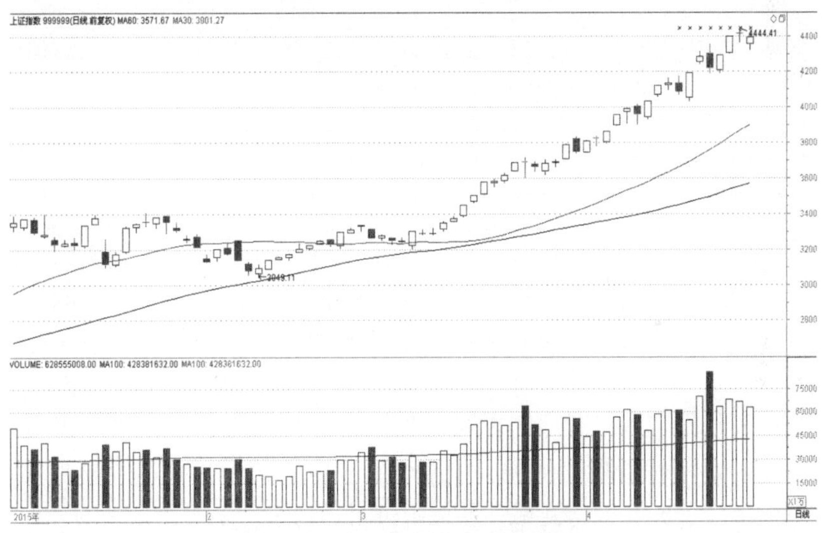

图 3–5　上证指数日 K 线走势图

段时间内的走势。

另一种是反映指数当日盘中实时走势的分时图，它以分钟为时间单位，反映每个交易日（上午 9：30~11：30 及下午 13：00~15：00）盘中指数的运行情况。图 3–6 为上证指数 2007 年 7 月 15 日的分时图，图中的分时线表示指数的具体变化情况。我们可以看到有两条分时线，其中的一条为上证指数的分时线，另一条则为上证领先的分时线，它们的走势在绝大多数时间都是一致的，当然也有分化的时候，我们会在随后的章节中讲解其区别所在。

键盘上的“F5”键是在日K线走势图与盘中分时图之间来回切换的功能键。利用“F5”键来回切换，投资者既可以快速地查看到指数的历史走势情况，也可以快速地查看到指数当日在盘中的实时变化情况。

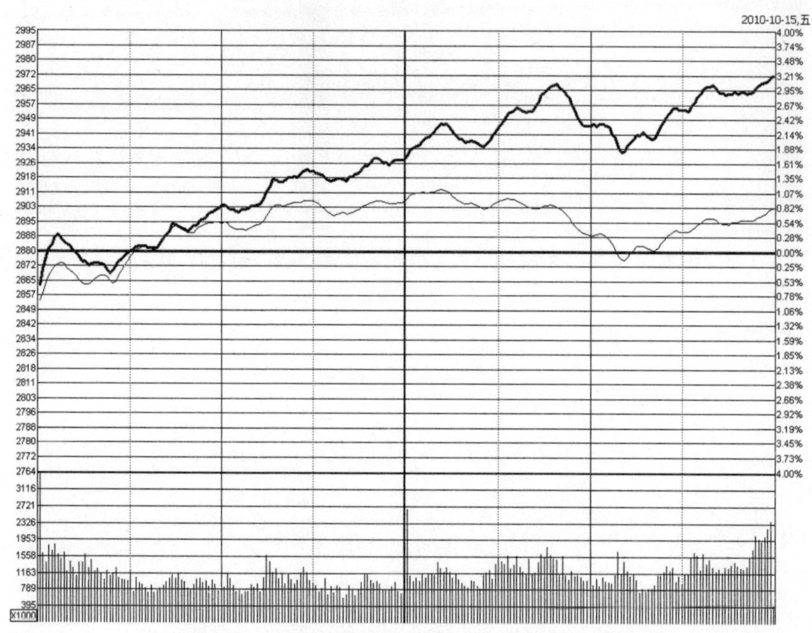

图 3-6　上证指数 2007 年 7 月 15 日的分时图

在日K线图或者分时图的右侧，投资者还可以看到反映股票市场当日交易情况的一些统计数据，例如，上涨家数、下跌家数、量比和振幅等，如图 3-7 及图 3-8 所示，这些统计数据可以让投资者更为全面地了解股票市场的交投情况，是其掌握指数在盘中运行情况的重要依据。

最新	2552.82	昨收	2566.74
涨跌	-13.93	开盘	2556.54
涨幅	-0.54%	最高	2572.83
振幅	1.50%	最低	2534.27
现手	0	量比	0.76
总手	5848万	金额	527.50亿

图 3-7　股市统计数据窗口 1

委卖量	250万	上涨家数	149
委买量	224万	平盘家数	55
卖金额	13.34亿	下跌家数	736
买金额	12.78亿	市盈	24.36
换手	0.53%	市盈(动)	16.15
均价	9.02	市净率	2.45

图 3-8　股市统计数据窗口 2

第四节　如何调出个股走势图

节前提示：投资者在股市中买卖的对象不是大盘，而是具体的个股，因而，了解个股的历史走势及盘中的实时走势就显得极为重要。调出个股走势图的方法有很多种，投资者可以择一而用之。

大盘指数是反映股市整体平均走势情况的一个重要指标，但是投资者在股市中所买卖的是具体的个股，因而，在了解股市整体走势的情况下，投资者还应把更多的注意力放在对个股的分析上。

调出个股走势图的方法与调出大盘走势图的方法较为相似，一般来说，调出个股走势图的方法可以分为三种：第一种是利用股票代码的方式调出，由于每一只股票都有一个唯一的代码，因而，通过在键盘上输入其代码，可以直接调出其走势图；第二种是利用股票名称首字母的方式调出；第三种是在行情报价界面，通过双击相应的股票来打开其走势图。本节中，我们先介绍前两种调出方法，在下一节中，再介绍什么是行情报价表。

假设要调出中国铁建这只股票，如图 3-9 所示，可以通过输入其股票代码“601186”来呼出键盘精灵窗口，也可以通过输入其股票名称的首字母“ZGTJ” 来呼出键盘精灵窗口，单击回车进入其走势图，如图 3-10 所示。

图 3-9　601186 键盘精灵窗口示意图

图 3-10　ZGTJ 键盘精灵窗口示意图

图 3-11 为中国铁建（601186）的日 K 线走势情况，通过小键盘区的上下方向键，投资者可以放大或缩小其显示的时间范围。通过键盘上的功能键 F5，可以在此股的日 K 线走势图与当日的盘中分时图之间来回切换，图 3-12 为中国铁建 2010 年 10 月 15 日的分时图。在图中我们可以看到两条曲线，其中的一条波动较为频繁，为分时线，对应着股价的变动情况；另一条波动较为平缓，为均价线，代表着此股当日市场平均持仓成本的变化情况。对于分时图的详细讲解，我们将在后面的章节中单独介绍。

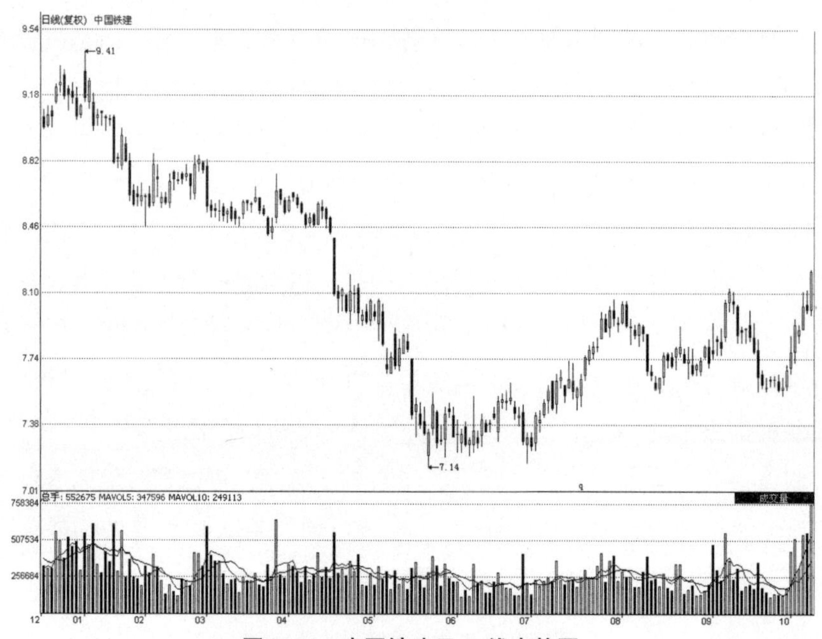

图 3-11　中国铁建日 K 线走势图

在日 K 线图或者分时图的右侧，还会看到反映个股当日交易情况的一些统计数据和实时反映委买委卖数量变动情况的委买委卖盘窗口。图 3-13 为委买委卖盘窗口，也称为买盘卖盘窗口，它是反映那些已进行买卖申报，但仍然没有成交的挂单情况，实时地反映与当前成交价位最近的五档价位的挂单情况。这有助于投资者直观地了解到买盘承接力度更强一些，还是卖方抛售压力更重一些。例如，图 3-13 中的“7.33、117”表示在 7.33 元这个价位，申报卖出的股票数量为 117 手（注：1 手=100 股）。由于投资者的委托挂单是实时变化的，因而，这些数据也是实时变化的。

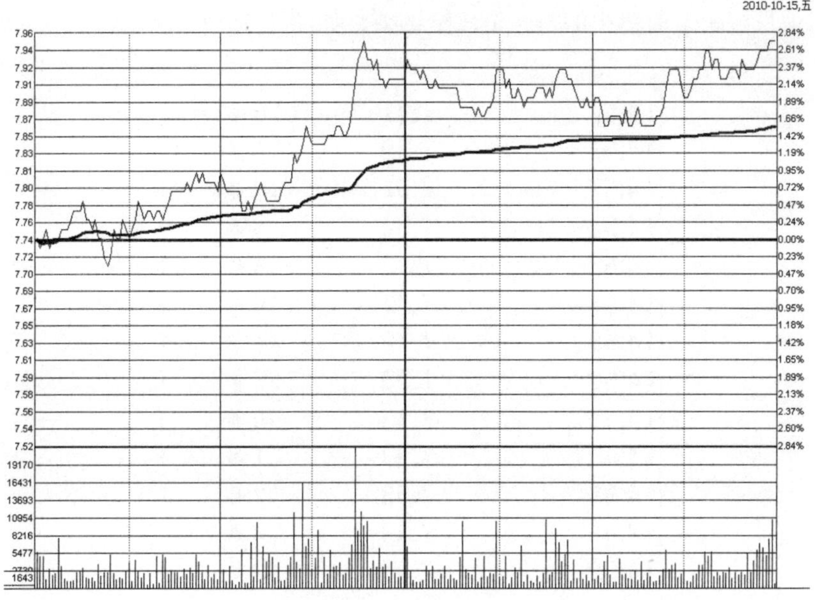

图 3-12 中国铁建 2010 年 10 月 15 日的分时图

图 3-14 为反映当日个股交易情况的统计数据窗口，这些统计数据可以让投资者更为全面地了解个股的交投情况，是其分析个股盘中运行情况的重要依据。

卖盘	5	7.37	3252
	4	7.36	2103
	3	7.35	1739
	2	7.34	1891
	1	7.33	117
买盘	1	7.31	190
	2	7.30	565
	3	7.29	1069
	4	7.28	1584
	5	7.27	2007

图 3-13 委买委卖盘窗口

最新	7.32	均价	7.32
涨跌	-0.01	换手	0.50%
涨幅	-0.14%	今开	7.31
总手	121914	最高	7.37
现手	292	最低	7.26
总额	8928	量比	0.64
涨停	8.06	跌停	6.60
总笔		每笔	
内盘	62524	外盘	59390

图 3-14 当日个股交易情况统计数据窗口

一般来说，在委买委卖盘窗口及统计数据窗口的下方，即交易软件界面的右下角处，往往还有一个分时成交窗口（也可以称为细节成交窗口），它实时地反映了个股盘中的每一笔成交细节，如图 3-15 所示。

14:57	7.31	1020↓	1
14:57	7.32	10↓	1
14:57	7.32	19↓	1
14:58	7.32	3↓	1
14:58	7.32	4↓	1
14:58	7.32	24↓	1
14:58	7.32	47↓	1
14:59	7.33	156↑	1
14:59	7.33	30↓	1
14:59	7.33	11↓	1
14:59	7.33	12↓	1
14:59	7.33	14↓	1
14:59	7.33	30↓	1

图 3-15　分时成交窗口示意图

第五节　如何进入行情报价界面

节前提示：行情报价表以不同的行情数据（如涨幅、量比、委比、振幅和涨速等）排序全体个股，为投资者发现当日的异动股提供一个直接的窗口，使其可以快速地了解市场全体个股的行情。

在学习如何调出行情报价界面前，我们先来了解几个基本概念，这有利于随后的理解。

对于一家企业来说，只有在证券交易所挂牌上市后，它才能成为上市公司。对于广大投资者来说，能买卖的股票就是这些在证券交易所挂牌上市的股份公司的股票。国内有两个证券交易所，一个是上海证券交易所（称为上证所），另一个是深圳证券交易所（称为深证所），同一家企业只能择其中之一来上市，在上证所实施上市的公司股票称为上证股票，而在深证所实施上市的公司股票则称为深证股票。

如前所述，除了“上证股票”与“深证股票”这两个概念外，投资者还要了解“A 股”、“B 股”和“H 股”。在股市中，常听到“上证 A 股”、“上证 B 股”、“深证 A 股”和“深证 B 股”这样的说法，对于其中的“上证”和“深证”，我们知道，这是指代着两个不同的证券交易所，那么，其中的“A 股”、“B 股”和“H 股”又是指代什么呢？

其实，“A 股”、“B 股”和“H 股”是依据投资者群体不同所进行的分类。A 股，正式名称为人民币普通股票，是由我国境内的公司发行，供境内机构、组织或个人（不含港、澳、台投资者）以人民币认购和交易的普通股股票，A 股公司的注册地和上市地都在境内。可以说，A 股市场是国内广大投资者所参与的市场，A 股股票则是国内广大投资者所买卖的对象。依据 A 股股票的上市地点不同，可以将全体 A 股股票分为上证 A 股与深证 A 股，前者是指在上海证券交易所上市的 A 股股票，后者则是指在深圳证券交易所上市的 A 股股票。

B 股，正式名称为人民币特种股票，是指以外币认购和买卖，在境内（上海、深圳）证券交易所上市交易的股票，沪市挂牌 B 股以美元计价，而深市 B 股以港元计价。B 股所属公司的注册地和上市地都在境内，但是它们的主要投资者群体为外国的自然人、法人和其他组织以及中国香港、中国澳门、中国台湾地区的自然人、法人和其他组织及定居在国外的中国公民。相对于 A 股股票市场中总共几千只股票的数量来说，B 股市场的股票数量只有百余只，相差巨大。

H 股是指在香港发行并上市，以港元计价的境内企业的股票。

通过上面的介绍，可以明确，对于国内的广大投资者来说，参与买卖的股票主要是上证 A 股与深证 A 股，因而，实时了解全体上证 A 股及深证 A 股的涨幅、震幅、量比等信息就显得十分重要，而这正是行情报价表直接提供给投资者的。

所谓的行情报价表，就是将某一范围（如上证 A 股市场、深证 A 股市场等）内的全体股票的各项信息，以表格的方式（每一行为一只股票、每一列则为一种行情数据信息）概略地呈现出来，并提供依据某一行情信息（如涨幅、震幅等）排序的功能。可以说，行情报价表是对全体股票实时行情信息的概括，通过其投资者可以实时地了解到哪些股票涨幅居前、哪些股票跌幅居前和哪些股票成交量出现异常放大等信息。

通常使用的行情报价界面有三种：第一种是上证 A 股的行情报价界面，可以通过数字快捷键“61”调出；第二种是深证 A 股的行情报价界面，可以通过数字快捷键“63”调出；第三种是全部 A 股的行情报价界面（同时包括了上证 A 股与深证 A 股），可以通过数字快捷键“60”调出。图 3–16、图 3–17 和图 3–18 为调出这 3 个行情报价界面的键盘精灵窗口。为了实盘操作中可以更为快捷地了解 A 股市场中全体个股的涨跌情况，投资者应该牢记这三个数字快捷键。

图 3–16　上证 A 股的“61”　**图 3–17　深证 A 股的“63”**　**图 3–18　全部 A 股的“60”**

图 3–19 为通过数字快捷键“60”调出的全体 A 股行情报价界面，其中最上方的是表项区，每一个表项都是一种行情数据，投资者可以通过单击相应表项来据此表项信息对全体 A 股进行排序。例如，通过单击“涨幅”这一表项，就可以将全体个股依据当日的涨幅大小排列，这时的行情报价表就成为一个“涨幅排行榜”；若再一次单击“涨幅”，则其排列顺序会反过来，变成图 3–20 的情况，此时跌幅最大的个股会排在最前边；因而，通过单击相应的表项，既可以实现由高到低的排序，也可以实现由低到高的排序。

在这一行情报价界面中，投资者可以通过双击某一股票的方式打开其走势图，这就是第四节中提到过的第三种打开股票走势图的方法。

表项区

	代码	名称	涨幅%↓	量比	振幅%	委比%	最高	现价	最低
1	000540	中天城投	+10.05	1.48	11.87	+100.00	10.29	10.29	9.18
2	000810	华润锦华	+10.05	4.14	11.08	+100.00	11.72	11.72	10.54
3	600679	金山开发	+10.04	3.84	10.34	+10[illegible]	[illegible]	7.34	6.65
4	600185	格力地产	+10.04	1.87	11.28	+100.00	8.88	8.88	7.97
5	000671	阳光城	+10.04	1.46	10.48	+100.00	12.39	12.39	11.21
6	000514	渝开发	+10.04	1.75	11.69	+100.00	9.32	9.32	8.33
7	002319	乐通股份	+10.02	2.24	12.48	+100.00	24.15	24.15	21.41
8	600640	中卫国脉	+10.01	3.63	8.39	+100.00	7.47	7.47	6.90
9	002387	黑牛食品	+10.00	3.10	11.79	+100.00	42.90	42.90	38.30
10	600376	首开股份	+9.98	2.23	9.98	+100.00	14.54	14.54	13.22
11	000531	穗恒运A	+9.97	2.32	9.80	+100.00	12.90	12.90	11.75
12	002208	合肥城建	+9.96	2.53	11.13	+100.00	12.25	12.25	11.01
13	600877	中国嘉陵	+9.94	3.59	9.09	+100.00	7.74	7.74	7.10
14	600240	华业地产	+9.93	2.75	13.48	+100.00	5.87	5.87	5.15
15	000668	荣丰控股	+9.32	2.21	10.47	-93.05	11.44	11.38	10.35
16	000961	中南建设	+8.74	1.37	12.44	-20.43	9.79	9.70	8.68
17	600823	世茂股份	+8.56	1.62	10.70	-34.28	12.21	12.18	11.01

图 3-19　沪深 A 股涨幅排行榜（由高到低排序）

	代码	名称	涨幅%↑	量比	振幅%	委比%	最高	现价	最低
1	000813	天山纺织	-10.01	17.58	9.82	-100.00	10.57	9.53	9.53
2	002437	誉衡药业	-10.00	1.04	10.95	-100.00	61.58	54.90	54.90
3	002424	贵州百灵	-9.95	2.34	9.95	+83.82	40.18	36.20	36.18
4	600850	华东电脑	-9.65	1.49	9.77	+36.16	16.95	15.35	15.29
5	002200	绿大地	-9.64	2.72	10.91	+57.20	22.20	19.88	19.80
6	600785	新华百货	-9.63	2.40	10.01	+35.08	31.87	28.80	28.68
7	002439	启明星辰	-9.41	0.70	6.91	+88.51	34.50	32.25	32.04
8	002028	思源电气	-9.27	2.88	5.97	+1.88	23.80	22.50	22.32
9	002114	罗平锌电	-9.17	2.20	9.81	+50.62	17.20	15.65	15.51
10	600436	片仔癀	-8.98	3.42	9.96	-24.55	38.75	35.29	34.89
11	002030	达安基因	-8.58	0.87	9.65	+19.88	12.10	11.08	10.93
12	600873	五洲明珠	-8.57	3.56	10.86	-65.27	18.95	17.18	16.91
13	600422	昆明制药	-8.54	2.34	9.81	-45.87	10.17	9.32	9.17
14	600718	东软集团	-8.26	1.48	9.24	+59.68	17.30	15.99	15.69
15	002277	友阿股份	-8.25	1.54	10.19	+33.00	20.76	18.90	18.66
16	002398	建研集团	-7.81	1.09	10.71	-41.80	27.45	25.13	24.53
17	000026	飞亚达A	-7.81	4.47	10.78	+4.78	12.90	11.80	11.52

图 3-20　沪深 A 股涨幅排行榜（由低到高排序）

第六节　实时追踪异动个股

节前提示：投资者在每日的看盘中，往往格外关注那些出现异动走势的个股，因为这些个股往往就是蕴含着短线机会的个股。但由于沪深两市有几千只个股，投资者无法实时地逐一关注，此时，就要利用相应的窗口工具来实时地捕捉这些个股。与行情报价表不同，综合排名窗口还提供了最近5分钟涨跌幅度居前的个股，为投资者实时捕捉盘中异动股提供帮助。

在盘中交易阶段，总有一些个股会出现异动，如上涨或下跌走势突然加速、成交量突然大幅度放出等，为了能更好地、及时地展现哪些个股在当日出现了异动、哪些个股在最近几分钟内出现了异动，股票行情软件为投资者提供了一个综合排名窗口。

通过在键盘上键入数字快捷键，就可以快速地调出综合排名窗口。其中，数字键“81”代表上证A股综合排名窗口，数字键“83”代表深证A股综合排名窗口，数字键“80”代表沪深全部A股综合排列窗口。图3-21、图3-22和图3-23为调出这3个综合排名窗口的键盘精灵窗口。为了在实盘操作中可以更为快捷地了解A股市场个股当日的综合表现及实时异动情况，投资者应该牢记这3个数字快捷键。

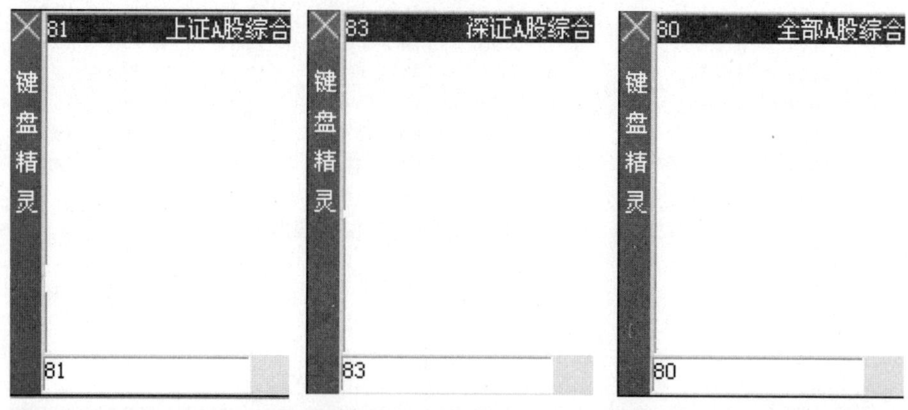

图3-21　上证A股的“81”　图3-22　深证A股的“83”　图3-23　全部A股的“80”

图 3–24 为全体 A 股综合排名窗口，在这个窗口中，可以看到有许多较为重要的排名信息，例如，涨幅排名、委比排名、量比排名和震幅排名等。这些排名信息有助于投资者及时了解哪些个股在哪一项目中目前排名靠前，从而有助于其发现当日盘中表现不俗的个股。此外，还有像 5 分钟涨幅排名和 5 分钟跌幅排名这样的实时排名信息，有助于投资者在短时间内了解到个股的涨跌异动。

A股综合排名

今日涨幅排名			5分钟涨幅排名			委比正序排名		
金山开发	7.34	10.04%	华业地产	5.87	10.67%	金山开发	7.34	100.00%
格力地产	8.88	10.04%	金山开发	7.34	10.34%	中国嘉陵	7.74	100.00%
中卫国脉	7.47	10.01%	首开股份	14.54	9.83%	*ST中房	6.16	100.00%
首开股份	14.54	9.98%	格力地产	8.88	9.67%	格力地产	8.88	100.00%
中国嘉陵	7.74	9.94%	上海物贸	8.49	9.52%	*ST海鸟	10.63	100.00%
华业地产	5.87	9.93%	中国嘉陵	7.74	9.09%	*ST秦岭	4.71	100.00%
今日跌幅排名			**5分钟跌幅排名**			**委比逆序排名**		
华东电脑	15.35	-9.65%	华东电脑	15.35	-9.36%	*ST祥龙	5.15	-100.00%
新华百货	28.80	-9.63%	片仔癀	35.29	-8.80%	*ST宝龙	10.16	-100.00%
片仔癀	35.29	-8.98%	新华百货	28.80	-8.66%	鲁润股份	21.34	-97.03%
五洲明珠	17.18	-8.57%	XD双鹤药	23.40	-8.36%	中孚实业	10.78	-95.73%
昆明制药	9.32	-8.54%	五洲明珠	17.18	-8.36%	*ST鑫新	14.40	-90.79%
东软集团	15.99	-8.26%	东软集团	15.99	-7.52%	驰宏锌锗	15.00	-86.48%
今日振幅排名			**今日量比排名**			**总金额排名**		
天津松江	6.86	13.94%	金种子酒	11.72	6.35	中国建筑	3.68	94090
华业地产	5.87	13.48%	ST兴 业	6.20	4.74	包钢稀土	33.99	78739
香江控股	5.08	12.86%	恒瑞医药	37.38	4.02	招商银行	12.91	78119
凤凰光学	8.85	12.09%	莱钢股份	8.60	3.93	山东黄金	33.05	77941
株冶集团	8.79	11.87%	金山开发	7.34	3.83	金地集团	6.33	70135
新疆城建	10.75	11.74%	美都控股	4.00	3.68	中信证券	11.59	65343

图 3–24　全体 A 股综合排名窗口

当然，这个综合排名窗口只是简要地列出了一些行情数据的排名情况，很多股票软件中都提供了实时监控、预警等功能，投资者可以通过自行设定监控条件、预警条件来实时捕捉那些出现了异动的个股。对于这方面的设定，读者可以在学习了本书后面内容的基础上，进行积极开展。

第七节 获取个股的基本信息

节前提示：投资者炒的是股票，但股票对应的却是上市公司，因而，了解上市公司的一些信息就显得极为重要。这些信息包括上市公司的主营业务、财务状况、行业排名和盈利预测等。

上市公司的业绩是支撑股价的核心要素，从长远的角度来说，股价终究是要向其业绩靠拢的，这可以说是基本的经济学原理“价格围绕价值波动”的体现。股票行情软件通常都提供了关于上市公司的经营情况、业绩情况和财务情况等详尽的基本面信息，了解这些信息，将有助于投资者更为全面地了解个股，也有助于其分析股价的后期走势。

一般来说，在股票行情软件中，当选定了个股后（当前界面显示的为相应股票的走势图），投资者可以用键盘上的功能键“F10”快速地切换至此股的基本信息页面。此外，投资者也可以分别利用菜单栏或者鼠标右键快捷菜单中的“基本资料”或“基本信息”选项调出此股的基本信息页面。

在基本信息页面，投资者可以看到关于此股各方面的信息，例如，上市公司的主营业务、行业地位、财务情况（如每股收益、每股净资产、毛利率等）、最近的重大事项、分红送股情况、券商给出的盈利前景预测和关于上市公司的相关信息等。对于这些内容，有一些是较为重要的，将会在本书后面的章节中讲到。

第八节 熟练地使用软件可以让投资者事半功倍

“工欲善其事，必先利其器”，投资者的看盘均是通过看盘软件来完成的，因而，很好地掌握看盘软件的使用方法，可以使其在看盘时得心应手、事半功倍。本章是为了帮助那些对看盘软件较为陌生的新入市的股民可以快速使用它而设立的，因而，只是讲解了看盘软件最基本的使用方法。事实上，对于看盘软件来说，它的功能远远不只这些，例如，其中所包括了一些分析功能、阶段统计功能（可以统计某一时间段内的换手率、累计涨跌幅情况）、符合条件的目标股筛选功能、盘中异动股的预警功能等，都是极为实用且对投资者可以产生明显帮助的功能组件，但是要想很好地使用这些功能组件，就应首先学会各种技术分析方法。因此，在本章中并没有介绍这些内容，有兴趣的读者可以在学习完本书余下的内容后，自行摸索这些功能。

由于本章的内容较为实用，且直接关系到投资者的买卖操作，因而，我们有必要再次温习一下前面所学的内容，下面以问答的方式来回顾一下本章所讲的重点内容：

问 1：通常所说的大盘指数在股票行情软件中就是指（　　）。

问 2：在股票行情软件中，调出上证指数走势图的数字快捷键是（　　），调出深证指数走势图的数字快捷键是（　　）。

问 3：在股票行情软件中，调出上证 A 股行情报价表的数字快捷键是（　　），调出深证 A 股行情报价表的数字快捷键是（　　），调出沪深全体 A 股行情报价表的数字快捷键是（　　）。

问 4：在股票行情软件中，调出当日盘中综合排名窗口的数字快捷键是（　　）。

问 5：在股票行情软件中，调出个股基本信息的功能快捷键是键盘上（　　）功能键。

问 6：在股票行情软件中，调出个股走势图的方式主要有哪几种？

问 7：个股的走势图主要分为两种，是哪两种？

问 8：请您用自己的语言简单概括一下什么是股票行情软件？

答 1：通常所说的大盘指数在股票行情软件中就是指（上证指数）。

答 2：在股票行情软件中，调出上证指数走势图的数字快捷键是（03），调出深证指数走势图的数字快捷键是（04）。

答 3：在股票行情软件中，调出上证 A 股行情报价表的数字快捷键是（61），调出深证 A 股行情报价表的数字快捷键是（63），调出沪深全体 A 股行情报价表的数字快捷键是（60）。

答 4：在股票行情软件中，调出当日盘中综合排名窗口的数字快捷键是

(81)。

答 5：在股票行情软件中，调出个股基本信息的功能快捷键是键盘上的 (F10) 功能键。

答 6：在股票行情软件中，调出个股走势图的方式主要有三种：第一种是通过键入股票代码的方式来调出，每只股票都有一个唯一的股票代码，例如，对于工商银行这只股票，它的股票代码为“601398”，因而我们可以通过在键盘上键入“601398”，随后单击回车，来打开此股的走势图；第二种是通过键入股票名称首字母的方式来调出，例如，对于工商银行这只股票，它的股票名称首字母为“GSYH”，因而，我们可以通过在键盘上键入“GSYH”，随后单击回车，来打开此股的走势图；第三种是在行情报价表中直接双击相应股票来打开其走势图。

答 7：个股的走势图主要有两种：一种是它的日 K 线走势图，反映的是股价的历史走势情况；另一种是它的盘中分时图，反映的是股价在当日盘中的实时波动情况。

答 8：股票行情软件也可以称为金融客户端软件，它的主要功能是接收股票市场的行情数据，既包括全体股票的实时行情数据，也包括其历史行情数据。它是股民在炒股时了解市场走势和个股走势必不可少的工具。

第四章　炒股基础知识点扫描

第一节　开盘价与收盘价

节前提示：开盘是一个交易日之始，收盘则是一个交易日之终，开盘价与收盘价是关注价格走势时需要了解的内容。

除了特定的节假日外，每周一至周五是股市的交易日，在每个交易日中，有所谓的“开盘”与“收盘”，开盘指当日的买卖交易正式展开，而收盘则指当日的买卖交易正式结束。

在开始实时的买卖交易前，要确立一个开盘价，这个开盘价就是全天交易的最初价格，它既可以高于上一个交易日的收盘价，也可以等于或低于上一个交易日的收盘价。若开盘价高于上一个交易日的收盘价，则这种开盘方式称为高开；若开盘价低于上一个交易日的收盘价，则这种开盘方式称为低开；若开盘价等于上一个交易日的收盘价，则这种开盘方式称为平开。那么，开盘价是如何确定的呢？

开盘价是通过集合竞价来确定的。每个交易日的连续竞价（投资者可以进行连续的买卖申报）时间段为上午的9:30~11:30，下午的13:00~15:00。在连续竞价时间段内，股价会随着股民的连续买卖申报成交情况而不断地发生变动，也就是说，在此时间段内，股价会处于一种连续运行的状态。而在每个交易日开盘前的9:15~9:25则为集合竞价时间段。在集合竞价时间段内，投资者可以进行买卖申报，但却不会成交，大量买入或卖出某只个股的委托单信息都输入到电脑内，但此时电脑只接收信息，不撮合信息，在

9:25 这一刻，电脑撮合定价（产生开盘价）。其撮合原则并不是按照时间优先或价格优先的原则，而是按最大成交量的原则来定出股票的开盘价，这一开盘价就是连续竞价时间段的起始价位。对于投资者来说，在参与集合竞价时，有一点应格外关注，这就是在 9:15~9:20 可以对所发出的委托单指令给予撤销；但是 9:20~9:25 只能挂单，不接受撤单；9:25~9:30 不能挂单也不能撤单。

在 9:15~9:25 的集合竞价时间段，投资者可以看到股票价格是在不断变化的（在股票软件右下角的分时成交窗口中），但所有的成交笔数都是零。这是因为这一时间段所显示的是虚拟成交，目的是撮合出一个最大成交量的价格，如果有新的买单和抛单加入，每 10 秒就会进行一次撮合，显示的结果是在这个价格下的最大成交量，但由于未到撮合成交时间（即 9:25），因而，成交笔数是零。9:25 才是集合竞价期间唯一一次真正的成交，所以会显示成交笔数。

此外，对于有特殊情况的股票，例如，发布公告、股价异常波动等原因，证交所会对其实施停牌一小时的措施。对于这些股票来说，是没有集合竞价的，这就是说，在正常的集合竞价时间段 9:15~9:25 的任何挂单和撤单都是无效的；在 9:30~10:30 停牌期间是不能挂单也不能撤单的；对于想在第一时间挂单买卖此股的投资者来说，只能在 10:30 之后发出买卖指令。

通过上面的讲解，投资者可以了解集合竞价的细节，并且明确开盘价的确立方式，那么，与开盘价正好相对应的收盘价又是如何确定的呢？在计算每个交易日的收盘价时，沪、深两市存在着一定的区别，沪市通过每个交易日最后一分钟内的所有交易的加权平均价计算得出，因而，对于上海证券交易所中上市的股票来说，可以看到它们直至收盘时的股价走势都是一直连续不间断的；而深市的收盘价则是通过最后三分钟内的竞价方式产生的，因而，对于深圳证券交易所中上市的股票来说，它们在最后三分钟的股价走势是中断的。

除了开盘价与收盘价外，在全天的交易过程中，还有两个价位的信息也是值得投资者注意的，一个是最高价，另一个是最低价。最高价是当日最高的成交价格，最低价则是当日最低的成交价格。

第二节 T+0与T+1

节前提示：T+0与T+1是两种不同的交易制度，T+0指当日买入的证券在当日即可卖出，T+1则指当日买入的证券只能等到下一个交易日才可以卖出。对于股票的买卖，国内的A股市场实行T+1制度；而对于权证的买卖则实行T+0制度。

T+1制度的实施，给短线投资者提出了更高的要求，如果投资者在早盘阶段追涨买入，而此股随后于盘中走弱的话，则投资者将面临着当日买入即处于被套且当日无法出局的不利局面。因而，准确地判断出个股当日的盘中走势，并在相对的低点位买入，才能使投资者的短线操作处于主动地位。

图4–1 重庆钢铁2014年12月22日分时图

图4–1为重庆钢铁（601005） 2014年12月22日分时图，可以看出，此股在当日早盘大幅度高开后，呈现出强势运行的形态，但这种强势运行势头却仅是昙花一现，此股随后在巨大抛压下不断下跌。如果投资者在早盘因

为看到了此股的强势而追涨买入，由于当日无法对此股进行卖出操作，就会出现当日买入即亏损的情况，从而处于快速被套的不利境况中。

第三节　涨停板与跌停板

节前提示：涨停板与跌停板是价格走势的两种极端表现，源于国内股市中的涨跌停交易制度。由于它们是价格走势的极端表现，也是多空力量强弱悬殊的表现，因而，在分析价格的后期走势时，涨跌停板也是极具参考价值的。

涨停板与跌停板是价格走势的一种极端表现，由于国内 A 股市场规定股价的波动幅度不能超过上一个交易日收盘价的 10%，但是在波动幅度达到极限值 10%时，仍可以在这当日的极限价位处进行交易。因而，当买盘的力量远大于卖盘力量或者当卖盘的力量远大于买盘的力量时，就会促使个股出现涨停板或跌停板的走势。

涨停板的走势是指由于买盘力量持续地强于卖盘力量，使得个股的股价达到了当日 10%的涨幅限制，随后，由于买盘力量仍然强于卖盘力量，从而使得股价在涨幅极限价位处并不出现回落。这样个股的交易价格就始终维持在涨幅上限价位处，从而出现“一”字形的走势，这就是涨停板走势，简称为涨停板。

图 4-2 为节能风电（601016） 2015 年 3 月 11 日涨停板分时图，此股在早盘开盘后持续上涨，并向上封牢涨停板。当此股上封涨停板后，由于买方力量始终远远地强于卖盘抛压，因而，个股的股价在当日盘中并没有出现回落，始终停留在涨停板价位上，从而形成了“一”字线的盘中走势。

跌停板的走势是指由于卖盘力量持续地强于买盘力量，使得个股的股价达到了当日 10%的跌幅限制，随后，由于卖盘力量仍然强于买盘力量，从而使得股价在跌幅极限价位处并不出现回升。这样个股的交易价格就始终维持在跌幅下限价位处，从而出现“一”字形的走势，这就是跌停板走势，简称为跌停板。

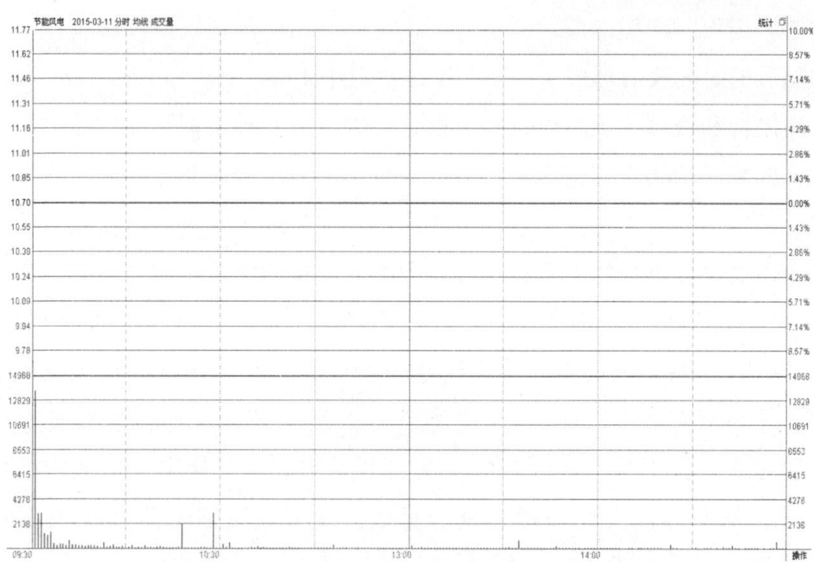

图 4-2 节能风电 2015 年 3 月 11 日涨停板分时图

图 4-3 南京银行 2015 年 1 月 19 日跌停板分时图

图 4-3 为南京银行（601009）2015 年 1 月 19 日跌停板分时图，此股在早盘开盘后，由于市场抛压极其沉重，因而持续下跌，并在收盘前半小时左右向下封牢跌停板。当此股下封跌停板后，由于卖方力量始终远远地强于买

方力量，因而，个股的股价并没有出现反弹，始终停留在跌停板价位上，从而在随后的时间段内形成了“一”字线的盘中走势。

涨停板和跌停板虽然仅仅是价格走势的一种表现，但是在实盘中，它们所包含的意义却要丰富得多。从多空双方实力对比这一角度来说，跌停板的走势更真实一些，因为跌停板能够更为真实地反映出市场抛压极其沉重这一信息；而涨停板则往往具有欺骗性，因为涨停板通常也是主力诱多出货的一种手法，并不一定是多方力量明显占优的体现。从主力控盘的角度来说，主力在拉升一只个股或者在快速建仓一只个股时，往往就会采取拉升个股至涨停板的手法，因为这可以快速地活跃市场气氛，有利于形成追买氛围，若是主力让个股在涨停板上反复打开，则有利于使多空双方产生明显的分歧，从而可以达到快速建仓的目的。从对投资者心理预期的影响来看，涨停板与跌停板可以很好地迎合散户投资者追涨杀跌的心理，因而，这两种极端的价格走势有促涨助跌的作用。当投资者看到个股强势涨停时，多会认为市场的多方力量完全占据了主导地位，个股仍将继续上行，因而，往往有追涨买入的意愿；反之，当投资者看到个股弱势跌停时，则多会认为市场的空方力量完全占据了主导地位，个股仍将继续下探，因而，往往有较强的卖出意愿。

通过上面分析可知，在利用涨停板及跌停板形态来分析个股的后期走势时，涨停板形态的分析难度会更大一些，因为，涨停板既有可能是多方力量占据明显主导地位的表现，也有可能是主力诱多出货的操盘手法体现。这时，我们要根据涨停板的封板时间、封板形态、当日的量能大小和个股所在的位置区间等因素来综合分析，才能确定这一涨停板形态是否是市场多方力量占据完全主导地位的体现，是否是个股短期内飙升的信号？

第四节　什么是主力资金

节前提示：主力资金也称为主力，股市中的投资者虽然数量众多，但却可以大体分为两大类：一类是对股票走势并没有太大影响力，其买卖活动极为分散且无法形成合力的散户投资者；另一类就是对股票走势产生强大影响力，甚至是控制股票走势的主力资金。可以说，了解主力资金的动向和控盘意图，投资者的胜算将会大大提高。

在股票市场中，可以把投资者群体依据其资金实体分为两大群体：一类是对个股走势影响力较小，甚至可以说没有什么影响力的散户投资者；另一类是对个股走势产生明显影响，甚至是起到决定性作用的主力资金群体。

散户，我们很容易理解这个概念，因为它就是指我们广大的普通股民。对于单独的散户投资者来说，其手中持有的炒股资金数额较小，只能买卖少量的股票，因而，其对于个股的走势是没有什么影响的；对于大量的散户投资者来说，由于其买卖行为比较分散，买卖分歧明显，因而无法形成合力，对股价的走势也不具有明显的影响力。可以说，散户投资者仅仅充当着股市参与者的角色，他们被动地追随着个股的走势，难以引导个股的走势。

主力，也称为主力资金，由于其手中握有大量的炒股资金，而且这些资金因为具有统一的行动方向，可以形成合力，因而，他们是个股走势的引导者、制造者。在参与个股的买卖时，一般投资者一定要关注主力资金的动向，要能够及时地把握住主力的动向、揣测出主力的意图，才能搭上顺风车，坐享主力拉升的成果，而且，一般投资者的收益也会因紧跟主力的步伐而远远地超出市场平均收益。

一般来说，可以依据资金类型的不同，将主力资金分为基金、券商、QFII、民间资本、大户联盟和上市公司大股东等。不同的主力资金由于资金募集渠道不同、秉承的理念不同，因而，在选股对象及控股方法上均存在着较大的差异，下面我们就结合这几种主力资金的类型来简要介绍一下其选股与控股的不同之处。

1. 股票型基金

股票型基金为基金的一种，是由基金公司负责运作、由银行托管资金的一种证券产品。基金公司通过向广大投资者发行基金的方式来募集资金，并利用这些资金在股票市场中进行买卖，以期实现资产的增值保值。对于申购基金的广大投资者来说，则可以借助于基金公司的专业管理能力，间接地达到从股市中获取收益的目的。

股票型基金面向广大的投资者，因而，它的资金实力取决于投资者的申购力度，在选择目标建仓股时，由于基金偏爱于价值型投资者的理念，因而多会布局于那些有业绩支撑的大盘蓝筹股或是绩优股。在控盘风格上，基金的操作往往会对大势的走向起到推波助澜的作用，在大势向好时，基民的申购力度、基金的资金规模会变大，这样，基金就会加大建仓力度，而基金建仓的个股往往又是大盘蓝筹股，这些个股对指数的影响力较大，从而推动股市节节上扬；反之，在大势趋弱时，由于基民的赎回力度较大，此时基金就要通过抛售股票的方式来应对投资者的赎回，从而对股市的下跌起到推动作用。

2. 券商

券商是“集合理财”这种理财产品的发起人和管理人，是集合客户的资产，并按照集合理财计划进行投资管理的专业投资者。在选股与控盘上，券商与基金存在着较大的相似之处，都是偏爱于价值型的股票；但是与基金不同，券商的资金数额往往要更小一些，而且投资者的申购与赎回操作也不像基民那么频繁。因而，券商在选股时，会更多地集中于中小盘的绩优股身上。

3. QFII（合格境外机构投资者）

QFII 制度是指允许经核准的合格境外机构投资者，在一定规定和限制下汇入一定额度的外汇资金，并转换为当地货币，通过严格监管的专门账户投资当地证券市场，其资本利得、股息等经审核后可转为外汇汇出的一种市场开放模式。QFII 并不懂得国内股市中的题材炒作，它们往往更注重于企业的真实价值，会以战略性的眼光来看待一个企业的发展，并在其股价低估的时候买入。可以说，如果 QFII 进入或退出一只个股，投资者更应该关心的是该企业的行业地位、发展前景等基本面问题，而不是它的成交量形态、K 线形态和技术指标形态等技术面的问题。

4. 民间资本

与上述几种主力资金不同，民间资本较为神秘，它们一般不会将自己暴露在公众的视野内，投资者只能通过查看买卖数量较大的营业部名称来猜测其来源。民间资本是股票市场中的热点制造者、短线黑马飙升的幕后推手，虽然其资金实力并不是很强，但是它们善于把握热点，且操盘手法也较为凶悍，常常是以连续拉涨停板的手法来炒作个股，因而其所选的目标股也多是有消息刺激或题材支撑的中小盘股票。

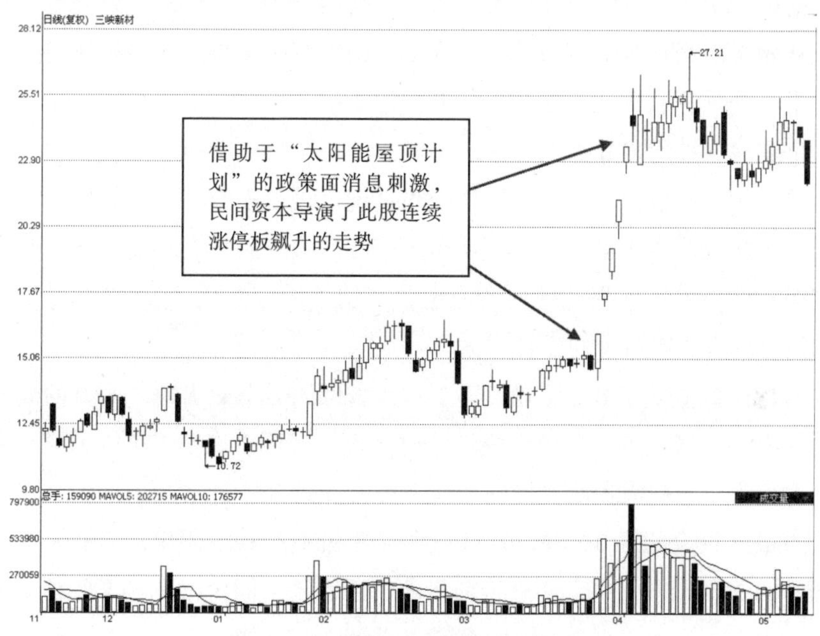

图 4-4　三峡新材连续涨停板走势图

图 4-4 为三峡新材（600293）2008 年 8 月 26 日至 2009 年 5 月 11 日走势情况，此股在长期的盘整后，出现了连续涨停板飙升走势，而这种走势正是民间资本借助“太阳能屋顶计划”的政策面消息大肆炒作导致。查看一下此股的前十大流通股东，投资者可以看到，全无基金、券商等机构资金的身影。

第五节　量比与委比

节前提示：量比与委比是盘口中的实时指标，它们可以帮助投资者及时地了解个股的买卖盘对比情况和成交量的变化情况等，是捕捉异动股、分析主力资金行为的有力工具。

在股票软件的行情报价界面下，可以看到“量比”、“委比”这两个较为重要的盘口数据。量比是一个衡量成交量变化情况的实时指标，它通过将当日开盘后的平均每分钟成交量与过去5个交易日的平均每分钟成交量进行对比，从而得出当日盘中的量能实时变动情况，是开始出现放量，还是开始出现缩量。其计算公式为：量比=［现成交总手/当日累计开市时间（分）］/(过去5个交易日平均每分钟成交量)。

不同的量比数值反映了不同的交投情况，也是多空双方交锋程度的直接体现，量比数值在1附近时，说明市场多空双方交投情况较为稳定，并没有出现明显的分歧，如果此前的个股走势有明确的方向性（趋势性），则多会仍旧沿着原有的趋势方向运行下去。

当量比数值低于0.5或者大于2时，可以认为个股出现了明显的缩量或放量，由于“量在价先”的缘故，此时，投资者可以借助于量能的异动来分析主力行为，并提前预测价格的后期走势。

当量比数值低于0.5时，这是市场交投极不活跃的体现，当然，仅凭这种明显的缩量形态，是无法进行分析的，因为，不同价格走势下的缩量形态是具有完全不同含义的。例如，涨停板形态的量比数值小于0.5多预示着个股短期内仍将强势上涨，而跌停板形态的量比数值小于0.5则多预示着个股短期内仍将弱势下跌。此外，明显缩量形态的出现，也是了解主力控盘能力的一种方式，一般来说，若主力手中持有大量的筹码，则势必会导致市场浮筹的大量减少，那么，当主力不采取行动时，个股的成交量自然也会出现明显的减少，从而出现缩量形态。

当量比数值大于2时，这是市场多空双方交锋趋于激烈的表现，也是多空双方分歧加剧的体现。这种多空双方分歧加剧的结果往往就是，一方被打败，而另一方会在随后的一段时间内占据明显的主导地位，因而，当明显的放量形态出现时，我们往往可以看到价格走势陡然加速，当然，价格走势的加速方向既可能是向上的，也可能是向下的，这取决于个股当时的实际情况。

委比也是一个重要的行情数据，反映了委买盘与委卖盘在申报买入总数量与申报卖出总数量的比值情况。其计算公式为：委比=（委买手数-委卖手数)/(委买手数+委卖手数）×100%。从公式中可以看出，“委比”的取值范围为-100%~+100%，当委比数值为正数时，说明委买手数大于委卖手数；当委比数值为负值时，说明委卖手数大于委买手数。通过委比的数值大小及变化，可以更好地了解到委买盘与委卖盘的挂单情况，同时，也可以行之有效地发现主力的行踪。因为主力往往喜欢通过在委卖盘上挂出大压单或者在委买盘中挂出大托单来达到控制股价走势的目的，至于主力挂出大单的目的意图如何，则要结合个股的综合情况来进行分析。

第六节　内盘与外盘

节前提示：内盘是主动性的卖盘数量，外盘则是主动性的买盘数量，它们是实时的盘口指标，用于反映买盘与卖盘的盘中情况。

股票交易发生在买方与卖方之间，促成一笔交易成功发生的可能性只有两种：一是卖方以买方的报价为标准，通过主动性的卖出来成交，这种情况也称为主动性卖出，它反映了卖方卖出股票的心态更为迫切；二是买方以卖方的报价为标准，通过主动性的买进来成交，这种情况也称为主动性买入，它反映了买方买入股票的心态更为迫切。

在股票软件中，对于个股来说，用外盘来表示主动买入行为所成交的股票数量，用内盘来表示主动性卖出所成交的股票数量。就一般的情况来说，外盘大于内盘，说明主动性的买盘更多，是买盘力量较强的表现，多预示了股价的上涨；反之，若内盘大于外盘，则说明主动性的卖盘更多，是卖盘力量较强的表现，多预示了股价的下跌。但是，由于主力资金往往会采用对倒手法，这会导致内盘与外盘信息的失真，因而，投资者还需结合具体的股价走势来分析。

（1）当个股经过较长时间的上涨来到高位区后，此时若是出现外盘大、内盘小，这种情况并不一定代表买盘力量很强大，因为这很有可能是主力事先在委卖盘中挂出卖单，随后再将其主动买入所产生的，这种自卖自买的手法多是为了制造一个大买单强力买入、大肆拉升个股的假象，从而吸引追涨盘买入，而主力资金的真实意图则很有可能是出货；此外，若是个股的成交较为清淡，则此时仅通过单笔的自卖自买的对倒操作，就可以实现外盘大、内盘小的情况，而这种单笔的对倒操作并不会对股价的走势产生明显的影响。

（2）当个股处于大涨后的高位区或是下跌途中时，此时若是出现内盘大、外盘小，且个股呈下跌走势，则多表明市场抛压沉重，是空方力量占据主导地位的体现，也是跌势仍将继续的信号。

（3）当个股经深幅下跌后而出现止跌企稳走势时，此时若是出现外盘大、内盘小，且个股走势呈现出放量上涨的形态，则代表有连续的主动性买盘资金涌入，是主力资金建仓的表现，也是多空双方实力发生转变的标志，预示着跌势正在转为升势。

（4）当个股经底部的震荡后，开始步入到上升途中时，此时若是出现外盘大、内盘小，是买盘力量较强的表现，也是多方占据优势的体现，预示着升势仍将继续。

第七节　换手率

节前提示：换手率通常以“日”为时间单位，其计算方法是：换手率 = 某只个股当日的成交数量/此股的总流通股数量 × 100%，这一指标反映了某只个股的换手程度，主要用来反映个股的股性是否活跃。

换手率也称周转率，指在一定时间内市场中股票转手买卖的频率，其数值为某只股票的累计成交量与其流通股本之间的比率，是反映股票流通性强弱的指标之一，可以有效地帮助投资者识别一只股票的活跃度。

换手率与成交量虽然都是反映股票交易规模的指标，但是它们是完全不同的。成交量是一个绝对数值型的指标，由于股票流通股数量的差距，利用单纯的成交量数值来比较不同股票的交投情况是没有意义的；而换手率则是一个相对数值型的指标，它以百分比的形式呈现出来。投资者可以利用换手率来方便地比较出哪一只股票的交投更为活跃。

一般来说，可以将 3%的日换手率看作是交投活跃与交投平淡的分界点，当日换手率小于 3%时，多意味着个股的流通性较差，是大量筹码不在散户投资者手中的体现，或是股市成交趋于萎靡不振的表现。对于第二种情况来说，投资者可以结合当时的市场环境得出结论。对于第一种情况，则要分析大量的筹码正被谁掌握着？此时，投资者可以通过查看上市公司前十大流通股东的持股情况，来分析这些流通筹码更多地掌握在谁的手中？如果前十大流通股东持有股票的数量较多，则应关注持有此股的是哪路主力资金，从而为分析个股的后期走势提供更多的依据。反之，如果前十大流通股东的持股数量较小，则多说明极有可能是有神秘的主力资金通过大量账户持有此股的筹码，应密切留意此股的走势，因为在这类个股中很容易诞生黑马股。

如果日换手率在 3%~7%，表明市场交投气氛活跃，买卖双方的交投较为活跃，多发生在上升行情的发展阶段，此时，居高不下的换手率既保证了市场平均持仓成本的快速上升，也说明个股不会因累积过多的获利而抛压，这对个股的持续上涨是有利的；如果日换手率在 3%~7%，而个股走势却呈现出下跌，则说明市场抛压较重，抛盘较多，如果此时的个股正处于持续上涨后的相对高位区，则是跌势将现的信号。

日换手率超过 7%，表明市场交投较为激烈，市场筹码也在加速换手，是多空双方分歧加剧的表现，多发生在价格走势较为极端或者价格走势面临着阶段性反转时，此时的个股在盘中往往会出现较大幅度的震荡，如盘中大幅度飙升走势、涨停板走势、跌停板走势和盘中大幅度下跌走势等。这时投资者应结合个股的前期走势情况，来分析这种高换手率是代表着资金的流入还是流出？

在关注换手率时，投资者可以重点关注两种较为极端的情况：一种是高换手率，另一种则是低换手率。高换手率说明市场的筹码在加速换手，如果买入这些筹码的是主力资金一方，而卖出筹码的是散户资金一方，则说明主力资金在加速建仓，这种建仓方式多出现在有消息刺激或是有热点支撑的短线黑马股身上，因而，这种个股的短期甚至是中期走势都是值得投资者期待的；反之，如果卖出这些筹码的是主力资金一方，而买入筹码的是散户资金一方，则说明主力资金在加速离场，是个股下跌行情即将出现的信号。至于高换手率究竟是意味着主力资金的加速建仓，还是意味着主力资金的加速离场，则要结合个股的所在位置区间、当日的盘中走势、是否有消息刺激和较高的日换手率、是否具有连续性等多种因素来综合分析。

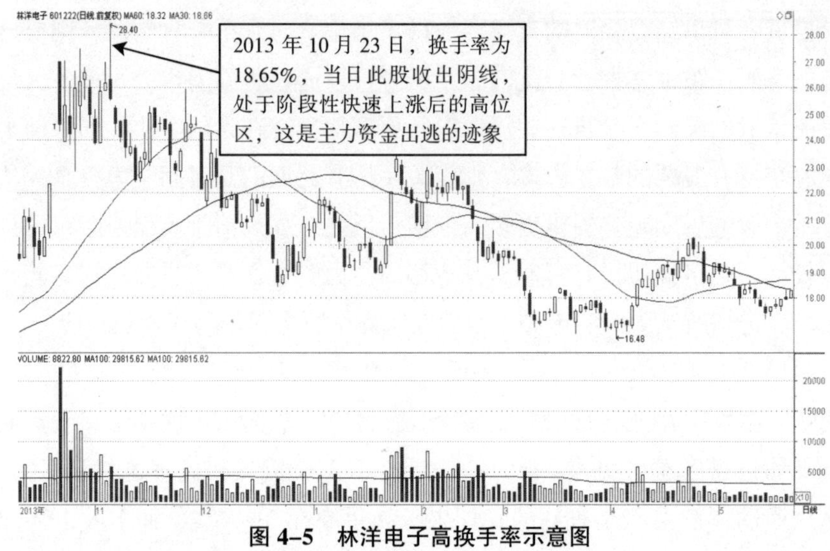

图 4-5 林洋电子高换手率示意图

图 4-5 为林洋电子（601222） 2013 年 10 月 1 日至 2014 年 5 月 23 日走势情况。在 2013 年 10 月 23 日，即此股在持续上涨后的相对高位区，当日的换手率为 18.65%，且收出了一根大阴线，这是主力资金出逃的迹象。在结合了高换手率、阶段性的价格走势和当日的盘中走势等多种因素后，投资者就可以利用高换手率来准确地判断个股的后期走势。

如果说高换手率的一个重要作用是可以判断主力资金的建仓与出货这两种截然不同的行为，那么，低换手率则可以帮助投资者有效地识别主力的持仓量。在主力建仓或持续加仓阶段，个股往往会在一个区域内上下震荡，当主力建仓完毕而强势拉升个股时，若是大量的筹码已经掌握在主力的手中，则个股在突破这一区域时，并不会出现较高的换手率，而这正是市场浮筹较少、大量筹码已掌握在主力手中的最好体现。

图 4-6 为轻纺城（600790）2014 年 4 月 24 日至 2015 年 4 月 24 日走势图，此股在经历了长期的盘整走势后，开始突破上行，但是在突破前期盘整密集区时，其平均换手率只有 3%左右，这说明大量的筹码已经锁定在主力手中，而这正是个股随后即将出现大涨行情的预示。通过低换手率的突破走势，投资者可以有效地分析出主力的控盘能力及控盘行为，从而为其实盘操

作提供可靠的指导。

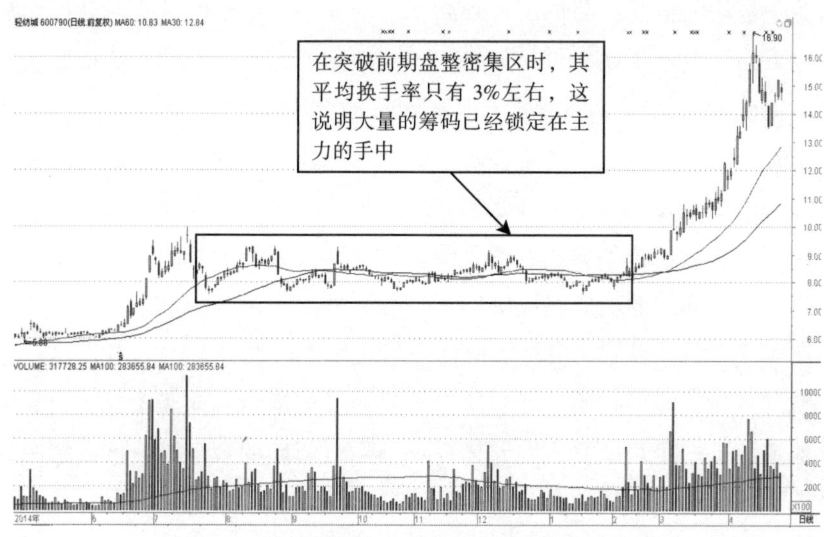

图 4-6　轻纺城低换手率突破盘整密集区示意图

第八节　资金流向

节前提示：资金流向是一个成熟的指标，主要用于反映某一只个股、某一板块和股市的资金流进流出的情况。有些读者可能不明白，既然股市的每一笔交易都源于买方与卖方的同时、等数量的交易，那么，为何会有资金流入与流出之分呢？其实，资金流向这一概念主要用于判断那些已成交的资金额是推动了价格上涨，还是导致了价格下跌，以此为标准，来区分资金的流入与流出。

股市是一个资金推动型的市场，主动性的买盘资金越多，则股市的上涨力度也就越大；反之，主动性的卖盘资金越多，则股市的下跌力度也就越大。为了衡量股市中的主动性买盘资金与主动性卖盘资金的情况，从而引入了资金流向这一概念。

资金流向（Money Flow Index）在国际上是一个成熟的技术指标，也是投资股票必须密切关注的一项指标，它反映出投资者的行动轨迹，在相当程度上指示了股价未来变动的方向。在设计方法上，资金流向主要用于统计板块（关于板块的概念，我们将在随后章节中介绍）或是大盘。其计算方法很简单，下面以钢铁板块为例，如果在 10:30 这一分钟，钢铁板块指数较前一分钟是上涨的（即这一分钟处于上涨状态），则就将 10:30 这一分钟的成交额计作资金流入；反之，如果在 10:30 这一分钟，钢铁板块指数较前一分钟是下跌的（即这一分钟处于下跌状态），则就将 10:30 这一分钟的成交额计作资金流出。通过这种方式，每分钟计算一次，每天加总统计一次，流入资金与流出资金的差额就是该板块当天的资金净流入。

在股票行情软件中，资金流向这一指标用 MFI 来表示。在利用这一指标时，投资者所关注的对象应是板块、大盘这样的集合，而非个股，而且应该连续地关注某一板块或是大盘整体在某一段时间内的资金流入流出情况，只有这样，才能客观准确地分析出股市中资金流入流出的真实情况，从而避免得出片面的结论。

第九节　估值状态与市盈率

节前提示：股票没有好与不好的问题，只有“贵不贵”、“值不值”这个价的问题，以更低的价买进更符合投资者要求的股票自然是最好的事，而且，这种方法也是低风险、高获益操盘手法的直接体现。这时，投资者就要了解两个概念：估值状态与市盈率。

上市公司的业绩是买股、卖股时要重点考虑的因素，但好的业绩绝不是买入一只个股的充分理由，回顾熊市的发展，投资者可以发现，那些业绩很好的个股也同样会随着股市的整体性下跌而出现大幅度的下跌。如果说垃圾股或 ST 股因为处于微利或亏损的边缘而会随着股市的牛熊交替出现“过山车式”的走势，那么，对于那些有业绩支撑，甚至业绩不错的个股，它的大起大落走势又是什么原因导致的呢?

其实，这主要是因为个股估值状态的改变，所谓的估值状态常用市盈率这个指标来表示，市盈率=股价/每股收益。每股收益反映了个股的业绩情况，在每股收益不变的情况下，若其二级市场的股价越高，则个股的估值状态也就越高；反之，则越低。当牛市出现时，由于投资者普遍乐观，并对未来充满信心，因而，往往会使得股市整体及个股处于明显的高估状态。对于国内股票市场来说，目前最高估值状态出现在 2007 年 10 月前后，那时的沪深两市全体个股的平均市盈率超过了 50 倍，而在 2005 年时，由于股市经历了数年的持续下跌，当时的市场平均市盈率只有 20 倍左右。市盈率的大小反映出股市的估值状态，而股市的估值状态是高还是低，则取决于与历史其他时期的纵向对比。

纵观股票市场的历史走势，股市往往会在大量资金的涌入与涌出的推动下，而出现明显的高估与低估情况，但这种高估与低估仅仅是投资者过于乐观或是过于悲观的极端情绪的体现，而不是股市真实价值走向的体现。当市场严重偏离其实际价值时，就必然会在随后逐步修正这种偏差，过高的估值状态会使得股市及个股处于泡沫状态，它将面临着随后出现的挤压泡沫的局面；过低的估值状态则会使得股市及个股处于极具投资价值的状态，它将导致更多的场外资金涌入，从而推动价格上涨。

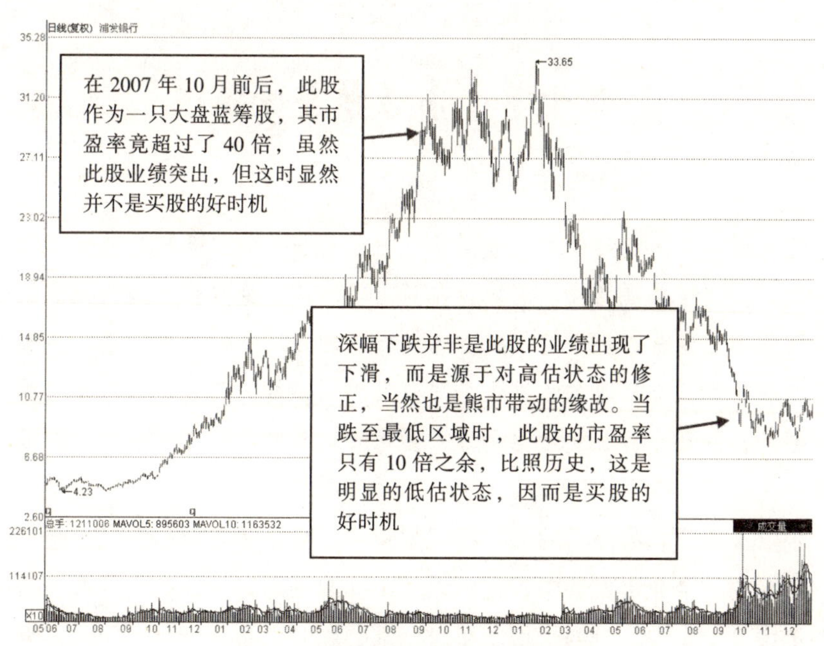

图 4-7 浦发银行牛熊市交替走势图

图 4-7 为浦发银行（600000）2006 年 5 月至 2008 年 12 月走势情况，如图中标注所示，此股受股市在 2006~2007 年所出现的牛市行情推动，出现了持续上涨的走势，虽然此股业绩良好、盈利能力突出，但这种涨幅、涨速是此股业绩增速远远跟不上的。在 2007 年 10 月前后，此股作为一只大盘蓝筹股，其市盈率竟超过了 40 倍，虽然此股业绩突出，但这时显然并不是买股的好时机，因为此时的个股处于明显的高估状态。

随后，由于股市难以长时间停留在明显的泡沫区，泡沫破裂的过程，也就是熊市推进的过程。受熊市的推动，此股也出现了修正泡沫状态的下跌走势，因而可以说，这种深幅下跌并非是此股的业绩出现了下滑，而是源于对高估状态的修正，当然也是熊市带动的缘故。当此股跌至最低区域时，其市盈率只有 10 倍之余，比照历史，这是明显的低估状态，因而是买股的好时机。如果查看当时此股所发布的业绩公告，可以发现，当时浦发银行的业绩是不降反升的，完全与股价走势相背离。通过上面的分析，可以得出结论：买股票时仅仅考虑上市公司的业绩是不够充分的，投资者还要考虑它的估值状态，而其估值状态就反映在“市盈率”这个指标上。

第十节　高送转与除权

节前提示：高送转就是大比例的送股或转股，但它只是企业内部的资本重新配置，不能实现增值，因而，在高送转后应实施除权，以使得个股在高送转实施前后的总市价保持不变。高送转是国内股市的一大特色，上市公司的高速成长往往与其股本的扩张是同步且成正比的，而且高送转也往往是主力资金炒作的题材，这就使得具备了高送转题材的个股往往会成为翻倍的黑马股。

企业是以盈利为目的的一种组织型团体，当企业取得利润时，既可以将这些利润用于企业再发展中，也可以从中抽取一部分回馈给出资人。对于国内的上市公司来说，每当年报发布时，都会同时公布一个分红派现方案，这就是上市公司给投资者的回馈方式。

一般来说，上市公司回馈给投资者的方式有三种：第一种是派现金，第二种是送红股，第三种是转增股。这三种方式还是存在着较大区别的，下面我们来简单了解一下。

所谓的派现金是指上市公司从创造的利润中取出一部分，直接以现金的形式发放给持股者。现金分红之所以被投资者看重，是因为投资者往往都有一种“落袋为安”的心理，毕竟企业在未来的经营过程中要面临着较大的不确定性，如果上市公司在没有十足把握的情况下，将当年所创造的利润全部用于下一年度的发展中或是投资于某一风险领域，则股东就会面临着较大的风险。上市公司能否年年有稳定的分红回报也成为稳健型投资者衡量其信用，分析其投资者价值的重要原则之一。那些连年分红比例明显超过同期银行利率的企业，不失为投资者通过股市获取超于同期银行利率回报的一种稳健选择。

所谓的送红股是指上市公司将公司所创造的利润再度投入到企业的发展中，并且将这些利润以股份的形式送给投资者。送红股的实质是股东权益的内部结构调整，并不涉及上市公司的现金流出，上市公司并不需要拿出现金。

转增股与送红股相似，所不同的是，送红股是将企业年度所创造的利润来作为红股送出，这就要求企业只有在盈利的前提下才可能实施送红股方案；而转增股则是以企业的资本公积金为所要转增的股份，并不必要求企业一定盈利。

高送转是上市公司大比例送红股或大比例以资本公积金转增股本的分配预案，比如每 10 股送 10 股或每 10 股转增 5 股等。在国内股市中，由于上市公司的高速发展往往也是其股本规模同步扩大的过程，因而，那些实施高送转分配方案的上市公司往往会被冠以“商成长”的美名，而实施高送转方案的个股在其公布高送转方案前，往往也会得到主力资金的炒作。此外，主力资金炒作高送转股的另一个重要原因在于，高送转方案正式实施后，由于会对个股实施除权操作，因而，其股价就会被大幅度地“打低”，例如，实施“10 送 10”的方案，由于股本规模扩大一倍，则每股的股价在除权后就应缩小一半，从而确保使其股票总市值保持不变。那么，什么是除权？为什么要除权？何时才除权？除权操作对投资者的买卖是否有影响？

所谓的除权操作，是指确保个股的股票总市值不因股本的扩大、派现的实施而出现断层，确保个股总市值的变化随着个股的涨跌而连续变化。因为个股的总市值已经实时、动态地反映了上市公司的各种情况，包括它所创造的利润、出现的亏损，无论上市公司如何利用这些利润、如何转增自己的资本公积金，这些毕竟只是股东内部权益的调整，并没使得上市公司突然出现增值或贬值，因而，其股票总市值是不应随着这些派现金、送红股、转增股等分红方案而发生变化的。因此，当上市公司进行派现操作时，上市公司派出了多少现金，就应在个股当前的总市值中减去多少；上市公司送出了多少股、转增了多少股，则就应相应地摊薄每股的股价。

对于买卖股票的投资者，有一个较为重要的问题，这就是，除权对投资者的买卖操作是否有影响？答案是否定的。下面我们就通过介绍除权的整个过程来对此进行解释。当一家上市公司公布了派现方案或是送股方案或是转增股方案后，在未正式实施这一方案前，此股就是一只含权的个股，这种“权”是指投资者享有派现、送股、转增股的权利；随后，上市公司会公布未来的某一日为“股权登记日”，只要投资者是该日收市时持有该股票的股东就享有分红的权利。在股权登记日的下一个交易日，上市公司就会进行除权、除息（对于派现金这种分红方案来说）操作，此时，股价会按相应比例变低。对于那些在股权登记日收市前买入此股的投资者来说，虽然股价变低了，但是由于享受了所派现金或所送转的相应数量的股票，因而，其个股的总市值并没有变化；而对于在股权登记日之后买入此股的投资者来说，其买入的股票是除权后的股票，对其并不构成影响。可以说，能够让投资者获利的方式只能来自于股票在二级市场中的上涨，而不是这种送转股或分红等方式的分配预案。

图 4-8 为东方雨虹（002271） 2008 年 9 月至 2015 年 4 月的除权走势情况，东方雨虹是一只典型的高速成长性股票，从此股在此期间的走势可以看到，它多次实施了高送转的分配方案，每一次的高送转分配方案都使得此股在除权后留下了一个很大的空白区域。高送转方案的实施使得此股的股本相应扩大，同时股价则相应变低，但是由于在每一次除权后保持了高速增长的态势，其股价仍能在业绩的高速增长下持续上涨，从而填补了前期除权所留下的空白区域。这种走势称为填权行情，这种行情的不断出现也正是上市公司业绩高速增长的典型体现。

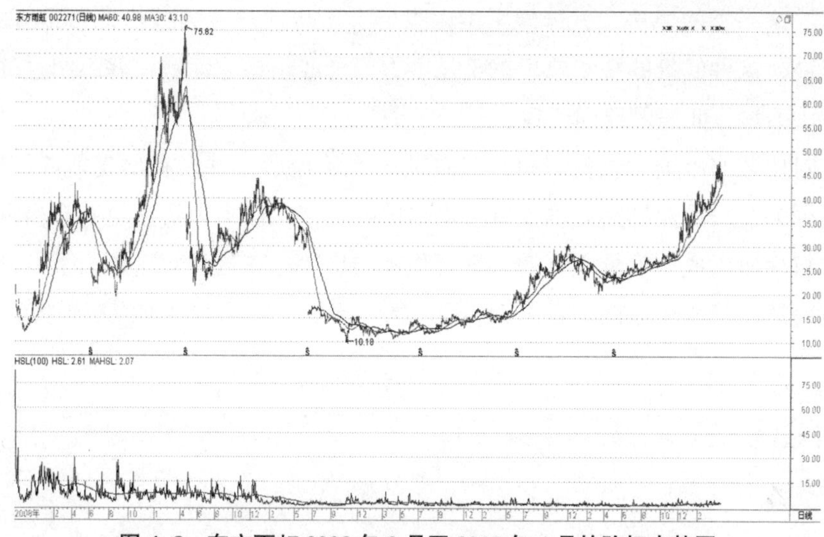

图 4-8 东方雨虹 2008 年 9 月至 2015 年 4 月的除权走势图

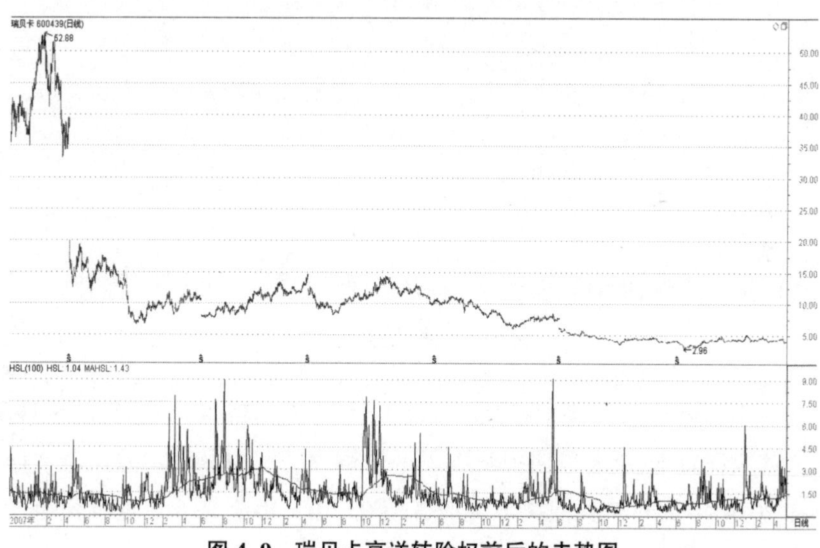

图 4-9 瑞贝卡高送转除权前后的走势图

图 4-9 为瑞贝卡（600439）2007 年 12 月至 2015 年 4 月走势情况，此股在大幅上涨后，因实施 10 股转增 10 股的高送转分配方案，而进行了股本扩大一倍、股价降低一倍的除权操作。除权的实施使得此股的股价呈现出一种“低价”的视觉效果，这对主力的后期出货是极为有利的。由于国内股市是一个投机气氛较浓的市场，在股价的绝对值与个股的估值状态之间，股价的绝对值往往更被市场认可，投资者常常可以听到“消失两元股”、“消失三

元股”这一类的说法，就体现了国内投资者所普遍具有的投机性思维方式。可以说，这种低价的视觉效果也正是主力资金敢于在业绩增速并不明显的情况下大力炒作此股的原因所在。

对比苏宁电器，投资者可以发现此股在除权后，并没有出现填权行情，这是因为此股的业绩完全不支持它走出填权行情，而主力资金也有意借助它在除权后所形成的低价视觉效果进行积极的出货。在这种双重压力下，此股也就自然而然地在除权之后，于“低位区”出现了长期的盘整震荡走势。

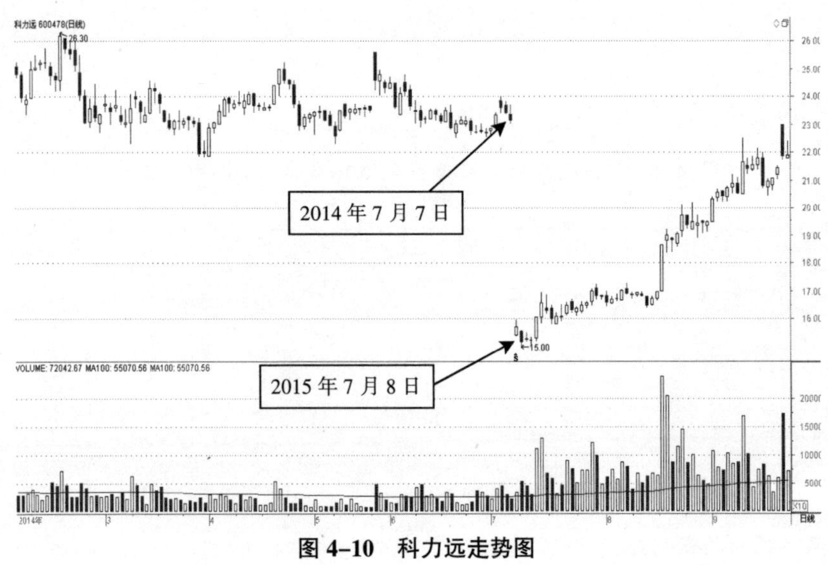

图 4-10　科力远走势图

图 4-10 为科力远（600479） 2014 年 7 月 7 日至 2015 年 7 月 8 日走势情况，此股在日 K 线走势图中留下了一个很大的空白区域，这是怎么回事？如果在 2014 年 7 月 7 日前买入此股，但在 2015 年 7 月 8 日前却没有卖出，是否会因为 K 线图中股价这种突然的大幅“下降”而出现直接的亏损？

在 K 线走势图中留下的这种空白区域，是此股的高送转除权行为所产生的，但除权并不会给投资者造成损失，在 2014 年 7 月 7 日收盘前买入此股的投资者，当其持股至 2015 年 7 月 8 日时，虽然每股的股价降低了，但却获得了相应比例的送转股，从而使得股票总市值并不发生变化。其中除权前的最后一个交易日为“股权登记日”，股权登记日的下一个交易日即为除权日。如果投资者在股权登记日收盘时持有此股，则将获得上市公司的现金红利或是送转股（这取决于上市公司的具体分配方案），所获得的现金红利或是送转股将会在除权日之后的若干日内到账。

第十一节　公开增发与定向增发

节前提示：公开增发是已上市公司在二级市场中、面向普通投资者，通过增发新股来募集资金的行为；定向增发则是已上市公司面向少数机构投资者或上市公司大股东发行新股份的行为。两种增发方式的侧重点不同，对个股走势的影响也不同。

公开增发与定向增发是已上市公司再融资的常见方式，由于所面对投资者群体不同和所募集资金的用途不同，因而，其引发的后期价格走势也往往不同。在本节知识点中，就来了解公开增发与定向增发的区别。

公开增发，也称为增发新股，是指上市公司通过向二级市场中的普通投资者增发新股来募集资金的一种行为。公开增发所面向的投资者为二级市场中的广大普通投资者，并且已持有上市公司的投资者在申购这些增发股时有一定的优先权。由于股市是一个资金推动市，而股价的涨跌就直接源于二级市场中的买盘力度，因而，公开增发对二级市场中的资金有“抽血”作用。

在市场环境较好时，个股的股价相对较高，此时增发相同数量的股份可以募集到更多的资金，而且投资者的申购热情也较好，增发更容易成功实施；反之，在市场环境不佳时，个股的股价相对较低，投资者人心涣散，此时增发新股无异于雪上加霜，这也是为什么公开增发行为多出现在市场环境较好时的原因。

允许公开增发这一市场行为的主要目的是为上市公司提供生产发展中所需的资金流，但也不能完全排除一些上市公司利用自身的上市资格从二级市场中进行恶意的圈钱。为了避免这种情况，证监会对那些欲进行增发新股的上市公司设定了一定的门槛，上市公司申请增发新股，除应当符合《上市公司新股发行管理办法》的规定外，还应当符合最近 3 个会计年度加权平均净资产收益率不低于 10%，且最近 1 个会计年度加权平均净资产收益率不低于 10%等条件。此外，值得注意的一点是，依据 2008 年 10 月 9 日新修订并实施的《上市公司证券发行管理办法》第八条第五项规定，要进行公开增发的上市公司“最近三年以现金方式累计分配的利润不少于最近三年实现的年均可分配利润的 30%”。

在 2007 年的大牛市行情下，沪深股市一路飙升，很多上市公司都借此良机实施了增发行为，以此募集到更多的资金投入企业的发展中。下面我们以格力电器（000651）为例，来了解公开增发的全过程。

1. 向市场公布公开增发预案

2007 年 6 月 8 日格力电器发布公告，“拟公开增发不超过 5000 万股”，这仅仅只是上市公司提出的一个增发预案，它能否通过还需股东大会和证监会的批准。在这一增发预案中，包括了具体的增发事项。下面我们就来逐一分析。

“发行数量：不超过 5000 万股。”这一条目指出了增发的股份数量。

“发行对象：本次增发股权登记日收市后登记在册的本公司全体 A 股股东以及其他持有深圳证券交易所 A 股股票账户的自然人和机构投资者（国家法律、法规禁止者除外）。”这一条目指出了公开增发所面向的对象。

“向原股东配售安排：本次增发将向股权登记日在册的全体 A 股股东全额优先配售，未获认购部分向其他有意向认购的投资者发售。”这一条目指出了投资者申购增发股时的优先顺序。

“定价方式：不低于公告招股意向书前二十个交易日公司 A 股股票均价或前一个交易日的均价，具体发行价格由股东大会授权公司董事会与主承销商协商确定。”这一条目指出了增发价的确立方式，值得注意的是，增发价要等到具体的招股说明书公告时才能确定，因而，增发价是随行就市的。

“本次增发募集资金用途：本次增发募集资金将投资于以下项目：①项目名称：在安徽省合肥市新建年产 300 万台的家用空调生产基地，总投资额 50080.00 万元；②项目名称：360 万台压缩机技改项目，总投资额 65534.60 万元。”这一条目指出了所募集资金的投向，投资者可以详细地分析一下这些资金是否投向了有潜力的领域，以此来判断上市公司的未来成长情况。

“本次公开增发 A 股股票的方案需经公司股东大会审议通过，并报中国证监会核准后方可实施。”这一条目指出了实施具体的增发前还要履行的审批过程。

2. 公布股东大会审议结果

2007 年 7 月 2 日，上市公司公告“股东大会同意公司公开增发 5000 万股 A 股”。

3. 发审委审核增发方案、上市公司公布审核结果

2007 年 7 月 16 日，格力电器公布了证监会的审核结果“公开增发 A 股获发审委有条件通过：格力电器（000651）2007 年 10 月 15 日，中国证券监督管理委员会发行审核委员会 2007 年第 149 次工作会议审核了本公司公开增发 A 股股票事宜。根据审核结果，公司公开增发 A 股股票获得有条件通过”。这说明公司随后可以在二级市场中进行公开增发。

4. 公布增发招股说明书

2007 年 9 月 6 日，格力电器公布了增发招股说明书，它是一个具体实施的方案。这一招股说明书的内容与之前发布的增发预案基本相似。其中值得注意的是它的发行价格及定价方式：“本次发行价格为 39.16 元，不低于招股意向书刊登日前一个交易日的股票均价。”这一价格也是投资者随后申购增发股时的实际价格。

5. 公布具体的申购流程

2007 年 9 月 7 日，格力电器发布增发 A 股提示性公告，这一公告指出了具体的申购时间、申购代码和申购方式等。投资者可依据此公告按要求进行申购。

上市公司成功地实施了公开增发后，投资者所申购的增发股份并没有锁定期限，一般在增发方案实施后的两三个交易日后即可以在二级市场中卖出。

图 4-11 为格力电器 2007 年 2 月 7 日至 2008 年 3 月 28 日走势情况，图中标注了此股在实施公开增发时的两个重要时间点：一个是增发预案发布时（2007 年 7 月 2 日），另一个是招股说明书公布时（2007 年 9 月 6 日）。

总结：由于公开增发时的增发价是随行就市的，因而，投资者并不能通过申购增发的股份而直接获利，只有个股在实施增发后，其二级市场的价格

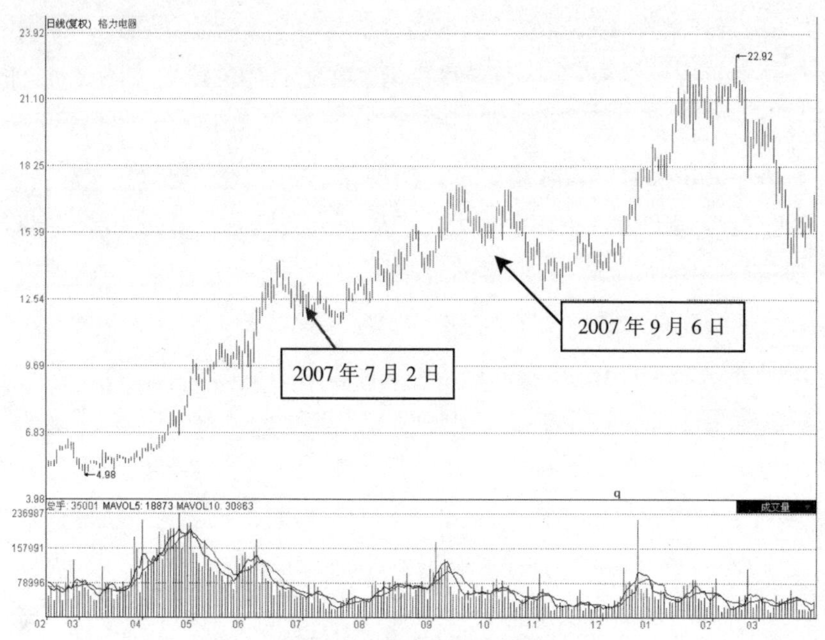

图 4-11　格力电器走势图

出现了上涨，这些申购的增发股才能获利。

定向增发与公开增发有所不同，定向增发的对象是特定的机构投资者或是上市公司的大股东，因而，定向增发行为并不会对二级市场的资金产生“抽血”的作用。由于定向增发所募集到的资金往往用于收购优质资产，因而，这一市场行为可视作是明显的利好。此外，上市公司的资产注入、整体上市等行为也是通过定向增发方式来实施的。上市公司往往只是某个集团企业下属的一个子公司，此时，我们将这个集团企业称为母公司，而将上市公司称为子公司。母公司为了做大做强上市公司，整合资产、充分利用上市公司的壳资源，往往会将其所拥有的一些优质资产注入到上市公司；上市公司通过向母公司定向增发新股即可以完成这一资产注入，重大的资产注入后往往会使上市公司发生脱胎换骨的转换，可视作重大利好。

除了所面向对象的不同，定向增发与公开增发还存在着以下几点区别：①公开增发的大多数股份都是通过网上申购完成的，因为公开增发所面向的投资者群体是散户投资者，而散户投资者的买卖股票操作都是在网上完成的；而定向增发由于面向少数的机构投资者或是上市公司的大股东，因而，它的增发行为是通过网下配售完成的。②公开增发的增发价是随行就市的，但定向增发则不同，一般是以公布定向增发预案时的市场价为参照，且发行价不得低于当时市场均价的 90%。如果在具体实施定向增发方案时，市价有所变化，但是变化又不是很明显，则定向增发价一般不会变化。③锁定期限不同，公开增发没有锁定期限，定向增发则有锁定期限。根据证监会推出的《再融资管理办法》（征求意见稿），对于定向增发行为而言，规定了其发行对象不得超过 10 人，发行价不得低于市价的 90%，发行股份 12 个月内（大股东认购的为 36 个月）不得转让。可以说，定向增发所发售的股份至少在这一方案实施后的 12 个月内不会对市场造成压力。

第十二节　IPO 与打新

节前提示：股票市场分为一级市场和二级市场，二级市场是投资者平常参与买卖股票的市场，在这个市场中，只能通过低吸高抛的方式来获利。除此之外，投资者也可以参与一级市场，通过在一级市场中申购新上市公司的股份，随后以在二级市中场抛出的方式来实现获利。

对于新入市的股民来说，通过在二级市场上直接买卖股票来获利无疑是最为便捷的，每个交易日都有许多的股票呈现出强势的上涨走势，也有很多短线黑马股在短时间内实现了翻倍。但这种通过低吸高抛在二级市场中获利的方法却需要投资者对个股价格的后期走势有一个很好的把握。可以说，这种获利方法看似简单，然而在实盘操作中却比较困难，这也是投资者学习股市技术分析方法的原因所在。除此之外，还有一种简单保守的获利方法，这就是直接在一级市场中申购新股。

IPO 是首次公开增募股的简称，是指企业通过证券交易所首次公开向社会上的投资者增发股票以募集资金的行为。成功实施 IPO 后的企业就可以在证券交易所挂牌上市并进行自由买卖（这称为新股登陆二级市场，常说的股市其实主要就是指可自由买卖股票的二级市场），这也就是说成为上市公司，企业实施 IPO 行为是在一级市场中展开的，在该市场中，投资者只能用自有资金申购新股，而且由于总申购资金远远高于企业上市时首次增发所需募集的资金，因而，有一个中签率问题。这里的中签率类似于彩票中的中奖率，下面来了解什么是中签率？

对于将在上海证券交易所登陆上市的企业来说，投资者在申购这些新股时（投资者申购新股的行为称为“打新”），其最小申购单位为1000股，即每1000股获得1个配号，如果此股的中签率为1%，则意味着每100个配号可以有1个配号成功申得新股。如果一位投资者申购了5000股，即获得了5个配号，则此投资者可以成功中得1个配号（也可称为中得一签）的概率为5%。一般来说，新股的中签率往往较低，中小盘股的中签率多在1%以下，大盘股的中签率也往往小于5%，因而，想要成功地申购到新股，不仅需要投资者拥有较多的资金来获得更多的配号，也需要一定的运气成分（注：投资者申购将在深圳证券交易所登陆上市的企业新股的最小申购单位为500股）。

新股发行时的中签率较低也说明了一个事实，即新股是一个“香饽饽”，较为抢手。这一方面是因为新股的成长性往往较好，另一方面也是因为新股相对于那些已上市的同类企业来说，其估值状态较低。因而，当成功实施IPO后企业在正式登陆二级市场的首个交易日时，其开盘涨幅往往极为可观（相对于发行价而言）。新股特别是有题材支撑的小盘新股，其首日开盘涨幅往往是直接翻倍。虽然申购到新股并不容易，但是一旦成功地申购到新股，往往就是低风险、高收益。可以说，通过申购新股来获利也不失为一种从股市中获利的方式，而且这种方法特别适用于熊市，因为在熊市中是难以在二级市场中通过低吸高抛来实现获利的，那么，投资者如何进行打新，打新时又有哪些注意事项呢？

企业的申请上市行为在成功通过证监会审核后，随后就会排队进行IPO，这时，企业会公布一个新股申购日。假设网上申购日为第T日，下面结合新股的发行流程来了解投资者在打新时的注意事项。

第T日，新股网上发行，投资者当日可以像购买普通股票一样来申购新股。在申购时，有两点是需要注意的：一是申购的最小单位，沪市发行的新股其最小申购单位为1000股，深市发行的新股其最小申购单位为500股；二是申购的时间，申购时间为当日上午9：30~11：30或下午13：00~15：00。

第 T+1 日，中国证券登记结算有限责任公司上海分公司（以下简称中国结算公司上海分公司）冻结申购资金，交易所将根据最终的有效申购总量进行连续配号，每个申购单位分配一个配号，并且依据总申购的配号数量与实际所需募集的配号数量比值情况计算并公布出中签率。中签率的计算方法为：中签率=实际募集资金数额所需的配号数量/当前的申购资金配号数量。

第 T+2 日，由保荐机构举行摇号仪式并公布中签号，进行中签处理。投资者当日可以在委托交易软件中查询是否中签。

第 T+3 日，申购资金解冻。

总结：随着新股发行体制的改革，新股首日涨跌走势的不确定性也在增加。到笔者撰稿时为止，相比于 2007~2008 年新股首日涨幅动辄翻倍的情况来说，大多数新股首日的涨幅都在 50%以下，一些没有题材支撑、难以形成热点的新股甚至有可能出现首日上市就跌破发行价的窘况，而且，对于股本数相对较大的新股来说，上市首日的涨幅往往极低，多在 10%以下。以上这些情况的出现与新股加速上市和新股发行价采取市场竞价的方式有关。新股上市首日涨幅收窄并不是一件坏事，从长远来看，它有利于股市中一级市场定价与二级市场价位之间的衔接。那么，对于投资者来说，当前是否还应申购新股，应申购哪些新股呢？

依据笔者对于新股上市情况的分析，那些发行价定价偏低、股本规模较小、有独特的行业优势的新股，往往会在上市首日获得主力资金的介入，从而出现不俗的上涨幅度，因而，投资者可以重点申购符合这些要求的新股。而对于那些股本数极大、估值明显较高的新股，则不宜盲目地申购，毕竟就现在的情况来说，申购新股同样存在着一定的风险，“新股不破发行价”的传统已成为国内股市中的历史。在实盘操作中，如果新股的发行价定得过高，则申购这样的新股显然意义不大，因为其不仅会使投资者面临着新股上市首日破发的风险，还会出现由于资金被冻结而导致无法购买期间其他个股的情况。

第十三节　炒股是一个涉及专业知识较多的领域

节前提示：股市的资金入门门槛较低，投资者在进行买卖时，其操作也很简单，但这绝不意味着炒股获利就是一件轻松的事。本节中，我们就来分析一下学习炒股知识的重要性。

虽然股票交易只有一买一卖两个操作，但是要想从这一买一卖两个操作中获取利润却并不是一件简单的事情，这需要投资者对股票市场较为熟悉且对个股价格的后期走势有一个准确的预测。

可以这样理解股票操作中的整个获利过程：获利是最终的结果，在获利之前是投资者对价格后期走势的准确预测。投资者要利用自己精通的某种分析方法来进行预测，但是在使用分析方法前，对于股市、股票等方面基础知识的学习却是当务之急。可以说，追根溯源后，我们发现，学习最基本的股票知识是必不可缺的一项内容。本章较为详细地讲解了投资者在介入股市后所应了解的一些基础性知识，但这是从实盘操作、快速上手的角度出发来组织这些基本知识点的。股票市场所涉及的知识点众多，任何一本书都无法完全覆盖其各方面的知识。对于其他知识的学习，读者可以在以后的实盘操作中结合自己的发展方向有所选择地进行。例如，如果读者偏爱于上市公司业绩、发展潜力和竞争能力等基本面的分析，则可以重点学习一些有关财务报表、宏观经济分析及行业发展前景等方面的知识；如果读者偏爱于从 K 线形态、量能形态和主力动向等技术方面的分析，则可以重点学习涉及这些方面的技术分析方法。希望读者可以通过本章中的知识点介绍快速地打开看盘之门，为日后的进一步学习、实践奠定良好的基础（注：为了让读者全面地了解交易规则、交易行为本身，在本书的最后附了《上海证券交易所交易规则》，读者可以作为资料查阅参考）。

第五章　看大盘指数，识个股分类

第一节　什么是大盘指数

节前提示：大盘指数是股市整体走向的反映，板块指数则是某一类个股整体走势的反映。由于大盘指数及板块指数对个股的走势有很大的影响力、约束力，因而，这两种指数都是投资者在实盘操作中应关注的内容。

在炒股时，投资者要接触各种各样的指数，如上证指数、深证成指、房地产指数、银行指数等。此外，在收听财经新闻或浏览财经网站时，如道琼斯工业指数、日经指数这些词语也是经常出现。那么，究竟什么是指数，为什么投资者如此关注指数?

指数也称股票指数或股票价格指数，是由证券交易所或金融服务机构编制的，用以表明股票市场变动情况的指示数字。它所描述的对象是相应范围内全体股票的整体变化情况。

“指数”通俗地讲，可以理解为反映某些股票整体平均走势的一个指示性数字。当指数上涨时，可以认为这些股票大多数处于上涨状态；反之，当指数下跌时，则可以认为这些股票大多数处于下跌状态。对于指数来说，它所涵盖的股票范围可大可小，大的如上证指数涵盖了在上海证券交易所上市的全部股票；小的如银行类指数仅仅涵盖了从事银行业绩的十几家股票。

通过上面的介绍，可以知道，其实指数是人为编制出来的一种虚拟的指示性数字，但是投资者在股市中买卖的对象却是具体的个股，而不是指数，那么，编制出来的指数又有什么意义呢?

事实上，指数可以让投资者更好地了解股票市场的整体运行情况和其他同类个股的运行情况。个股的走势虽然较为独立，但也同时受其他个股走势的影响，这是因为这些个股或是处于同一个市场中所面向的投资者群体是相同的，或是处于相同的地域行业所面临的发展前景具有较高的相似度。可以说，在分析个股走势时，参考相关指数的走势情况，就可以做到更为全面、不失偏颇。指数既是衡量整个市场交易氛围及波动幅度的综合性指标，也是投资者做出决策的重要依据。

那么，指数是如何计算出来的？又有哪些重要的指数是值得投资者关注的？下面我们就来逐一介绍这些内容。

我们可以通过样本空间的计算方法来了解指数的计算过程。样本空间是一个指数在计算时所实际用到的股票集合，这一股票集合既可以等于也可以小于指数所涵盖的股票范围。例如，对于上证综合指数来说，它所涵盖的股票范围是上证的全部 A 股，而在计算上证指数时，所实际用到的也是上证的全部 A 股。将指数走势涵盖的全部股票都纳入指数的计算范围时，这种指数一般称为“综合指数”。当然，在计算指数时所用到的股票集合也可以真包含于指数所涵盖的股票范围。这时，只要在众多股票中抽取具有代表性的少数成份股，仅将这些成份股纳入指数计算范围中的样本空间，即将指数走势涵盖的部分股票纳入指数计算范围时，这种指数一般称为“成份指数”。由于所选取的每一只成份股都是行业地位突出、资产规模较大的个股，因而，它们是可以很好地代表同类个股的走势的。例如，深证成指就是一种典型的成份指数，它是从深圳证券交易所全部上市股票中选取 40 种，计算得出的一个综合性成份股指数。通过这个指数，可以近似的反映出在深圳证券交易所挂牌上市的全部上市股票的平均走势。

对于指数的计算方法来说，一般有加权平均法和算术平均法两种。加权平均法在计算时，不仅要考虑股票的价格，还要考虑股票的股本，股本可以看作是股票的权重，一只股票的股本越大，则其权值越大，对指数的影响力也越大。目前对指数的计算普遍采用加权平均法，这也是为什么大盘股走势对指数影响力更大的缘故。与加权平均法相比，算术平均法则只考虑股票的价格，而不考虑股票的股本，由于中小盘股的股价往往更高，因而，这种计算方法多用于反映中小盘股的平均走势。

对于国内股票市场来说，重点关注的指数主要有两类：一类是反映股市运行情况的大盘类指数，另一类是反映板块运行情况的板块指数。股票市场是经济变化的晴雨表，它的走向在很大程度上也预示着实体经济的发展趋向，上证指数与深证成指就是反映国内股票市场运行情况的两大指数。由于上证与深证所面向的投资者群体是相同的，而且，投资者往往也是同时参与这两个股票市场，因而，它们的走势通常是如出一辙的。在实盘操作中，投资者只关注更具代表性的上证指数即可，调出上证指数走势图的方法已在前面讲到，通过在键盘上键入数字键“03”即可。上证指数也称为上证综合指数、上证综指，其全称为“上海证券交易所综合指数”。上证指数于 1991 年 7 月 15 日开始由上海证券交易所实时发布，以在上海证券交易所挂牌上市的全体股票（包括上证 A 股与上证 B 股）为样本空间，采用加权平均法，并以 1990 年 12 月 19 日为基期，基期指数定为 100 点，来计算得出指数数值。虽然后面为了应对市场扩容，又增设了上证 A 股指数、上证 B 股指数和上证分类指数（工业类指数、商业类指数、地产业类指数、公用事业类指数和综合业类指数）用以反映不同范围下的股票平均走势情况，但现在最常用的仍然是最初发布的上证综指。

在指数分时图窗口中，可以看到两条运行方式极其相似的分时线，其中的一条为上证综合指数分时线，另一条为上证领先指数分时线，那么，它们有什么不同之处？上证综合指数，也就是常说的上证指数、大盘指数，其计算过程采用了加权平均法，因而，那些盘子较大的个股对指数的影响力就会更大。可以说，这一指数可以较好地反映出大盘权重股的平均走势情况。上证领先指数的计算过程则采用了算术平均法，因而，那些盘子较小，但股价较高的中小盘个股对指数的影响力就会更大一些，也常把这一指数看作是中小盘个股平均走势的体现。在绝大多数情况下，大盘股的走势与中小盘股的走势并不会出现明显的分歧，因而，这两种指数的走势也是极其相似的，但有的时候，市场也会出现分化，此时，透过这两条指数线的运行，投资者就可以更为细致地了解股市的波动情况。

与大盘类指数相比，另一类值得我们关注的指数是板块指数。什么是板块呢？所谓的板块，就是具备相同特性的股票集合，相同的特性可以是主营业务的相似、公司所处地域的相同或题材概念的相同等。例如，依据主营业务可以把全体股票分为银行板块、钢铁板块、券商板块、电力板块、煤炭石油板块等；依据上市公司所处的地域，可以把全体板块分为北京板块、上海板块、新疆板块、西藏板块等；依据题材概念可以把股票分为新能源板块、3G 板块、高送转板块、参股金融板块、定向增发板块等；依据题材概念这一标准划分所得的板块是值得投资者重点关注，因为题材概念往往具备时效性，且划分也较为灵活多变，这与依据主营业务及地域划分得来的相对固定的板块是不同的，要求投资者对个股有更为全面的了解。

板块指数，顾名思义就是反映这一板块中全体个股平均走势的指标。由于股票市场的热点与冷门往往都是以板块的形式呈现出来的，投资者常常可以在某一段时间内在盘中，发现同一板块中的绝大多数个股会出现明显强于大盘或是明显弱于大盘的走势，此时，想要了解市场中哪些板块是热点，哪些板块是冷门，利用板块指数的走势，就可以实时清晰地进行捕捉。

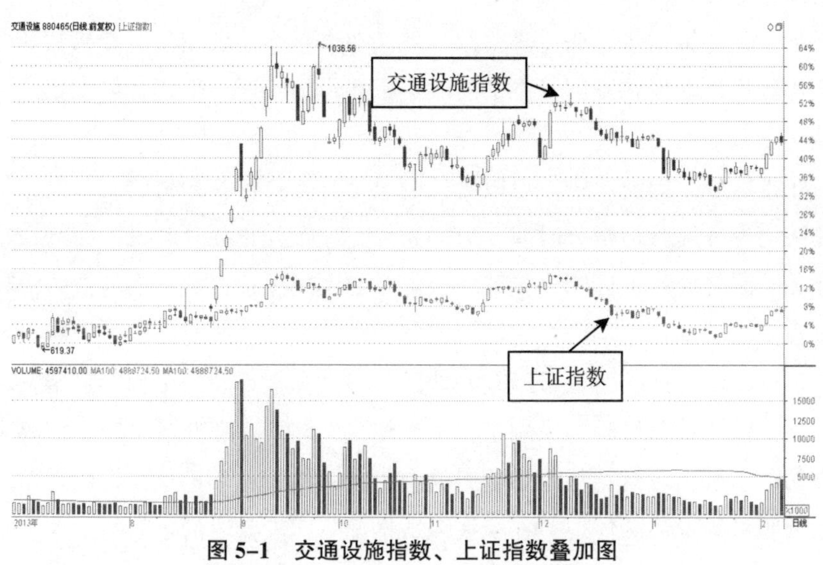

图 5–1　交通设施指数、上证指数叠加图

图 5–1 为交通设施指数 2013 年 7 月 1 日至 2014 年 2 月 13 日走势情况，图中叠加了同期的上证指数走势，这一走势图的横轴为时间，纵轴为涨幅。通过对比可以看出，交通设施指数的涨幅远远大于同期的上证指数，这说明在此期间的交通设施类股票是市场的热点之一，而实际情况也正好如此，在此期间绝大多数的交通设施类股票都出现了接近 1 倍的涨幅，远远大于同期

大盘涨幅。即使是像上港集团（600018）这样的盘子极大的房地产股票，其涨幅也高达 170%，图 5-2 为上港集团在 2013 年 7 月 1 日至 2014 年 2 月 13 日走势情况，此股在此期间累计涨幅接近 2 倍，而同期的大盘涨幅非常有限。

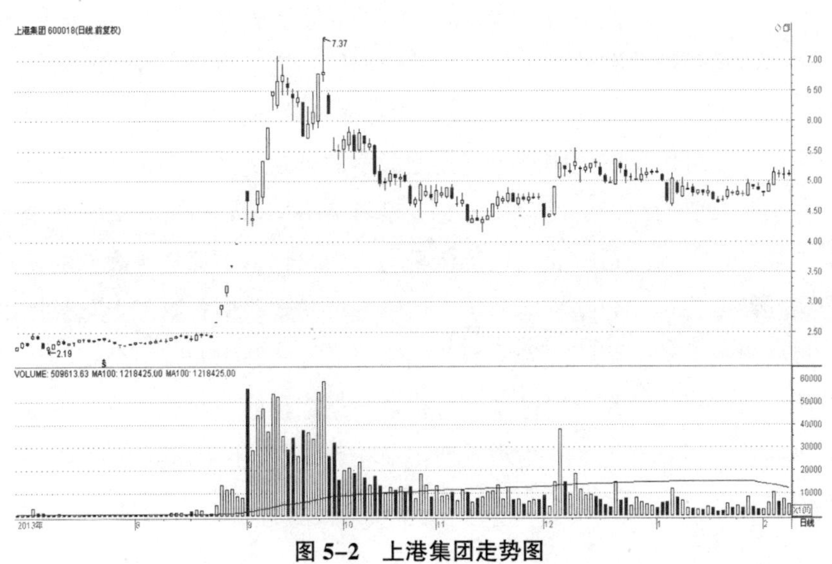

图 5-2　上港集团走势图

第二节　国际知名的股票市场指数

节前提示：“道琼斯指数”、“纳斯达克综合指数”……都指代了哪些市场，由于不同的股票市场之间存在着明显的联动效应，在关注国内股市走向时，我们还要同步关注国际股市，本节中我们就来看看国际上较为知名的股票市场指数。

在财经类的新闻播报中，常常有一些反映国外股市运行情况的指数，如纳斯达克综合指数、道琼斯指数、日经指数等。由于全球经济一体化进程的加速，各国不仅经贸往来密切，其股票市场之间也存在着较强的联动性，了解国际知名股票市场的价格走势也是投资者炒股时应掌握的一项内容。

1. 道琼斯指数（Dow Jones Indexes）

道琼斯指数是美国纽约证券交易所指数，是世界上历史最为悠久的股票指数。由于美国是全球最大的经济实体，而该国的股市又是一个较为成熟的股票市场，股市的走向与实体经济的发展趋向紧密相连，因而，道琼斯指数可以说是当前在全球范围内影响力最大的股票价格平均指数。

目前，道琼斯股票价格平均指数共分四组：第一组是工业股票价格平均指数（Dow Jones Industrial Average），由那些有代表性的大工商业公司的股票组成，大致可以反映美国整个工商业股票的价格水平，发达国家中，工业占据着头等重要的地位，道琼斯工业股票价格平均指数也就是通常所说的道琼斯指数；第二组是运输业股票价格平均指数，包括了那些代表性的铁路运输公司、航空公司、公路货运公司等运输业公司的股票；第三组是公用事业股票价格平均指数，由代表着美国公用事业的煤气公司及电力公司的代表性股票所组成；第四组是平均价格综合指数，是综合前三组股票价格平均指数而得出的综合指数。图 5-3 为道琼斯工业指数 1984 年 7 月至 2015 年 4 月的走势情况。

2. 标准普尔股票价格指数

标准普尔股票价格指数也是一种反映美国股市走向的指数（见图 5-4），由美国最大的证券研究机构美国标准普尔公司编制，其作用与功用和道琼斯指数基本相似。通过对比图 5-3 和图 5-4 可以看出，两者的走势基本相同，但是在出现大的回调浪或上涨浪时，两者会有一定的差异，这是因为它们的样本空间及计算方法是存在着一定区别的，但殊途同归，它们都可以较好地反映出在美国纽约证券交易所挂牌上市的全体股票的平均走势情况。

3. 纳斯达克综合指数

纳斯达克（NASDAQ）是美国全国证券交易商协会于 1968 年着手创建的自动报价系统名称的英文简称。纳斯达克是一个单独的股票市场，最初专门让投资者交易一些资本额很小的新创企业股票，在其上市的上市公司涵盖了所有新技术行业，包括软件和计算机、电信、生物技术、零售和批发贸易等，是美国“新经济”的代名词。很多国际知名的知识型高新技术企业，如微软、英特尔、美国在线、雅虎这些家喻户晓的高科技公司都是在纳斯达克市场发展起来的。

图 5-3　道琼斯工业指数 1984 年 7 月至 2015 年 4 月走势图

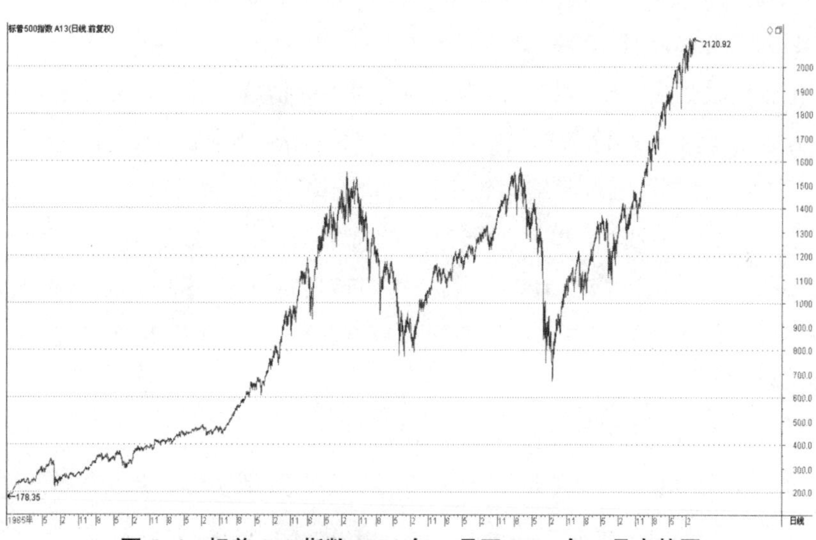

图 5-4　标普 500 指数 1984 年 8 月至 2015 年 4 月走势图

图 5-5 为纳斯达克综合指数 1991 年 8 月至 2015 年 4 月走势情况，从中可以看到，相对于成熟稳健的纽约股票证券交易所这一股票市场来说，这个代表着新兴高科技产业的纳斯达克市场更容易出现大起大落的极端走势。这与高科技产业预期性过强、给投资者的想象空间更大、更容易获得投机资金炒作等原因密切相关。

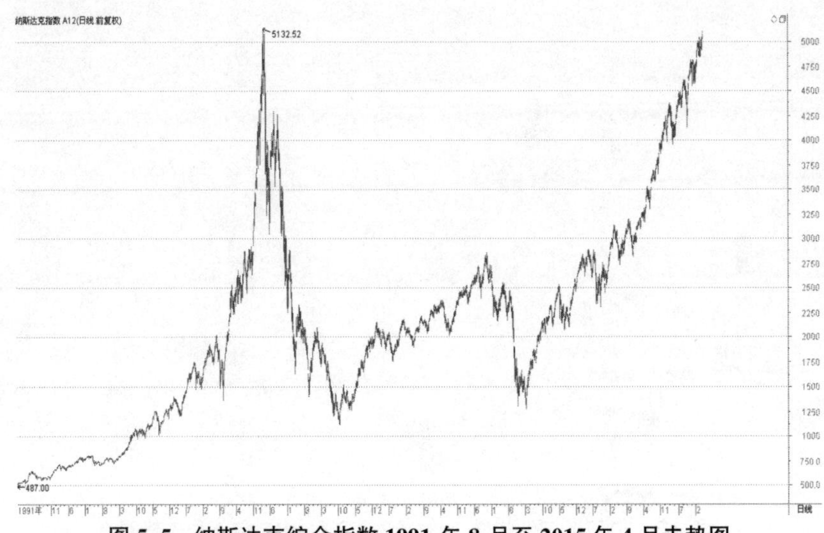

图 5-5　纳斯达克综合指数 1991 年 8 月至 2015 年 4 月走势图

4. 伦敦金融时报 100 指数

伦敦金融时报 100 指数也称为英国富时 100 指数，是“伦敦《金融时报》工商业普通股票平均价格指数”的简称。由英国最著名的报纸——《金融时报》于 1935 年 7 月 1 日起编制，用以反映英国伦敦证券交易所的行情变动。该指数分三种：一是由 30 种股票组成的价格指数；二是由 100 种股票组成的价格指数，即英国富时 100 指数，这一指数目前较为多用；三是由 500 种股票组成的价格指数。图 5-6 为英国富时 100 指数 2008 年 10 月至 2010 年 7 月的走势情况。

5. 日经指数

日本是 20 世纪末全球仅次于美国的第二大经济实体，虽然当前日本的经济地位有所滑落，但是不可否认的是，它仍然对全球的经济走势有着很强的影响力。日经指数，就是反映日本东京证券交易所股票价格变动的股票价格平均指数。

日经指数分为两种：一种是日经 225 种平均股价指数，它是从 1950 年 9 月开始编制的，其所选样本均为在东京证券交易所第一市场上市的股票，样本选定后原则上不再更改。1981 年定位制造业 150 家，建筑业 10 家，水产业 3 家，矿业 3 家，商业 12 家，路运及海运 14 家，金融保险业 15 家，不动产业 3 家，仓库业、电力和煤气各 4 家，服务业 5 家。日经 225 种平均股

图 5-6　英国富时 100 指数 2008 年 10 月至 2010 年 7 月走势图

价指数是从 1950 年一直延续下来的，因而，它是反映日本股市走势全貌的最好参照系，财经新闻中所提及的“日经指数”就是指这个指数。另一种日经指数为日经 500 种平均股价指数，它是从 1982 年 1 月 4 日开始编制的，由于其采样包括有 500 种股票，故代表性相对广泛，但它的样本并不是固定不变的，每年 4 月要根据上市公司经营情况的改变，而对样本空间进行更换。

图 5-7 为日经 225 指数 1988 年 4 月至 2015 年 4 月走势情况，可以看到，日经指数在此期间是处于震荡走低的态势中的，其实这也正是 20 世纪 90 年代日本经济陷入长期停滞状态的表现。

6. 恒生股票价格指数

恒生股票价格指数是反映香港股票市场的一种指数（见图 5-8），中国香港作为曾经的“亚洲四小龙”之一，它的经济规模和发展速度都是惊人的。与国内的 A 股市场相比，由于所面向的投资者群体不同，香港股市也是一个相对独立的股票市场。香港恒生指数由香港恒生银行于 1969 年 11 月 24 日开始发布，在计算指数数值时，这一指数包括了 33 家最具代表性的上市公司，这些股票占香港股票市值的 63.8%，且该股票指数涉及香港的各个行业，具有较强的代表性。香港恒生指数共分为 4 种金融业股票、6 种公用事业股票、9 种地产业股票和 14 种其他工商业（包括航空和酒店）股票四大类。

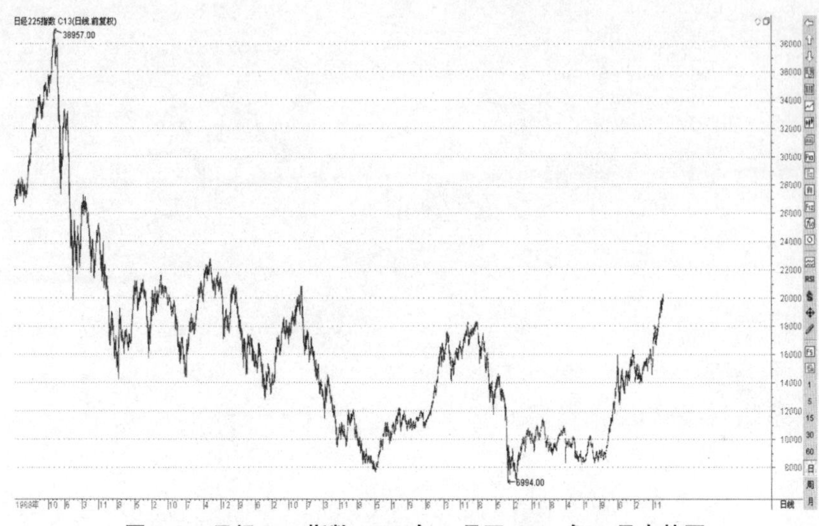

图 5-7　日经 225 指数 1988 年 4 月至 2015 年 4 月走势图

图 5-8　香港恒生指数 1990 年 6 月至 2015 年 4 月走势图

第三节　板块与龙头股

节前提示：同一类个股由于具备相似的题材或是相似的主营业务，或是相同的地域等，从而构成了一个板块。虽然本书在第一章的第五节“你手中的个股属于哪一种类”中已经介绍了板块的概念，但在实盘操作中，投资者不仅要了解板块的概念，更应弄清楚板块对于实践的指导意义。同一板块中的个股具备很大的联动性，常常会看到同一板块中的个股（如钢铁类个股、地处上海的个股等）出现齐涨共跌的走势，因而，板块的概念、板块中个股之间的联动性是很重要的。本节中，我们以龙头股为线索来了解同一板块中的个股是如何表现的。

了解板块这一概念至关重要，但仅仅了解板块是远远不够的，因为一个板块中可能会包括很多股票，当国家出台相关的行业扶持政策或是区域振兴方案时，主力资金不可能对这一板块中的所有股票都进行炒作。此时，主力资金往往会选择一个市场想象空间较大、盘子相对较轻、价位相对较低的个股来进行炒作。这样的个股可能是一只，也有可能是几只，这取决于这一题材的市场热度。对于这种获得主力资金青睐，并受到主力资金大肆炒作的个股来说，它们往往会出现短期内的强势上涨走势，甚至可能在短期内实现翻倍，这类个股就称为板块中的“龙头股”。龙头股的出现是投资者发现主力资金入主板块的信号，而且在龙头股的带动下，本板块中其他个股往往也会很好地凝聚人气，进而在随后出现很好的走势。

图 5-9 为罗顿发展（600209，现名：*ST 罗顿）2009 年 7 月 16 日至 2010 年 2 月 22 日走势情况，此股在 2010 年 1 月 5 日高开高走、快速上封涨停板。图 5-10 为此股 2010 年 1 月 5 日的涨停板分时图，当日此股正处于突破前期盘整密集区的位置，因而，从技术层面来看，这是个股即将强势突破上行的信号，也是主力资金大力做多此股的信号。从另一个角度来看，此股当日的上涨则是源于上一个交易日（2010 年 1 月 4 日）出台的《国务院关于推进海南国际旅游岛建设发展的若干意见》这一强有力的区域扶持政策的消息刺激。当日（2010 年 1 月 5 日）罗顿发展、海南高速、海德股份等海南板块的股票均出现了大涨走势，图 5-11 为海南高速（000886）2010 年 1 月 5 日涨停板分时图，图 5-12 为海德股份（000567）2010 年 1 月 5 日涨停板分时图。在海南板块所包括的众多股票中，罗顿发展的起涨势头最突出、涨停封板时间最早、涨停板封得最牢靠，这说明主力资金在选择重点炒作个股时，罗顿发展无疑占据了先机。而随后的走势也证实这一情况，罗顿发展成

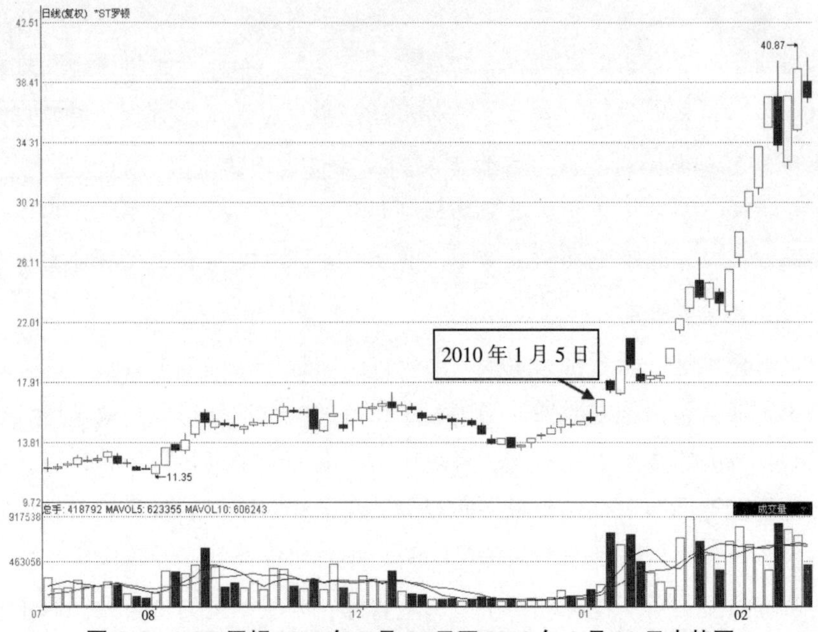

图 5-9 ＊ST 罗顿 2007 年 7 月 16 日至 2010 年 2 月 22 日走势图

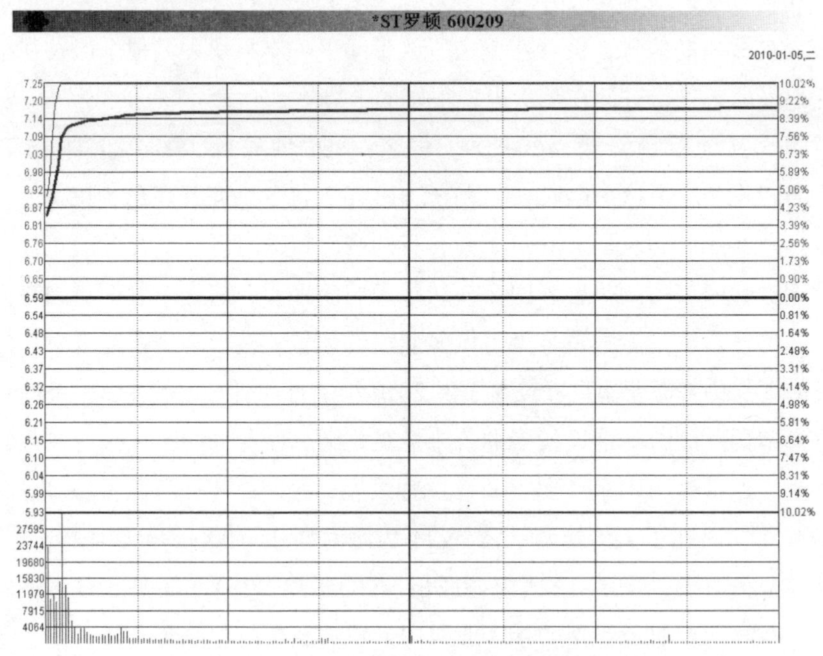

图 5-10 ＊ST 罗顿 2010 年 1 月 5 日涨停板分时图

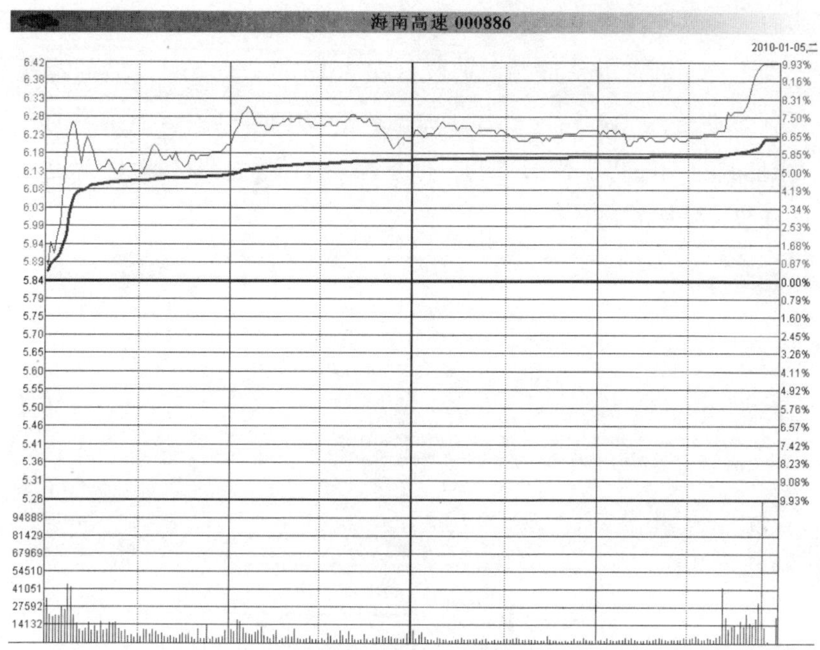

图 5-11　海南高速 2010 年 1 月 5 日涨停板分时图

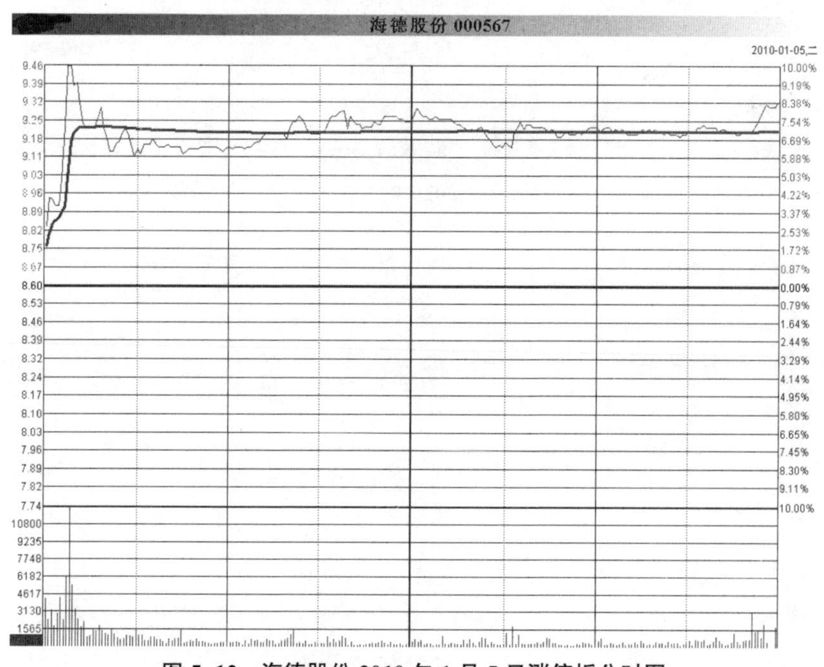

图 5-12　海德股份 2010 年 1 月 5 日涨停板分时图

为了主力资金炒作海南国际旅游岛题材中的龙头股，其短期内即出现了几乎翻两倍的走势。而非龙头股的海德股份在 2010 年 1 月 5 日之后的短期上涨幅度仅有 50%左右（图 5-13 标注了海德股份 2010 年 1 月 5 日前后的走势情况）。虽然其短期涨势也依旧犀利，但是相对于龙头股罗顿发展来说，其短期内的涨势、涨幅要逊色得多。

图 5-13　海德股份 2010 年 1 月 5 日前后走势图

第四节　关注市场热点，关注题材股

节前提示：股市注重消息面，而这就体现在主力资金对热点题材股的炒作上，也体现在广大散户投资者对题材股的追涨操作中。很多个股在热点题材的支撑下，在业绩无根本变化的背景下就可以轻松地走出短期翻倍走势，这也彰显了股市的魅力。本节中，我们就来了解一下什么是热点题材股。

著名经济学家凯恩斯曾在 1936 年论证并阐明了“空中楼阁”理论。所谓空中楼阁理论是指对于证券市场中的专业投资者，如果要想从这个市场中尽可能获利，就要把重点放在分析大众投资者未来可能的投资行为上，而不应将精力花在估计其（多指股票）内在价值上。这种说法可以很好地解释那些没有业绩支撑的题材为何会获得市场的青睐，从而出现强势上涨。

题材股，也称为热点题材股，是有炒作题材（炒作概念）的股票。题材是指主力把股票价格炒上去的一种理由，也是大众投资者追涨个股时的一种理由。如当能源类产品出现紧张，而国家又出台政策鼓励新能源发展时，一些具备风能、太阳能和核能等新能源题材的上市公司就会成为炒作对象。

题材股能够获得市场欢迎，主要是因为以下三点：一是题材股因有题材支撑，使得投资者对上市公司的未来充满了想象，而股票炒作炒得就是预期；二是股市是一个极为重视实时消息的场所，实时消息受投资者关注，与此相关的题材股自然也会获得更多投资者的追捧与欢迎；三是主力在炒作题材股时可以很好地激起大多数投资者的追涨热情，这在一定程度上方便了主力资金的进出。

那么，就国内股市而言，哪些类型的题材股更容易受到大资金的追捧呢？笔者依据多年来“征战”国内股市的经验，将各种题材总结为以下八大类：

1. 业绩预增题材

业绩是上市公司的核心要素，直接体现着上市公司的发展能力、竞争能力等。如果一个上市公司在未来一段时间内有较大幅度的业绩增长出现，则主力资金就可以提前介入、率先布局，对此股进行炒作。这里所说的“业绩预增题材”主要是指季报、年报公布前的主力对于业绩大幅度增长的个股所进行的炒作。

2. 高送转题材

上市公司的高速成长之路往往也是其股本持续扩张的过程，而股本的持续扩张就体现在高送转分配方案上。此外，高送转方案的实施还会使得股价形成视觉上的低价效果，这都在一定程度上方便了主力资金在视觉低位、真实高位的出货操作。因而，高送转题材是主力经常炒作的题材之一。当然，主力炒作这一类题材往往得益于其提前获取消息的能力，这一点是散户投资者望尘莫及的。

3. 垄断题材

所谓垄断是指企业在市场某一领域具有绝对优势，这一优势或体现在资源的拥有上或体现在技术的创新上，这也使得此种产品或技术只被此公司所拥有，企业的话语权较强、盈利能力有保证。在市场环境较好时，这一类公司也是主力资金追逐的对象。在众多类型的垄断方式中，尤以稀缺矿产类资源的垄断最易获得主力资金的炒作，这一点也是投资者应注意的。

4. 资产注入题材

资产注入是指向上市公司注入某项资产的市场行为。重大资产注入事项往往会使得上市公司出现脱胎换骨的转换，真正地实现“麻雀变凤凰”，因而这一题材也是市场追逐的热点。

5. 社会生活中的重大事件

股票市场并不是一个封闭的市场，社会生活中的重大事件往往都会在股市中表现出来，当然，它们是以相关股票的涨跌走势表现出来的。每当社会生活中出现了备受关注的事件时，这一类的股票往往就会成为主力资金重点炒作的品种，例如，在 2009 年全球甲流感大爆发的背景下，一些与甲流感相关的医药类个股就出现了强势的上涨，成为当时市场上一道亮丽的风景线。

6. 政策扶持题材

政策面的消息往往体现了国家倡导的产业发展方向，身处这些行业中的上市公司往往会获得相应的政策扶持。每当相关产业或区域性的政策利好消息发布时，相关的股票都会成为市场热点，并受到市场的追捧。例如，2009 年 5 月 20 日发布的“70 亿补贴，鼓励汽车、家电以旧换新政策”就是国家为达到“刺激消费、拉动内需”的目的而发布的政策。那么，享有补贴的上市公司将会从中受益，其二级市场的股票也更容易获得主力资金的炒作。

7. 新股题材

新股在上市前后往往会备受关注，很多主力资金也喜欢对新股进行炒作，从而使得本不应成为题材股的新股也演变为一种题材股。

8. 人民币升值股题材

近年来，人民币升值是一个热点话题，这对某些企业来说是利好，但对某些企业来说则是利空。此时，受益于人民币升值的相关行业的个股就有可能在某些时间内获得主力资金炒作。一般来说，航空业、地产业和石化业较为明显地受益于人民币升值，其中航空业是人民币升值受益最明显的板块，在人民币升值的背景下，这类股票是值得重点关注的。

第六章　做短线，还是做中长线

第一节　了解股市的获利机制

节前提示：不妨把股票交易看作是一种游戏，这种游戏的获利方式并不是随机的，有其自身的获利机制，它是不以投资者的意志为转移的。参与者要想在游戏中获取利润，不仅要熟识它的获利机制，而且要恰当地利用它。本节中，我们就来了解国内股市中的获利机制。

就任何买卖交易行为而言，它的获利方式均来自于差价利润，例如，对于从事商品销售的经营者，会通过从厂家或批发商那里低价进货，再加价卖出的方式来实现获利；对于从事收藏品买卖的投资者，若看好某种收藏品的升值潜力，就会在相对合理的价位买入，等未来它升值后，就可以高价卖出，从而赚取其中的差价利润。以上均是先低买、再高卖的获利方式，这种获利机制，我们可以将其简称为做多获利机制。

在做多获利机制中，如果投资者买入了某种商品后，这种商品价格出现了上涨，随后就可以通过相对高价卖出此商品而实现获利；反之，若在投资者买入后，价格不升反跌，则投资者将面临着亏损。很明显，这种做多获利机制是极容易理解的。

与做多获利机制正好相反的是做空获利机制，即投资者通过先卖出、再买入的方式来实现获利。由于这种获利机制只出现在少数的金融类产品交易中，并不是普通商品买卖的获利方式，因而，在理解上，相对较难。在存在做空机制的市场中，投资者在进入卖出操作时，并不需要手中持有标的物，如果标的物的价格走势在投资者卖出后，出现了下跌，则投资者可以通过随后买入平仓的方式实现获利；反之，如果标的物的价格走势出现了上涨，则事先进行卖出操作的投资者将出现亏损。

在这里我们要注意：在做多机制中，投资者是通过"买入→再卖出"的方式实现获利，而做空机制则是"卖出→再买入平仓"的方式实现获利，两种获利机制的操作方向正好相反。相对于做多机制而言，只有在期货、外汇等少数证券交易中才存在做空机制，因而，读者只需了解即可。

就国内股票市场而言，它是一个以做多获利机制为主导、做空获利机制为辅助的市场。做空机制的出现源于 2010 年证监会推出的"融券"业务，这使得少数股票具备了做空条件，但由于融券业务所涉及的资金门槛较高、交易成本不菲，且仅限于少数的大盘股，因而，它仍然远离于普通的散户投资者。

对于国内的绝大多数投资者而言，要想在股市中获利，仍然要遵循先低买、再高卖的做多方式来实现。因而，在大盘持续上涨时，大多数的投资者是盈利的；而在大盘持续下跌时，大多数的投资者就会出现亏损。

图 6-1 为轻纺城（600790）2014 年 3 月至 2015 年 4 月走势情况，从此股这长达一年多的走势中可以看到，它实现了长期稳健的上涨。如果投资者能在低位区买入，基于此股后期的不断上涨，就可以获取可观的利润回报，且买得越早后期所获取的利润就越多。当然，可观的利润回报是建立在对个股走势准确分析基础之上的，如果投资者不能在此股的不断上升过程中做到耐心持股，那么还是将与高额的利润回报擦肩而过的。

图 6-2 为江苏索普（600746）2008 年 7 月至 2015 年 1 月走势情况，如图中箭头标注所示，如果投资者在这一盘整区买入了此股，而随后又没有及时卖出的话，由于此股后期向下跌破了这一盘整区，因而，投资者就会出现亏损。

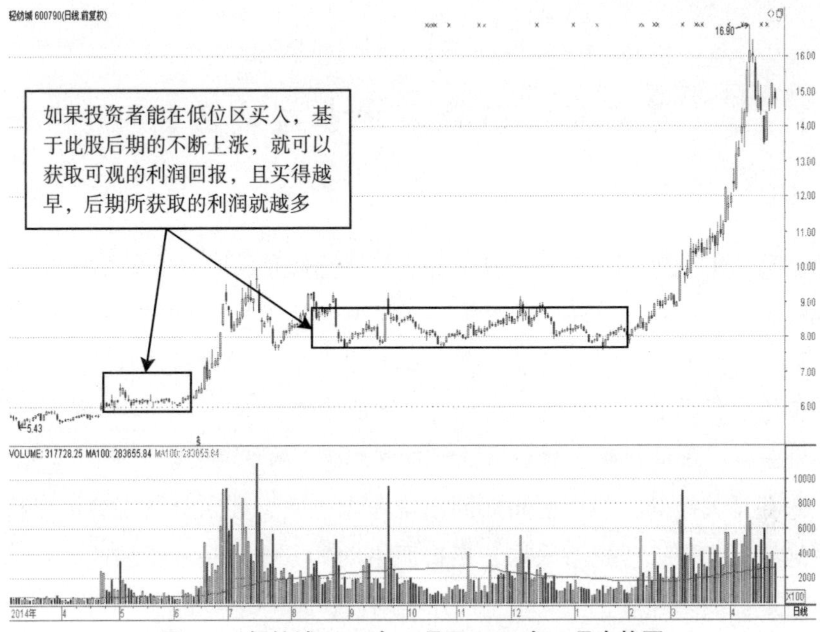

图 6-1 轻纺城 2014 年 3 月至 2015 年 4 月走势图

图 6-2 江苏索普 2008 年 7 月至 2015 年 1 月走势图

第二节　短线与中长线的区别

节前提示：虽然低买高卖的做多获利机制很好理解，但要想在实盘操作中实现低买高卖却并不是一件易事，这需要投资者对价格走势有较强的预见力。此外，投资者因操盘风格不同、性格不同和对股市的理解不同等因素，在具体实现低买高卖操作时，也会有不同的方式。本节中，我们将以时间因素为着手点，了解短线上的高抛低吸与中长线上的低买高卖之间的区别。

获利是关键的，但还应将时间成本考虑进去，如果价格走势可以稳健、持续地攀升，那么投资者采取长期持股不动的方式将是不错的选择；反之，若价格走势波动频繁，但从一年或几年的较长时间跨度来看，并没出现较大的累计涨幅，则这种中长线持股不动的方式就是失败的。

依据持股时间的长短，可以将买卖股票的方式分为短线操作与中长线操作。在短线操作中，持股时间是极短的，至于多少时间才算短，并没有一个统一标准，依笔者来看，只要投资者在买进一只个股后，并不打算进行价格投资，而只想从个股的短期上涨中分享利润，则这种操作就可以称为短线操作。在这种操作心态下，投资者的持股时间一般不会超过一个月，甚至极有可能在一两个交易日内就完成一次买卖操作。

对于价格波动较为频繁、剧烈的个股来说，在进行短线操作时，如果投资者能很好地把握住起涨点，则短期收益是极其可观的，甚至出现短期内的资金翻倍也不是没有可能。

图 6-3 为中国北车（601299） 2014 年 10 月 20 日至 2015 年 4 月 24 日走势情况，如图中标注所示，此股在脱离盘整区后出现短期强势上涨行情，个股股价在短时间内（10 个交易日） 轻松翻倍。如果投资者能很好地把握此股这一波涨势的起涨点，则短期内将获益惊人。这就是短线炒股的魅力所在，也正是绝大多数投资者钟情于短线炒股的原因，因为短线炒作如果拿捏得当，则投资者的股票账户资金将会出现成倍上涨的情况。

短线操作的好处较多，国内的股市中惯有题材炒作之风，很多与社会热

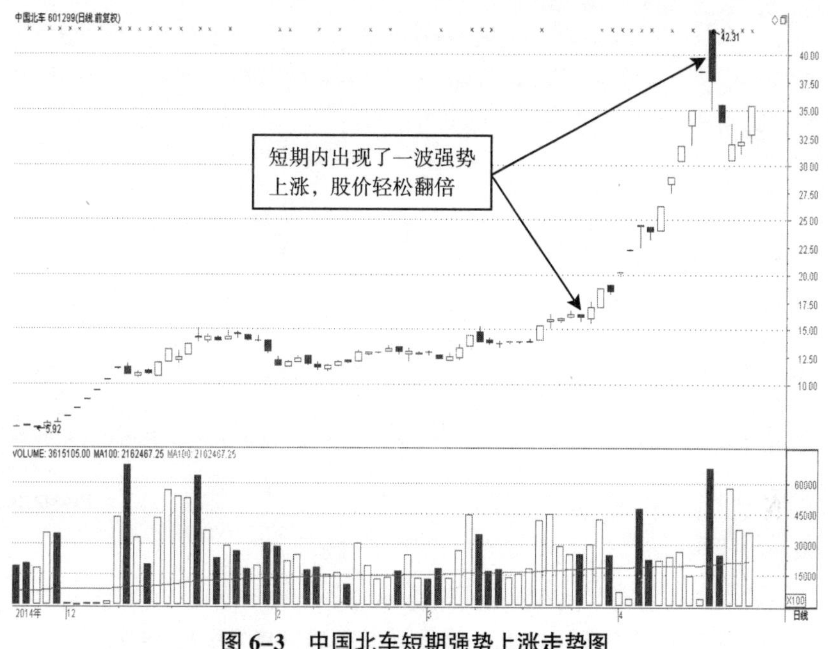

图 6-3　中国北车短期强势上涨走势图

点相关、受消息刺激带动的个股往往会在主力的大力炒作下而出现短期强势上涨，这给短线投资者提供了大量的机会。但如果从中长线的角度来看，这些个股的价格还将回归到其实际价值，采取长期持股的方式是难以获利的。

图 6-4 为龙头股份（600630）2008 年 12 月 16 日至 2010 年 7 月 7 日走势情况，此股在这长达一年多的时间内，虽股价几经反复大幅度的波动，但其累计上涨幅度却几乎可以忽略不计。如果投资者不是以短线的方式来买卖此股的话，通过中长线的持股待涨操作是很难在这种个股身上获利的。

在短线操作中，投资者主要通过阶段性的高抛低吸来获取利润，这就需要投资者对盘面走势、市场多空力量的转变情况及场内外消息等多种因素有一种综合、全面、准确的判断。

图 6-5 为 * ST 海鸟（600634）2009 年 1 月 20 日至 2010 年 5 月 5 日走势情况，如图标注所示，虽然此股在高位区出现震荡滞涨走势，但是投资者若能把握好短线的高抛低吸时机，做到在盘整区的低点买入，并在随后的高点卖出，一样可以赚取不错的短线收益。

任何一种事物都有正反两面，短线炒股固然诱人，但却极大地消耗着投

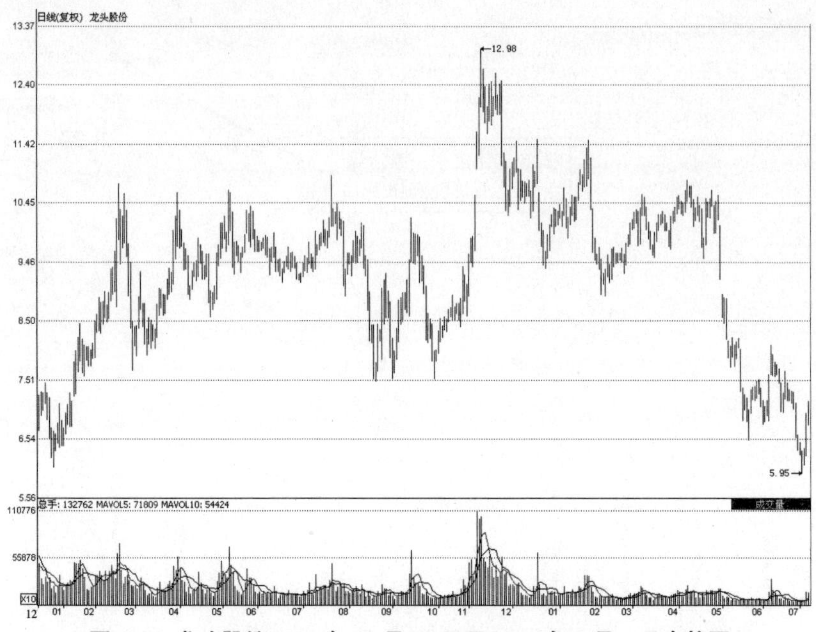

图 6-4 龙头股份 2008 年 12 月 16 日至 2010 年 7 月 7 日走势图

图 6-5 * ST 海鸟 2009 年 1 月 20 日至 2010 年 5 月 5 日走势图

资者的精力，且其情绪也会因个股短期内的涨跌而出现或喜或悲的转变，如果长期处在这种状态下，是极为不利的。同时，想要成功地捕捉短线起涨点也绝非易事，一旦失误，个股的短线大幅下跌也极有可能使投资者蒙受大量的损失。由于价格走势存在趋势运行的特点，而且，很多上市公司的业绩也能在较长时间内保持不错的增速，此时，如果投资者能准确地判断出个股后期将有上升趋势出现或是上市公司在未来几年内将有不错的业绩增速，则就可以采取中长线买股布局的策略进行操作。

图 6-6 为同达创业（600647）2008 年 10 月 15 日至 2010 年 4 月 28 日走势情况，如图所示，此股在这长达一年半的时间内，实现了长期稳健的上涨。如果投资者能在此股的底部区提前预判出随后的上升趋势，并做到买股布局、耐心持股的话，是可以获取丰厚回报的。

图 6-6　同达创业 2008 年 10 月 5 日至 2010 年 4 月 28 日走势图

图 6-7 为 ST 方源（600656）2008 年 10 月 30 日至 2010 年 7 月 15 日走势情况，如图所示，此股这么长的时间跨度内实现了震荡攀升、股价重心不断上移。虽然此股的上升过程可谓一波三折，但是，若投资者能于底部区买入并耐心布局此股，则依然可以从中长线的角度来获取不菲的回报。

短线与中长线既是两种不同获利方式的体现，也是两种不同操盘理念的体现。一般来说，可以从以下三方面来区分它们。

图 6-7　ST 方源 2008 年 10 月 30 日至 2010 年 7 月 15 日走势图

一是从持股时间上来区分短线与中长线。短线持股时间较短，一般来说，短则一两个交易日或几个交易日，即使较长，一般也难以超过一个月；而中长线的持股时间短则几个月，长则达数年之久。

二是从分析判断价格走势的角度来区分短线与中长线。在短线的买卖交易中，投资者主要分析市场短期内多空双方力量的转变情况，这可以从分时图、K 线图、成交量和技术指标等方面的盘面信息来分析。短线主要看的是技术形态，基本面的东西可以暂时搁置，可以说，短线重“势”，而这个“势”就体现在市场交投行为的外在体现——盘面上。在中长线的买卖交易中，投资者既要关注大趋势的运行情况，往往还要关注上市公司的业绩发展情况。可以说，中长线的买卖操作重“质”，这个“质”就体现在上市公司的含金量或是股市运行的大趋势上。

三是从预期获利的角度来区分短线与中长线。短线持股时间较短，因而投资者的预期获利应随行就市，如果个股短期内强势上涨，则预期获利就会多一些；反之，如果个股短期上涨乏力，则即使是微利甚至出现亏损也应当机立断地卖出。可以说，短线对预期收益是相对较低的，一般在 30%以下；反之，中长线由于持股时间较长，对个股中长期的走势看好，一般其预期收益就会相应的较高，多在50%以上。当然，预期收益只是投资者在分析判断基础之上一厢情愿的想法，如果想要做一个成功的投资者，就不应固守己见，而应紧随股市，一旦出现错误，无论是在短线还是中长线操作中，都应马上采取补救措施。

第三节 买股，时机最重要

节前提示：买股，是投资者参与股票交易的第一步，只有买得好，才能有可观的潜在收益，也才能最大限度地降低风险。在买股时，选择某一只个股固然重要，但相对而言，时机才是最重要的。股票无所谓好与坏，几乎每一只个股都曾出现过强势上涨的情况，这就是时机的重要性。把握住了时机，也就等于把握住了获利的关键，本节中，我们就来了解买股的时机。

1. 股市进入底部区后

个股的走势极大地受制于股市的整体走势，在2007年的大牛市中，我们很难找出逆势不涨的个股，而在2008年的大熊市中，则很难找出逆势不跌的个股。且股市的运行又存在着趋势循环的特点，因而，选择在股市进入底部区后买股是一个绝佳的中长线布局时机。

图6-8为上证指数2008年4月22日至2009年1月21日走势情况，如图中标注所示，股市在经历深幅下跌后，步入了底部企稳区，此时就是投资者绝佳的买股时机。

2. 个股股价相对低估或是有投资价值时

在买股时，考虑到股市的整体走向固然重要，但是，投资者选择的是具体的个股，因而，挑选个股也同样重要。个股无所谓好坏，但股价却有低估、估值合理、高估等不同状态，在个股相对低估或是有投资价值时进行买股操作无疑是低风险且具有潜在可观的收益。

图6-9为深发展A（000001）2008年9月25日至2009年7月21日走势情况，如图中标注所示，当此股经历了2008年的大幅下跌后，在低位区震荡运行时，其市盈率只有8倍左右，处于历史低估状态，此时买股是低风

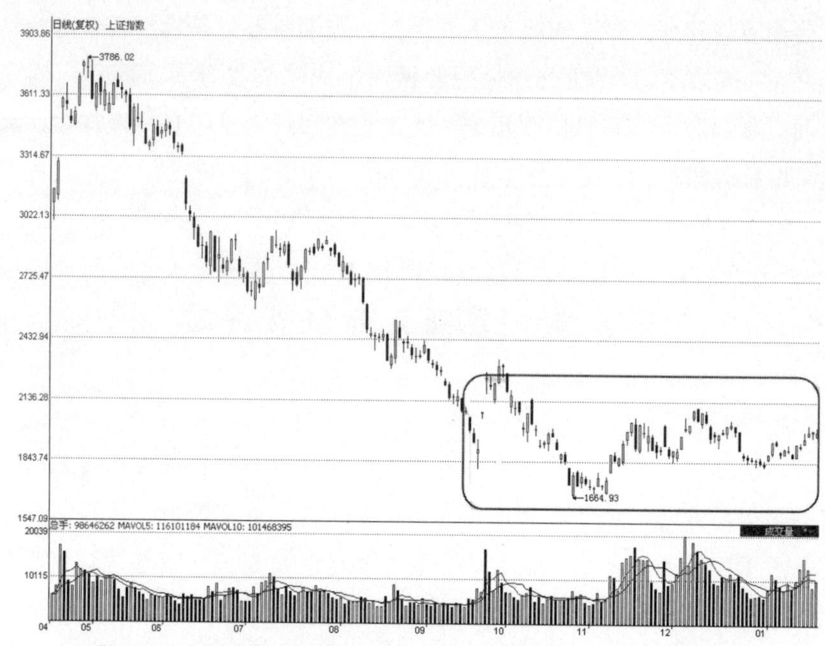

图 6-8　上证指数 2008 年 4 月 22 日至 2009 年 1 月 21 日走势图

险的，而潜在收益则是巨大的。

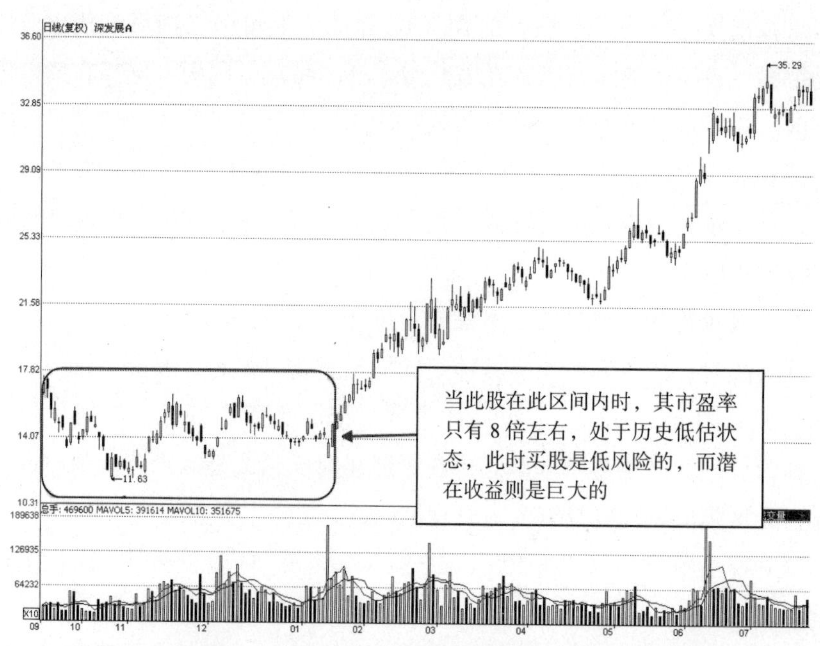

图 6-9　深发展 A 2008 年 9 月 25 日至 2009 年 7 月 21 日走势图

3. 低位区的恐慌性暴跌后

股票的价格走势在短期内往往是以非理性的形式呈现出来的，有时当个股本身已处于明显的低位区，却并不代表个股一定会马上上涨，如果此时正逢股市内外有某种利空因素影响，则很可能会导致其再度出现一波恐慌性的抛售，从而使得其出现低位区的快速下跌走势。但这种低位区的快速下跌多是由于少量恐慌抛盘引起的，并无持续力度，随着市场理性的回归，个股会再度向价值区间靠拢的。因而，在低位区的恐慌性暴跌后，就是投资者买股的好时机。

图 6-10 为柳工（000528）2008 年 7 月 25 日至 2009 年 7 月 16 日走势情况，如图中标注所示，此股在低位区的一波恐慌性暴跌走势后，就是投资者买股的好时机。

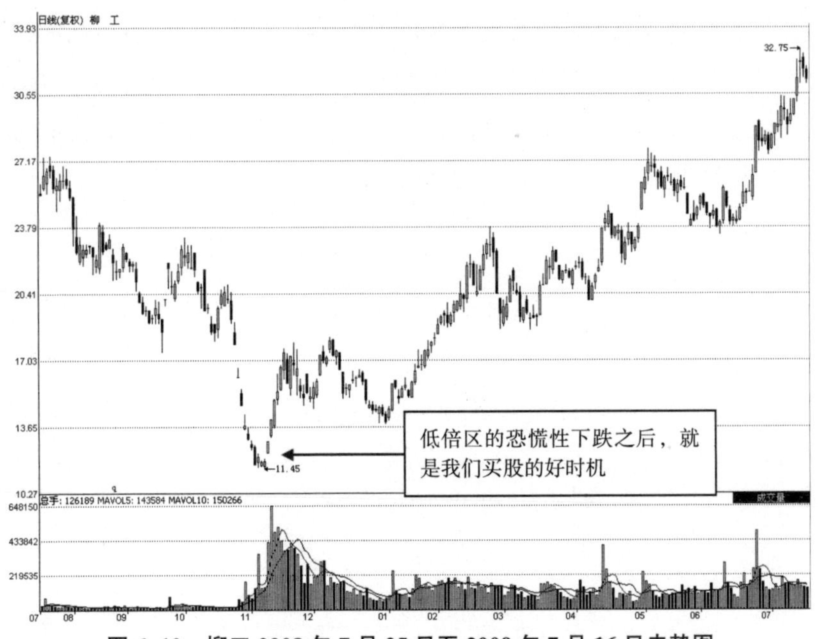

图 6-10 柳工 2008 年 7 月 25 日至 2009 年 7 月 16 日走势图

第四节　股市两大魅力之一——两年十倍的资金裂变

节前提示：股市的最大魅力就体现在它的财富裂变效应上，如果投资者看对行情、选对股，则可以实现资金的成倍增长。本节中，我们以中长线的角度来了解股市是如何使资金实现裂变的；下一节，则以短线的角度来审视它的财富裂变效应。

图 6-11 为云南白药（000538）1993 年 12 月至 2010 年 10 月走势全景图，如图所示，此股在此长达近 20 年的时间内，股价实现了长久的上涨，这种长久的上涨得益于上市公司盈利能力的不断增强。由于股价从中长期的角度来看是要与上市公司的业绩相挂钩的，因而，如果上市公司可以实现业绩的不断增长，那么，它的股价从中长线的角度来看，也一定是不断上扬的。此股在这近 20 年的时间内，股价累计涨幅超过了 400 倍！

图 6-11　云南白药 1993 年 12 月至 2010 年 10 月走势全景图

20年太久，企业在市场中面临着太多的不确定因素，但是，在未来的两三年时间内，投资者还是较容易把握企业的发展情况的。而且价格走势存在着趋势运行的特点，当公司业绩的向上增长、市场热点的支撑等因素使得个股步入升势后，个股有望在短短的一两年时间内实现几倍甚至是十几倍的上涨。

图6-12为中金黄金（600489）2008年9月23日至2009年8月7日走势情况，此股是一只正宗的黄金类个股，得益于2009年的全球通货膨胀预期增强、国际金价节节攀升，此股在一年多的时间内实现了7倍多的上涨，成为了一只真正的中线牛股。

图 6-12 中金黄金 2008 年 9 月 23 日至 2009 年 8 月 7 日走势图

图6-13为包钢稀土（600111）2009年2月9日至2010年9月10日走势情况，如图所示，此股因拥有稀有的稀土矿产资源，在稀土价格节节攀升、稀土产业整合预期较强的背景下，在长达一年半的时间内出现了惊人的上涨，累计涨幅达7倍多。

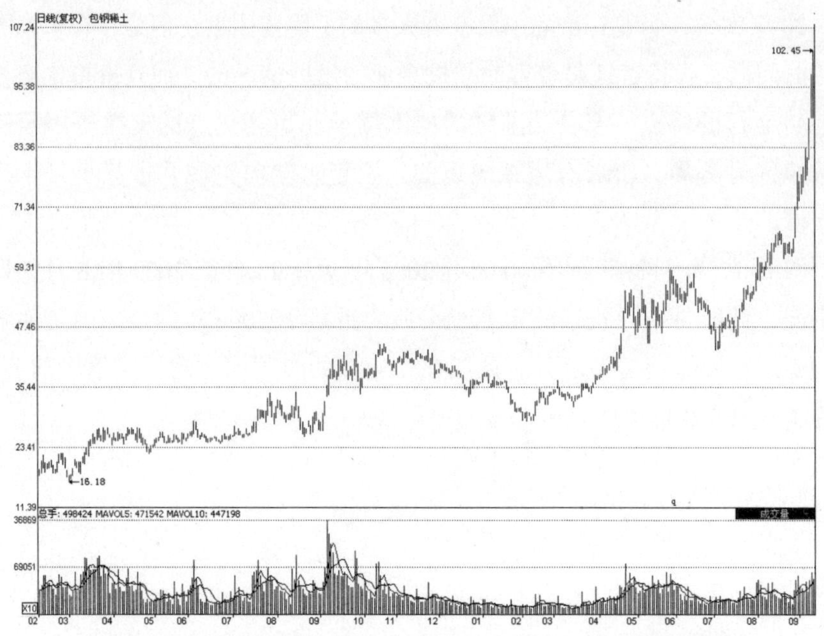

图 6-13　包钢稀土 2009 年 2 月 9 日至 2010 年 9 月 10 日走势图

第五节　股市两大魅力之二——月内翻倍的短期造富

节前提示：对于散户投资者来说，股市的最大魅力其实是体现在短线上，如果投资者判断准确、分析到位，完全可以让手中的资金在短短的一段时间内实现惊人的增长。

图 6-14 为中路股份（600818）2008 年 7 月 17 日至 2009 年 2 月 9 日走势情况，如图所示，此股因受益于迪士尼主题公园的修建，土地增值预期加强，从而受到主力资金的炒作，在短短的几个月时间内，股价上涨幅度超过了 3 倍。

图 6-15 为浪潮软件（600756）2009 年 1 月 15 日至 4 月 20 日走势情况，如图中标注所示，因主力资金炒作此股的核高基题材，从而出现了“十日九涨停板”的壮观走势。

图 6-14　中路股份 2008 年 7 月 17 日至 2009 年 2 月 9 日走势图

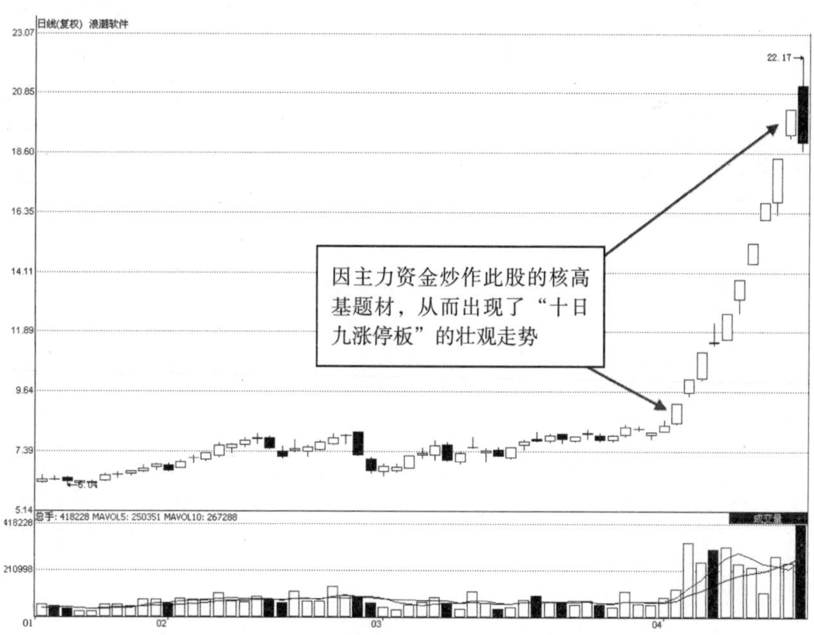

图 6-15　浪潮软件 2009 年 1 月 15 日至 4 月 20 日走势图

第七章　利用移动平均线展开实战

第一节　什么是移动平均线

节前提示：在股市中，识别并判断出趋势的运行方向至关重要。在上升趋势中，投资者应做到持股待涨，不宜半道出局；在下跌趋势中，则应做到持币观望、不盲目买股。而要想真正地把握好这种操作原则，就需要准确地判断出趋势运行情况。移动平均线是目前判断趋势运行情况最好的技术工具之一，它直观、形象和准确，能使投资者快捷地了解到价格走势的发展方向。

移动平均线（Moving Average，MA）是建立在著名的道琼斯理论上的，它以道琼斯理论的平均成本概念为基础，并利用了统计学中的移动平均原理，其主要作用就是直观清晰地反映出市场平均持仓成本的变化情况，进而指示出趋势的运行情况。

移动平均线的主要作用在于反映不同时间周期下的市场平均持仓成本的变化情况，而市场平均持仓成本的变化方向也就代表着趋势的发展方向。价格是市场运动的表象，成本运行状态才是市场运动的本质，市场的成本状态对于市场未来走势有50%的影响力，另外50%由场外陆续进场交易的多空双方决定。

一般来说，依据不同的计算周期，可以将移动平均线分为短期均线（主要指代5日均线MA5）、中期均线（主要指代30日均线MA30）、中长期均线（主要指代60日均线MA60）和长期均线（主要指代120日均线MA120）

四个时间段，下面看一下移动平均线的计算方法。

在计算时，移动平均线以 C_n 来代表第 n 日的收盘价（这个参数也可以用第 n 日的平均价 P_n 来代替，P_n=当日成交金额/当日成交量）。下面我们以 5 日作为计算周期，来了解移动平均线 MA5 的计算方法［注：MA5（n）代表在第 n 日计算所得的 5 日移动平均值］：

$$MA5(n)=(C_n+C_{n-1}+C_{n-2}+C_{n-3}+C_{n-4})/5$$

将每一日这些数值连成曲线，便得到了投资者经常见到的移动平均线，依据同样的方法，还可以得到 MA15、MA30 和 MA60 等不同周期均线。在实盘操作中，利用这些不同周期均线之间的运行形态、交叉关系等，就可以识别趋势、把握买卖时机。

图 7-1 为通葡股份（600365） 2014 年 6 月 3 日至 2015 年 3 月 17 日走势情况，图中由细到粗的四根曲线分别为 5 日均线、15 日均线、30 日均线和 60 日均线。由于这四条均线在实盘分析中较为常用也较为重要，因而，在随后的实例中，将以这四个时间周期的均线来展开讲解。当然，读者也可以结合自己的需要在股票行情软件中来定制均线周期。

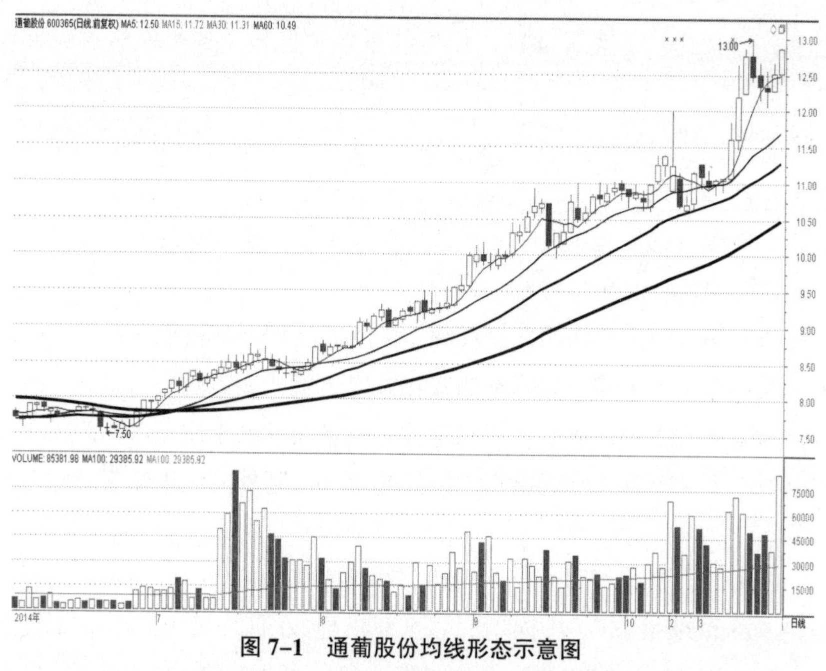

图 7-1 通葡股份均线形态示意图

第二节 利用移动平均线识别趋势运行

节前提示：价格的趋势运行状态共有上升趋势、下跌趋势和横盘震荡趋势三种，而通过均线的多头排列形态、空头排列形态和横向缠绕形态，投资者就可以很好地识别出这三种趋势。

当股市或个股的走势步入到上升趋势后，会看到均线系统呈现出鲜明的向上发散的多头排列形态。所谓的多头排列形态就是，周期相对较短的均线运行于周期相对较长的均线上方，其市场含义代表着短期市场平均持仓成本较高。这种多头排列形态可以说就是均线排列形态对于上升趋势的直观反映。

图 7-2 为青岛海尔（600690）2009 年 3 月 25 日至 2010 年 1 月 5 日走势情况，图中由细到粗的四根均线分别为 MA5、MA15、MA30 和 MA60。如图 7-2 所示，投资者可以看到此股处于明确的上升趋势中，而均线排列形态则

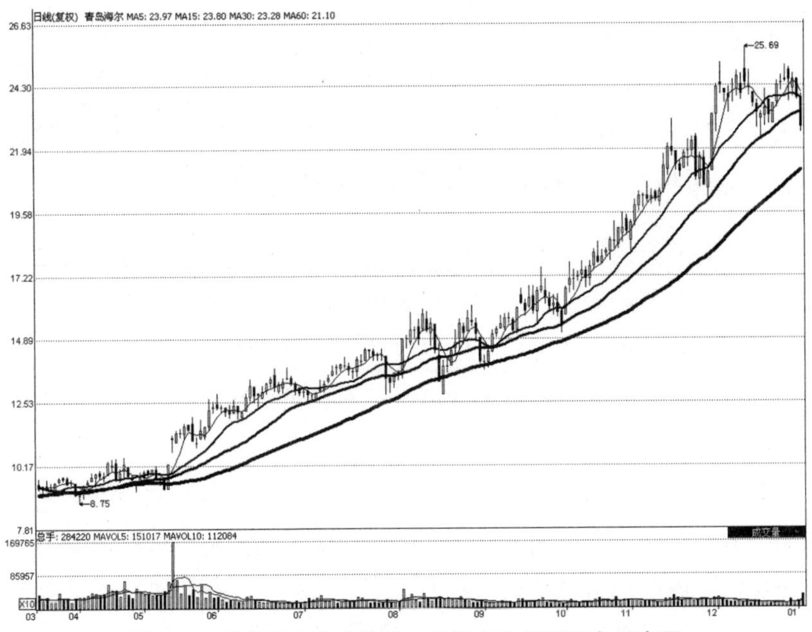

图 7-2 青岛海尔上升趋势中均线多头排列形态示意图

为鲜明的多头形态，这正是移动平均线对于此股正处于上升趋势的直观反映。

图 7-3 为大秦铁路（601006） 2014 年 7 月 4 日至 2015 年 1 月 23 日走势情况，当此股步入升势后，可以看到它出现了明显的均线多头排列形态。值得注意的是，虽然在上升途中出现的盘整走势使得均线由多头排列形态转变为黏合形态，但这并不是趋势反转的信号，毕竟只有经过了途中的盘整震荡整理，多方才会更好地积蓄能量，也才能够再度发力拉升个股上行。

图 7-3 大秦铁路上升趋势中均线多头排列形态示意图

图 7-4 为北方国际（000065）2008 年 12 月 5 日至 2009 年 8 月 4 日走势情况，此股在上升趋势中，其均线形态为明确的多头排列形态，即周期相对较短的均线运行于周期相对较长的均线上方。可以说，只要均线的多头排列形态不出现显著的变化，投资者就可以一直持股待涨，以分享上升趋势所带来的丰厚利润。

当股市或个股的走势步入到下跌趋势后，投资者会看到均线系统呈现出鲜明的向下发散的空头排列形态。所谓的空头排列形态，就是周期相对较短的均线运行于周期相对较长的均线下方，其市场含义代表着短期市场平均持仓成本较低。这种空头排列形态可以说就是均线排列形态对于下跌趋势的直

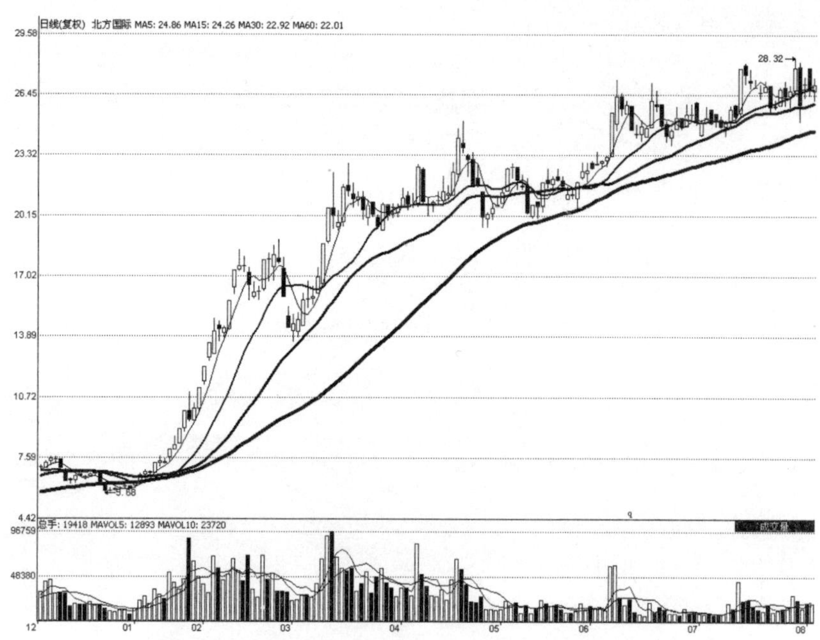

图 7-4　北方国际上升趋势中均线多头排列形态示意图

观反映。

图 7-5 为长城电脑（000066）2007 年 12 月 4 日至 2008 年 11 月 25 日走势情况，图中由细到粗的四根均线分别为 MA5、MA15、MA30 和 MA60。如图中标注所示，当此股经历了高位区的盘整震荡而步入到下跌趋势中后，可以看到均线系统开始呈现出鲜明的空头排列形态，即周期相对较短的均线运行于周期相对较长的均线下方。这就是均线的空头排列形态对于下跌趋势的直观反映。

图 7-6 为招商证券（600999） 2013 年 12 月 27 日至 2014 年 7 月 16 日走势情况，当此股步入跌势后，可以看到它出现了明显的均线空头排列形态。值得注意的是，虽然在下跌途中出现的盘整走势使得均线由空头排列形态转变为黏合形态，但这并不是趋势反转的信号，仅是下跌途中盘面短期整理走势的表现。

图 7-7 为江南红箭（000519）2008 年 2 月 20 日至 8 月 28 日走势情况，我们可以看到，当此股运行在下跌趋势中后，它的均线系统呈明显的空头排列形态。移动平均线通过其排列形态直观、清晰地展示了价格走势的趋势运行情况。

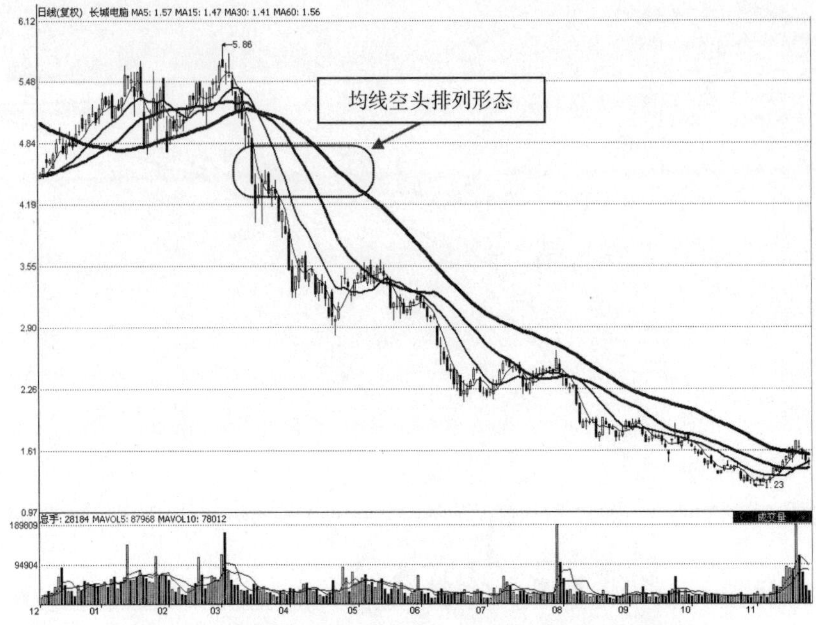

图 7–5　长城电脑下跌趋势中均线空头排列形态示意图

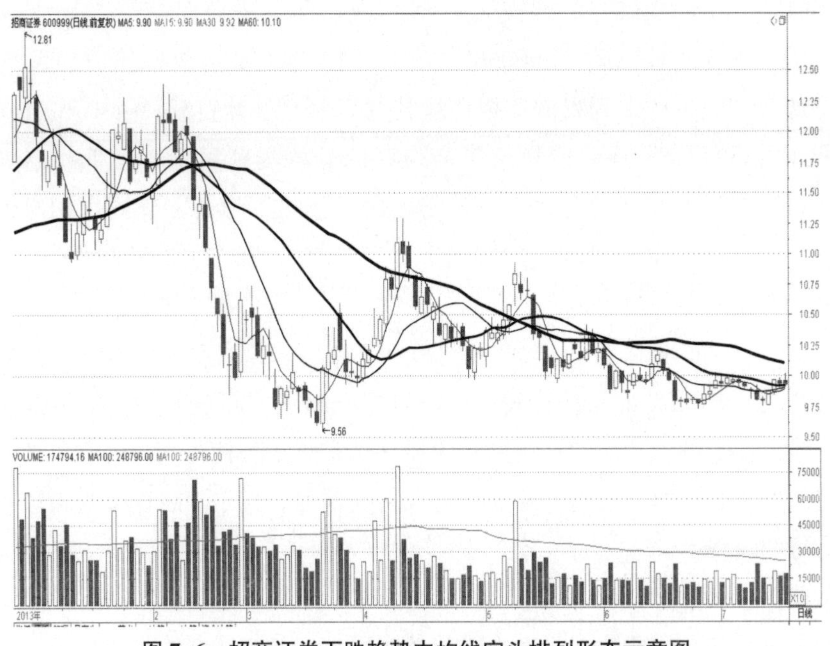

图 7–6　招商证券下跌趋势中均线空头排列形态示意图

图 7-7 江南红箭下跌趋势中均线空头排列形态示意图

第三节 利用移动平均线识别趋势反转

节前提示：上升趋势与下跌趋势虽然持续时间较长，但它们不可能一直延续下去，当多方力量随着价格的上涨而不断变弱、空方力量随着价格的上涨而不断增强，从而导致多方力量弱于空方力量时，上升趋势就会结束；反之，当空方力量随着价格的下跌而不断变弱、多方力量随着价格的下跌而不断增强，从而导致空方力量弱于多方力量时，下跌趋势就会结束。多空双方总体力量对比发生转变时，也就是趋势见顶或见底的时候，此时，均线不会再呈现鲜明的多头形态（上升趋势中）或是空头形态（下跌趋势中），而是会转变为横向缠绕形态。

当股市或个股经历了持续上涨而步入高位区后，此时的价格走势往往会呈现出横盘震荡滞涨，同期的均线排列形态也会出现明显的转变，即由原来的向上发散的多头排列形态转变为横向缠绕形态。若这时的中长期均线

MA60 开始走平且有下移迹象，则多预示着价格走势已进入到了顶部区，是投资者中长线卖股离场的信号；若随后均线开始转变为空头排列形态，则预示一轮大幅下跌走势即将展开。

图 7-8 为宝泰隆（601011）2013 年 12 月 31 日至 2014 年 9 月 15 日走势情况，图中由细到粗的四根均线分别为 MA5、MA15、MA30 和 MA60。如图所示，此股于高位区出现滞涨走势，同期的均线开始转变为横向缠绕形态，且 MA60 走平并有下移倾向，这是个股进入顶部区的标志。

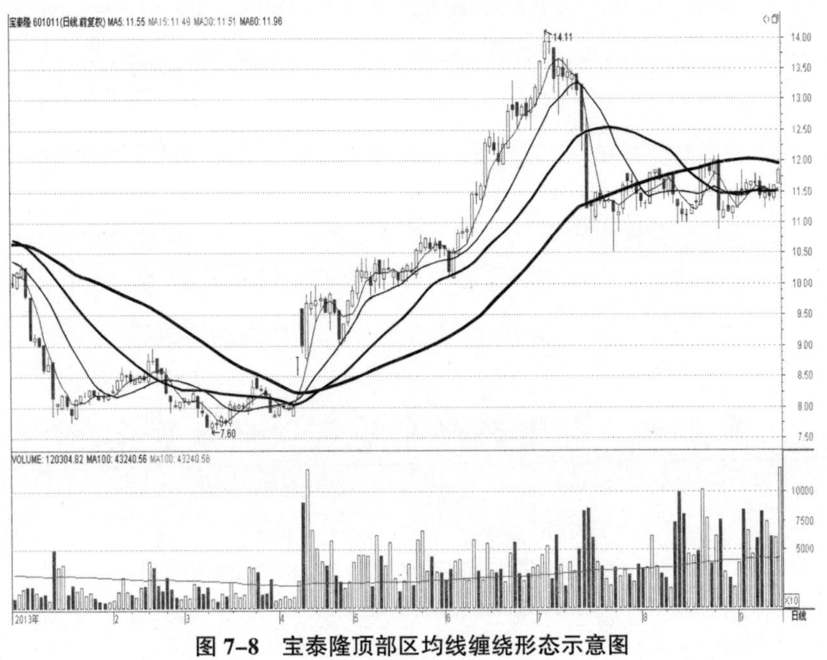

图 7-8 宝泰隆顶部区均线缠绕形态示意图

图 7-9 为西部资源（600139）2009 年 1 月 20 日至 2010 年 5 月 19 日走势情况，此股在长期的上涨走势中，其均线呈典型的多头排列形态，这是均线对上升趋势的直观反映。随后，当此股步入高位滞涨区后，均线排列形态开始转变为横向缠绕形态，且 MA60 开始走平且有下移迹象，这是多方力量开始处于弱势，空方力量开始占据上风的表现，也是个股进入顶部区标志。

图 7-10 为建发股份（600153）2008 年 10 月 24 日至 2010 年 10 月 12 日走势情况，此股在经历了大幅上涨后，于高位区出现了长期的震荡滞涨走

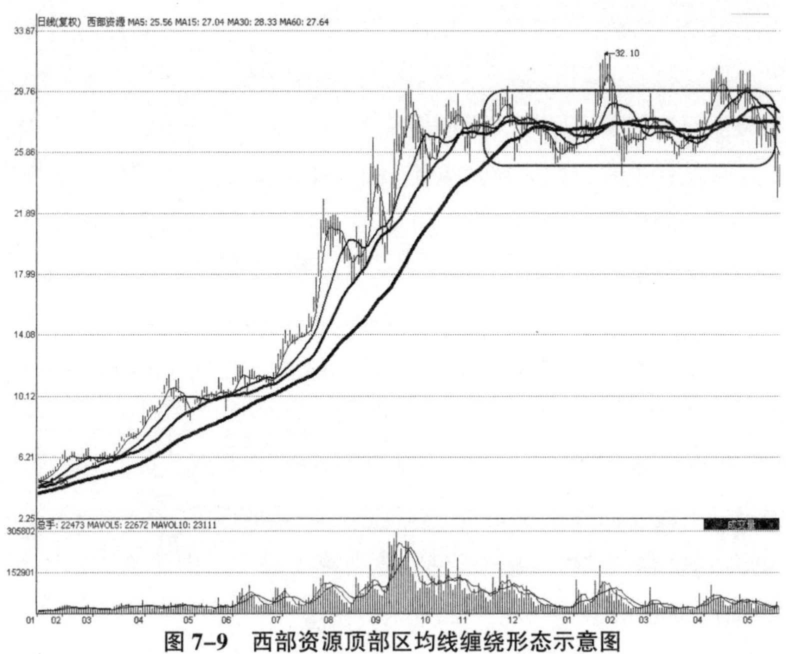

图 7-9 西部资源顶部区均线缠绕形态示意图

势，这是个股上升趋势结束的信号。此时，也是投资者应选择中长线卖股离场的时机。

图 7-10 建发股份顶部区均线缠绕形态示意图

当股市或个股经历了持续下跌而步入低位区后，此时的价格走势往往会呈现出止跌企稳，同期的均线排列形态也会出现明显的转变，即由原来的向下发散的空头排列形态转变为横向缠绕形态。若这时的中长期均线 MA60 开始走平且有上移迹象，则多预示着价格走势也进入到了底部区，是投资者中长线买股布局的信号；若随后均线开始转变为多头排列形态，则预示一轮大幅上涨行情即将出现。

图 7-11 为华升股份（600156）2008 年 4 月 30 日至 2009 年 2 月 11 日走势情况，图中由细到粗的四根均线分别为 MA5、MA15、MA30 和 MA60。此股于低位区出现止跌企稳走势，同期的均线开始转变为横向缠绕形态，且 MA60 走平并有上移倾向，这是个股进入底部区的标志。此时，投资者可以进行积极的买股布局操作。如图中标注所示，当此股的均线排列形态于随后转变为多头排列形态时，就预示着一轮大幅上涨行情即将出现，图 7-12 显示了此股在 2009 年 2 月 11 日前后的走势情况。

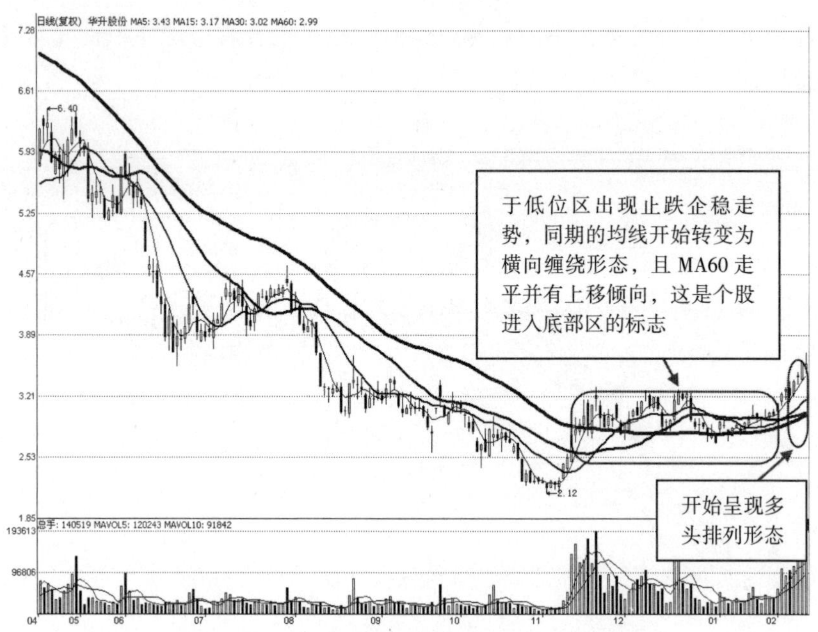

图 7-11　华升股份底部区均线缠绕形态示意图

图 7-13 为昊华能源（601101）2013 年 10 月 25 日至 2014 年 10 月 14 日走势情况，此股在大幅下跌后的低位区出现企稳走势，同期的均线开始呈

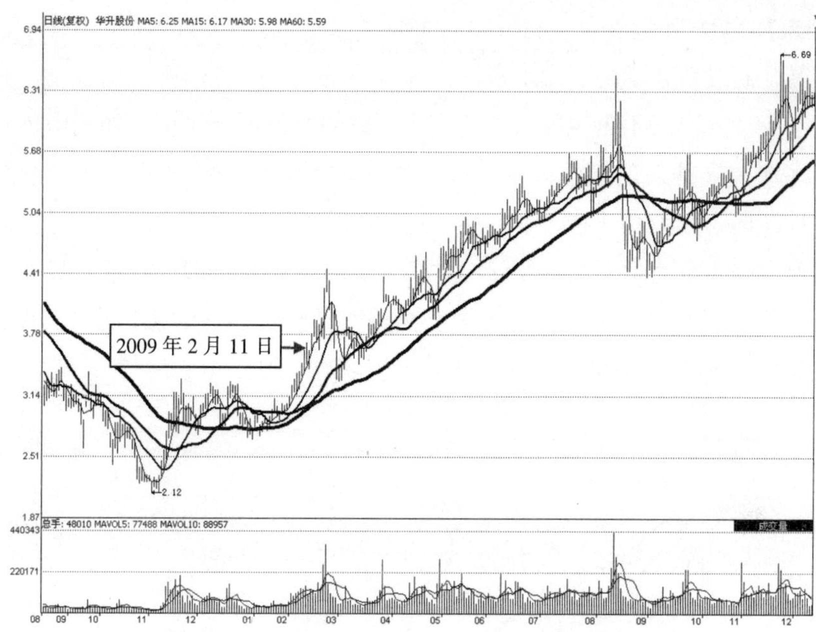

图 7-12 华升股份 2009 年 2 月 11 日前后走势图

横向缠绕形态，且 MA60 走平上移，这是个股进入底部区的标志。

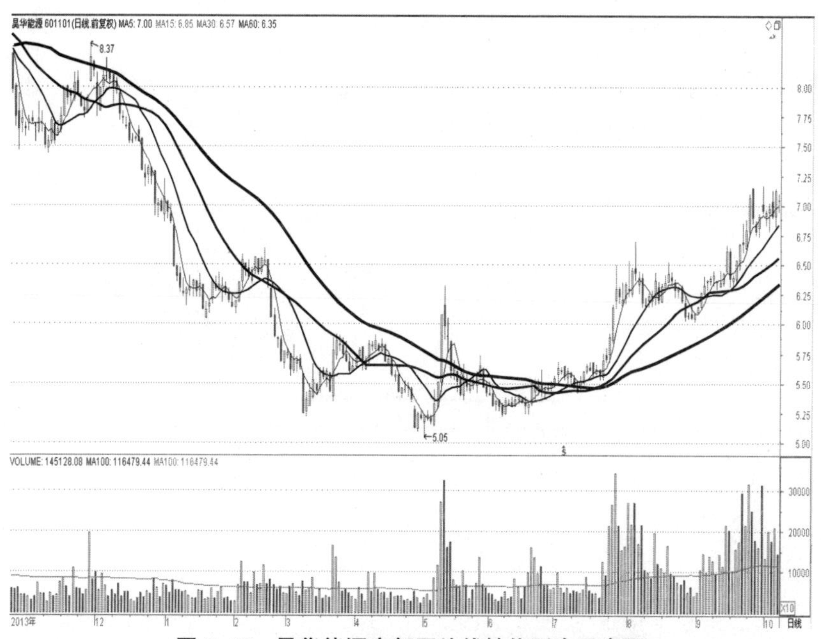

图 7-13 昊华能源底部区均线缠绕形态示意图

图 7-14 为巨化股份（600160）2008 年 2 月 15 日至 2009 年 2 月 4 日走势情况，此股在长期的下跌走势中呈现鲜明的空头排列形态。可以说，只要这种空头排列形态不出现显著的转变，下跌趋势就不会结束。如图中标注所示，在深幅下跌后的低位区，此股的均线排列形态开始转变为横向缠绕形态，且同期的 MA60 开始走平上移，这是跌势结束、底部出现的信号。底部的出现也是多方力量开始逐渐转强的信号，它预示着个股在随后将极有可能步入升势，因而，此时是投资者中长线买股布局的绝佳时机，图 7-15 显示了此股在 2009 年 2 月 4 日前后的走势情况。

图 7-14　巨化股份底部区均线缠绕形态示意图

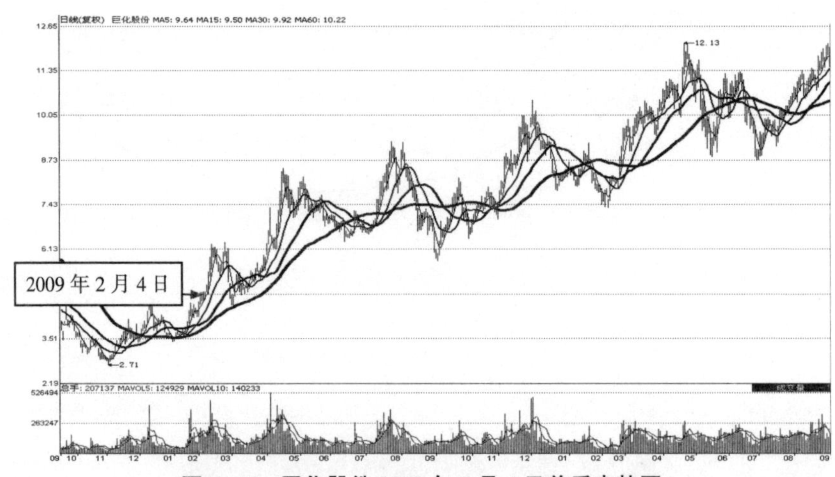

图 7-15　巨化股份 2009 年 2 月 4 日前后走势图

第四节 利用移动平均线把握短线买卖时机

节前提示：移动平均线不仅是识别趋势运行、趋势反转的利器，在投资者的短线买股中，它同样有着重要的指导作用。利用不同周期均线之间的分离、聚合关系，投资者可以较为准确地把握住一波升势后的阶段性高点及一波跌势后的阶段性低点，从而展开高抛低吸的短线操作。

在讲解如何利用均线进行短线操作前，先来看看中长期均线与短期均线所呈现出来的分离、聚合、再分离的特性。

由于中长期均线的市场平均持仓成本更能体现价格的总体走势，也更能代表市场所认可的价位区间，因而，若个股在短期内因多方力量的快速进攻或是空方力量的快速打压，从而使得短期均线显著脱离中长期均线时，则短期均线就会有再度向中长期均线靠拢的倾向。这就是中长线均线对于短期均线的引力作用，它会使得短期均线在明显脱离中长期均线后，有再度向中长期均线靠拢的倾向。

同时，由于上升趋势及下跌趋势均是某一方力量（多方力量或空方力量）明显占优的状态，因而，当短期均线向中长期均线靠拢后，短期均线往往会在多方力量（上升趋势中）或空方力量（下跌趋势中）的再度推动下，而快速远离中长期均线。这就是中长期均线对于短期均线的排斥作用，它会使得短期均线在脱离中长期均线后，有再度向上或向下远离中长期均线的倾向。下面我们结合实例来了解如何利用均线的这种特性展开短线买卖操作。

图 7-16 为卧龙地产（600173）2009 年 1 月 15 日至 9 月 7 日走势情况，如图中标注所示，此股在上升途中出现了一波快速上涨走势。这一波快速上涨使得 MA5 明显远离 MA30 及 MA60，由于中长期均线对短期均线有引力作用，因而，此时若 MA5 开始走平，则说明市场获利抛压开始增强，而多方上攻力量则开始减弱，是投资者短线高抛的时机。

图 7-17 为大唐电信（600198）2009 年 8 月 18 日至 2010 年 6 月 2 日走

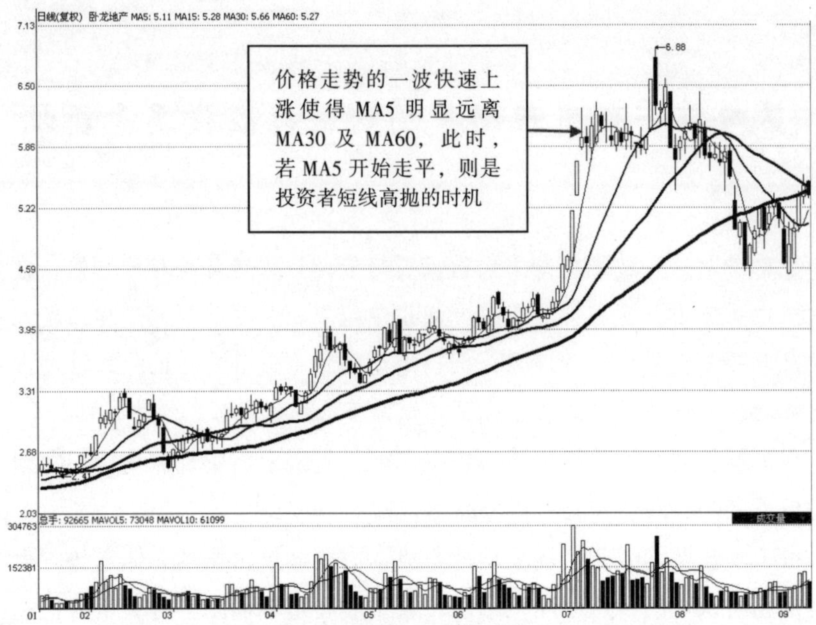

图 7-16 卧龙地产上升趋势中 MA5 快速上扬形态示意图

势情况，如图中标注所示，随着个股短期内的一波上涨走势的出现，使得短期均线向上快速脱离中长期均线，随后，当短期均线开始走平时，则是投资

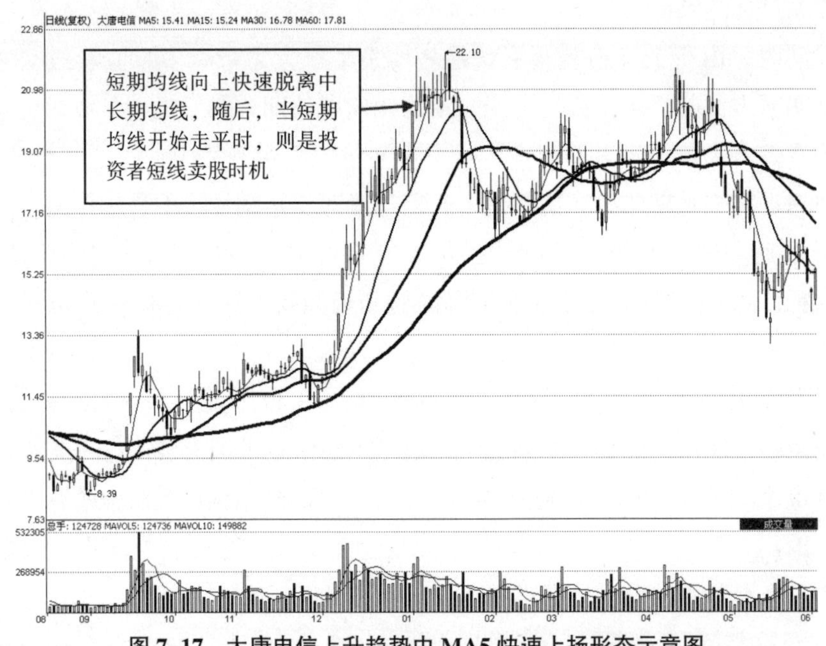

图 7-17 大唐电信上升趋势中 MA5 快速上扬形态示意图

者短线卖股时机。

图 7–18 为深圳燃气（601139）2014 年 10 月 29 日至 2015 年 3 月 25 日走势情况，此股在上升趋势中出现了一波深幅调整走势。这一波调整走势使得 MA5 向下靠拢 MA60，由于 MA60 在上升趋势中有着极强的支撑作用，因而此时就是投资者短线买股的时机。

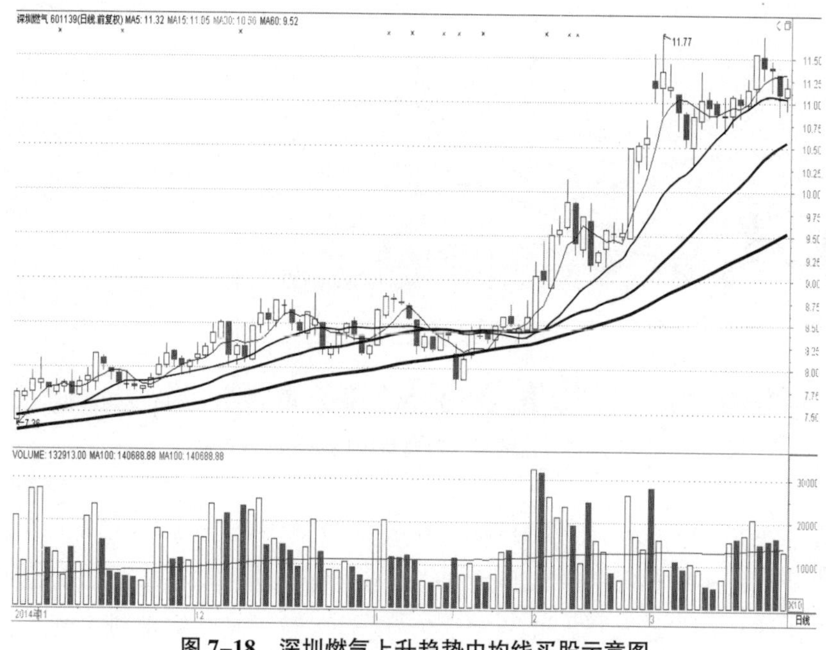

图 7–18 深圳燃气上升趋势中均线买股示意图

在实盘操作中，MA30 也同样具有较强的支撑作用，那么，投资者是应在股价回调至 MA30 附近买股，还是在股价回调至 MA60 附近买股呢？此时，可以看看 MA5 与 MA30 的分离程度，如果个股的上涨速度较缓，此时的 MA5、MA30 及 MA60 的分离程度不会太大，因而，在股价回调至 MA60 附近时买股是一个不错的选择；反之，如果个股的上涨速度较快，此时的 MA5 与 MA30 会明显分离、MA30 与 MA60 也会明显分离，这时，若个股回调至 MA30 就代表着较大的回调幅度了。MA30 有着较强的支撑作用，因而可以进行短线买股操作。

图 7–19 为三爱富（600636）2008 年 12 月 19 日至 2009 年 6 月 2 日走势情况，此股在一波快速上涨后，当股价回调至 MA30 附近时，就是投资者短

线买股的好时机。

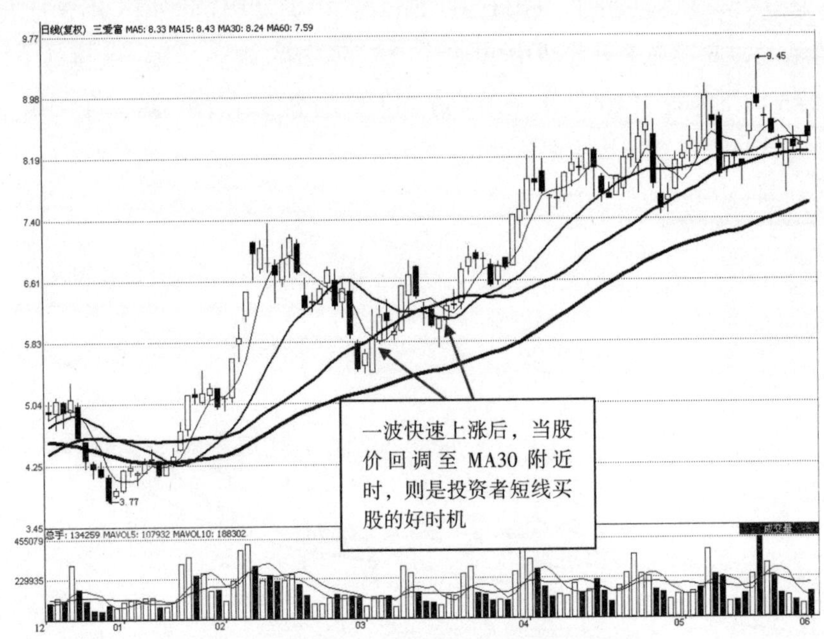

图 7-19　三爱富上升趋势中均线买股示意图

图 7-20 为中卫国脉（600640）2008 年 10 月 30 日至 2009 年 4 月 3 日走势情况，此股在上升途中出现了快速上涨走势。这种快速上涨走势也使得 MA5 快速地向上脱离 MA30 及 MA60，随后，当一波回调走势出现，使得 MA5 向下靠拢 MA30 时，由于 MA30 对个股的上涨具有较强的支撑作用，因而，此时是投资者短线买股的时机。

下跌趋势中的 MA60 有着极强的阻挡作用，当个股经一波反弹走势向上靠拢 MA60 时，就是投资者在下跌途中逢高卖股的时机。

图 7-21 为万业企业（600641）2009 年 11 月 24 日至 2010 年 7 月 16 日走势情况，此股在下跌趋势中出现了一波反弹上涨走势，这一波调整走势使得 MA5 向上靠拢 MA60，由于 MA60 在下跌趋势中有着极强的阻挡作用，因而，此时就是投资者短线卖股的时机。

图 7-22 为申能股份（600642）2009 年 11 月 16 日至 2010 年 8 月 23 日走势情况，如图中标注所示，此股在下跌途中出现了一段时间的横盘整理走势，随着震荡整理的持续，MA5 也开始靠拢 MA60，当两者靠拢在一起呈

图 7-20　中卫国脉上升趋势中均线买股示意图

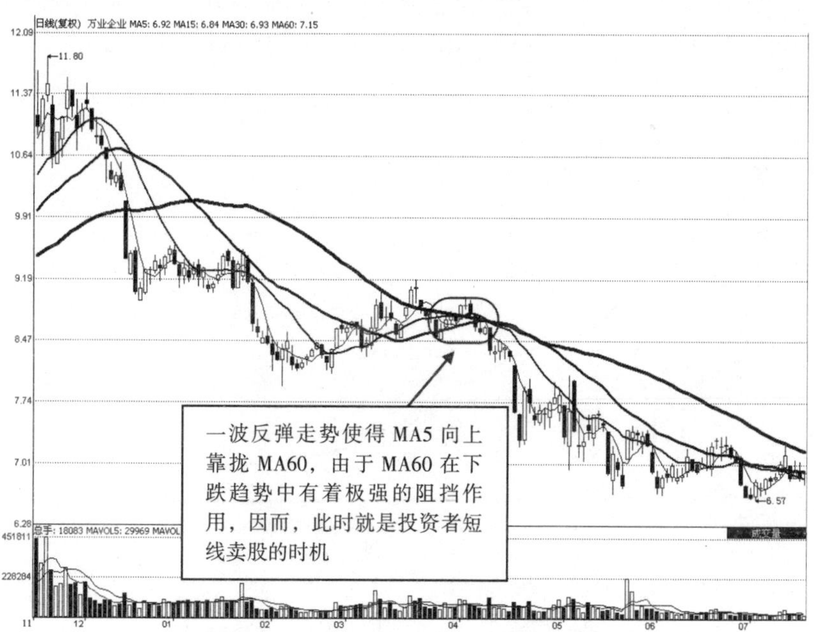

图 7-21　万业企业下跌趋势中均线卖股示意图

现出黏合形态时，往往就预示着新一轮跌势即将展开，是投资者短线卖股离场的信号。

图 7-22　申能股份下跌趋势中均线卖股示意图

图 7-23 为飞乐音响（600651）2008 年 3 月 11 日至 9 月 24 日走势情况，如图中标注所示，此股在下跌途中，出现了短期内的一波快速下跌，使得 MA5 远离中长期均线，随后，当 MA5 走平时，就是投资者短线买股的时机。

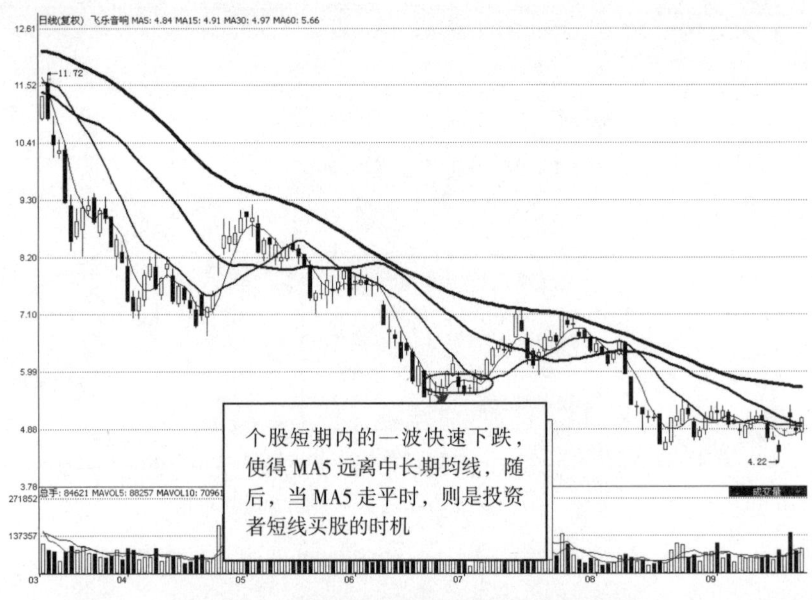

图 7-23　飞乐音响下跌趋势中均线买股示意图

图 7-24 为广汽集团（601238） 2013 年 9 月 10 日至 2014 年 6 月 20 日走势情况，如图中标注所示，此股在下跌途中的一波快速下跌走势后，出现了 MA5 企稳走平的形态，这是空方阶段性抛压减轻、一波反弹上涨走势即将出现的信号，此时也是投资者短线买股的时机。

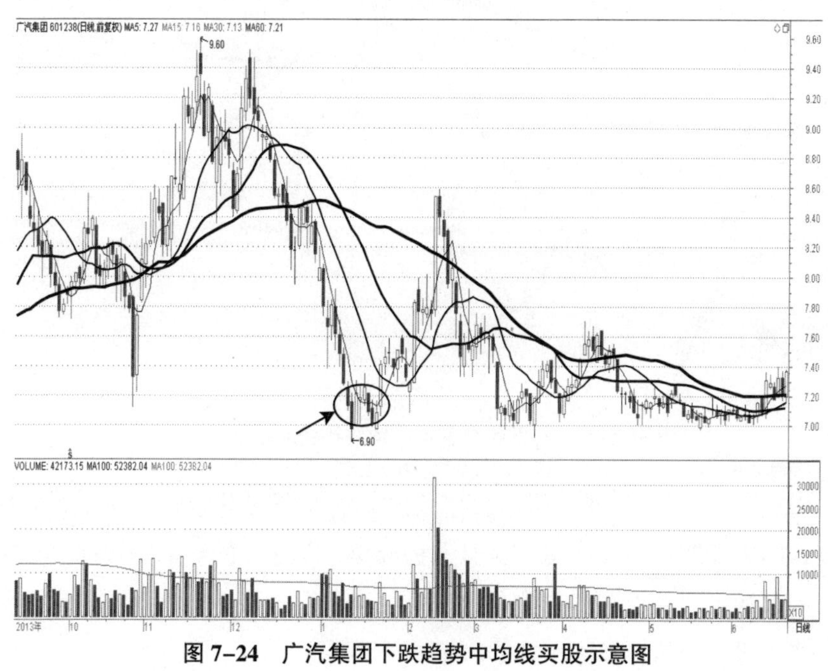

图 7-24 广汽集团下跌趋势中均线买股示意图

第五节 格兰维尔八大均线买卖法则

节前提示：移动平均线的买卖方式较为灵活多变，很多读者在学习时难以将其融合成一个完整的系统，这无疑会使移动平均线的作用大打折扣。本节中，我们将结合格兰维尔总结出的八大均线买卖法则对此进行系统性的论述。

对于移动平均线的各种买卖法则，美国证券投资分析家格兰维尔进行了系统性的总结，他所总结出的八项法则（包括四个买入时机与四个卖出时机）系统、全面地表述了移动平均线运用方法。图 7-25 为格兰维尔移动平均线买卖时机示意图，图中的虚线指代中长期移动平均线（一般可以用MA60替代），实线则指代短期移动平均线（一般可以用MA5替代）。下面我们以此图为基础，结合实例进行解读。

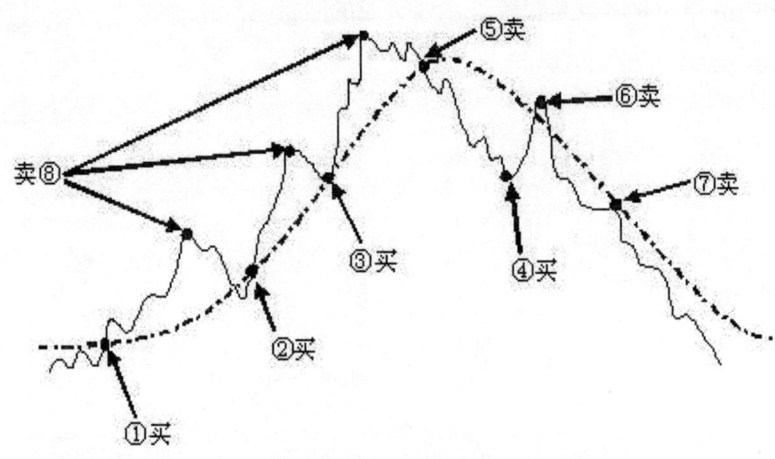

图 7-25 格兰维尔移动平均线买卖时机示意图

买点①：在个股深幅下跌后的低位区，此时短期均线运行于中长期均线下方，但中长期均线开始走平且有上移迹象，若这时的短期均线向上交叉并穿越中长期均线，表明多方力量已积蓄完毕且有强烈的上攻意图，是投资者中长线买股入场的信号。

图 7-26 为大商股份（600694）2008 年 10 月 6 日至 2009 年 9 月 16 日走势情况。为了方便理解格兰维尔总结出的均线买卖时机，图中仅给出了两条均线，细线为 MA5，代表短期均线，粗线为 MA60，代表中长期均线。如图 7-26 中所示，在低位区，随着 MA5 的走平企稳，此时出现的 MA5 向上交叉并穿越 MA60 的形态就是投资者中长线买股布局的时机。

买点②：在上升趋势中，短期均线运行于中长期均线上方，此时，一波的价格回调使得短期均线向下跌破中长期均线，随后，当短期均线向上再度交叉并穿越中长期均线时，就是投资者买股的最好时机，因为这预示着新一波上涨行情的展开。

图 7-27 为彩虹股份（600707）2009 年 4 月 13 日至 12 月 9 日走势情况，此股在此期间处于上升趋势中，可以看到短期均线 MA5 稳健地运行于中长期均线 MA60 上方。如图中箭头标注所示，随着一波回调走势的出现，随

图 7-26 大商股份的格兰维尔均线买点①示意图

后，当 MA5 再度向上交叉并穿越 MA60 时，就预示着回调走势结束、新一波上涨行情的展开，是投资者买股的信号。

图 7-27 彩虹股份的格兰维尔均线买点②示意图

买点③：在上升趋势中，短期均线运行于中长期均线上方，此时，一波价格回调使得短期均线向下靠拢中长期均线，若中长期均线对短期均线形成支撑作用，则投资者可以在此处买股。

图 7-28 为新华锦（600735）2009 年 8 月 24 日至 2010 年 4 月 20 日走势情况，此股在此期间处于上升趋势中，可以看到短期均线 MA5 稳健地运行于中长期均线 MA60 上方。如图中箭头标注所示，随着一波回调走势的出现，随后，MA60 对于 MA5 起到极强的支撑作用，此时就是投资者短线买股的绝佳时机。

图 7-28 新华锦的格兰维尔均线买点③示意图

买点④：在持续上涨后的高位区，随着震荡滞涨走势的出现，均线开始呈空头排列形态，此时，若一波快速下跌走势使得短期均线向下明显脱离中长期均线，由于多方力量仍会“挣扎”一到两次，因而，一波强势反弹上涨行情是值得期待的。此时，可以作为投资者短线博取反弹的买股时机。

图 7-29 为一汽富维（600742）2009 年 9 月 2 日至 2010 年 8 月 23 日走势情况，此股在高位区出现震荡滞涨走势，随着空方抛压的增强，一波快速下跌走势也陡然出现。这使得短期均线 MA5 快速向下远离中长期均线

MA60，此时，投资者可以进行博取反弹式的短线买股操作，如图中箭头标注所在位置即为短线买股位置。

图 7-29 一汽富维的格兰维尔均线买点④示意图

卖点①：在个股持续上涨后的高位区，此时短期均线运行于中长期均线上方，但中长期均线开始走平且有下移迹象，若这时的短期均线向下交叉并穿越中长期均线，表明空方力量已积蓄完毕且有强烈的打压意图，是投资者中长线卖股离场的信号。

图 7-30 为天业股份（600877）2009 年 5 月 20 日至 2010 年 6 月 21 日走势情况，此股在高位区出现滞涨走势，且中长期均线 MA60 开始走平。随后，当短期均线 MA5 在空方的抛压下开始向下交叉并穿越 MA60 时，多预示着空方打压力量在快速增强，是短期内深幅下跌走势即将展开的信号，也是中长期下跌行情将出现的信号。

卖点②：在下跌趋势中，短期均线运行于中长期均线下方，此时，一波的价格反弹使得短期均线向上突破中长期均线，随后，当短期均线再度向下交叉并穿越中长期均线时，就是投资者卖股的最好时机，因为这预示着新一波下跌行情的展开。

图 7-30　天业股份的格兰维尔均线卖点①示意图

图 7-31 为厦工股份（600815）2007 年 11 月 9 日至 2008 年 10 月 30 日走势情况，此股在此期间处于下跌趋势中，可以看到短期均线 MA5 运行于

图 7-31　厦工股份的格兰维尔均线卖点②示意图

中长期均线 MA60 下方。如图中箭头标注所示，随着一波反弹走势的出现，当 MA5 再度向下交叉并穿越 MA60 时，就预示着反弹走势结束、新一波下跌行情的展开，是投资者卖股的信号。

卖点③：在下跌趋势中，短期均线运行于中长期均线下方，此时，一波价格反弹使得短期均线向上靠拢中长期均线，若中长期均线对短期均线形成阻挡作用，则投资者可以在此处卖股。

图 7-32 为隧道股份（600820）2008 年 1 月 18 日至 8 月 14 日走势情况，此股在下跌趋势已完全形成后，于下跌途中出现了一波反弹走势，当个股经一波反弹走势使得 MA5 向上反弹至 MA60 处受阻时，就是投资者在反弹走势中的卖股时机。

图 7-32　隧道股份的格兰维尔均线卖点③示意图

卖点④：在上升趋势中，当个股短期内经一波快速上涨，使得短期均线快速向上脱离中长期均线，此时市场获利盘较多，短期内抛压较重，且中长期均线代表着绝大多数投资者对此股更为认可的价位区。因而，短期均线会有再度靠拢中长期均线的倾向，此时，若短期均线在明显脱离中长期均线后开始走平，就是投资者短线卖股的信号。

图 7-33 为上海物贸（600822）2008 年 12 月 9 日至 2009 年 9 月 16 日

走势情况，此股在上升途中出现了一波快速上涨走势，从而使得 MA5 快速脱离 MA60，随后，当 MA5 开始走平时，就是投资者进行短线高抛的最好时机。

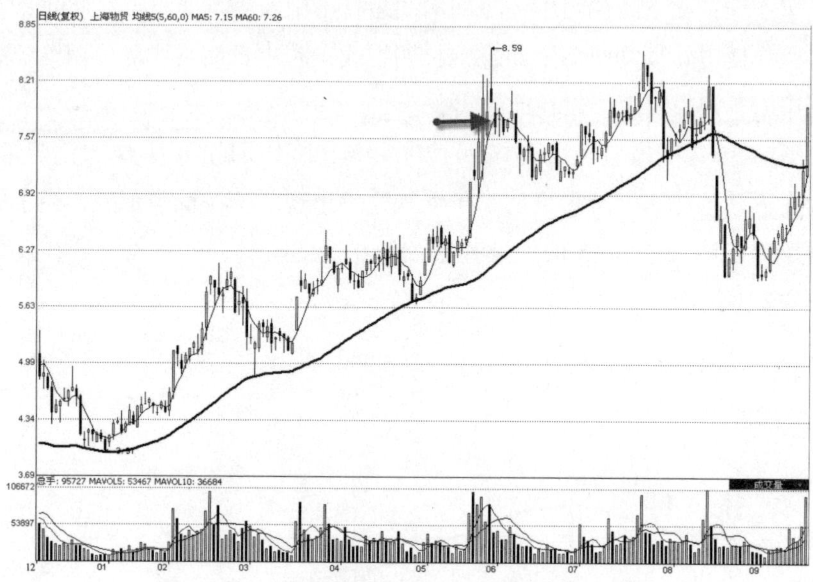

图 7-33　上海物贸的格兰维尔均线卖点④示意图

第八章　利用K线形态展开实战

第一节　单根K线形态——大阳线、大阴线、十字星等

节前提示：在平常的使用中，主要以“日”为时间单位来利用K线图，因而，单根K线也就默认指代单根日K线形态。单根日K线形态是多空双方一天交锋过程及结果的体现，不同的单根日K线形态所指示的市场含义也不尽相同。掌握一些典型的单根日K线形态可以很好地帮助投资者把握住短线买卖个股的时机（注：单根K线形态适用于短线买卖个股的分析）。

1. 大阳线

大阳线是一种最为常见的形态，是实体较长、上下影线相对较短的阳线形态，表明多方在当日的交锋中占据了明显的主动。可以说，大阳线表明了上涨含义，但这种上涨含义并不一定是多方力量总体占优的表现，只有当大阳线出现在上升途中或是盘整区的突破位置处时，才是较为可靠的看涨信号，投资者才可依此做多；反之，当大阳线出现在下跌途中的反弹走势中时，它仅仅是多方力量昙花一现的释放。

图8-1为农业银行（601288）2014年9月19日至2015年1月7日走势情况，此股在此期间处于稳健的攀升走势中。如图中箭头标注所示，期间出现的大阳线形态是多方力量充足且上攻意图明确的信号，此时，投资者应积极地持股待涨。

图8-2为申通地铁（600834）2010年3月25日至6月28日走势情况，

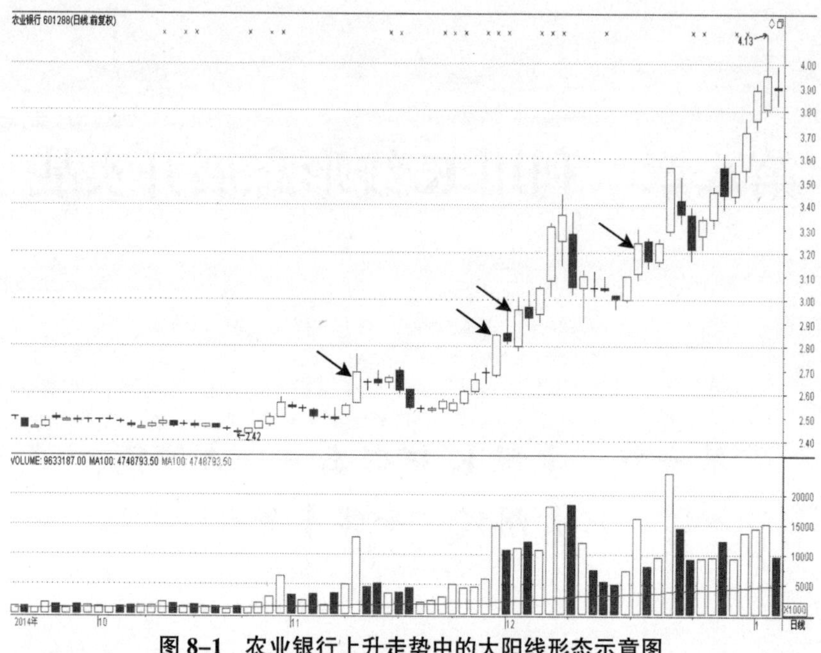

图 8-1　农业银行上升走势中的大阳线形态示意图

此股在此期间正处于下跌走势中。如图中箭头标注所示，在下跌途中的盘整走势中出现的大阳线形态并非多方力量强大的表现，而仅仅是多方力量昙花一现

图 8-2　申通地铁下跌走势中的大阳线形态示意图

的释放，且在这种大阳线出现后，个股很有可能结束短期内的反弹走势。

2. 大阴线

大阴线是实体较长、上下影线相对较短的阴线形态，表明空方在当日的交锋中占据了明显的主动。可以说，大阴线表明了下跌含义，但这种下跌含义并不一定是空方力量总体占优的表现，只有当大阴线出现在下跌途中或是高位滞涨区时，才是较为可靠的看跌信号，才可依此做空；反之，当大阴线出现在上升途中的回调走势中时，则仅仅是获利抛压的快速释放，当获利抛压释放完毕后，个股仍将沿原有的上升通道运行。

图 8-3 为东风股份（601515）2013 年 10 月 29 日至 2014 年 7 月 31 日走势情况，此股在此期间处于持续下跌走势中。如图中箭头标注所示，期间出现的大阴线形态是空方力量充足且打压意图明确的信号，此时，投资者应耐心地持币观望。

图 8-3　东风股份下跌走势中的大阴线形态示意图

图 8-4 为星湖科技（600866）2009 年 4 月 21 日至 10 月 14 日走势情况，此股在此期间正处于上涨走势中。如图中箭头标注所示，在上升途中的盘整走势中及随后上涨回调时所出现的大阴线形态并非是空方力量强大的表现，

而仅仅是少量获利抛压涌出的表现，随着获利抛压的减轻，多方仍将再度推动个股上涨。

图 8-4　星湖科技上升走势中的大阴线形态示意图

3. 长十字星

长十字星是一种上下影线较长，但实体较短（或没有实体）的 K 线形态。长十字星究竟是阳线还是阴线并不十分重要，这是因为长十字星的实体较短，当日收阴或收阳具有一定的偶然性，并不是多空力量对比情况的反映。

一般来说，长十字星形态说明多空双方在当日的盘中交锋较为激烈，是多空分歧加剧的表现，当它出现在了阶段性上涨走势后的高点时，多预示着空方抛压开始突然增强，是一波回调走势即将出现的信号；反之，当它出现在一波下跌走势后的阶段性低点时，多预示着多方有较强的反击意图，是一波反弹上涨走势即将展开的信号。

图 8-5 为中原环保（000544）2009 年 12 月 30 日至 2010 年 5 月 14 日走势情况，如图中箭头标注所示，此股在一波快速上涨走势后的阶段性高点出现了一个长十字星形态。这说明空方的盘中抛压开始突然增强，是一波深幅

调整走势即将展开的信号，也是投资者短线卖股的信号。

图 8-5　中原环保阶段性高点的长十字星形态示意图

图 8-6 为光华控股（000546）2010 年 1 月 28 日至 7 月 8 日走势情况，如图中标注所示，此股在阶段性高点的位置连续出现了三个上下影线较长、实体极短的长十字星形态，而它们也准确地预示了此股随后展开的一波深幅调整走势。

图 8-7 为蓝科高新（601798）2014 年 4 月 15 日至 10 月 27 日走势情况，此股在一波快速上涨走势后的阶段性高点所出现的长十字星形态同样准确地预示了此股随后出现的一波深幅下跌走势。可以说，依据这一长十字星形态，投资者可以在阶段性高点准确地把握短线卖股时机。

4. 长上影线

长上影线是上影线较长且上影线明显长于实体的 K 线形态。一般来说，这种 K 线形态多出现在一波上涨走势后的阶段性高点，是多方上攻受阻、空方抛盘突然大量涌出的标志，预示着一波回调走势即将展开，是投资者短线卖股的信号。

图 8–6 光华控股阶段性高点的长十字星形态示意图

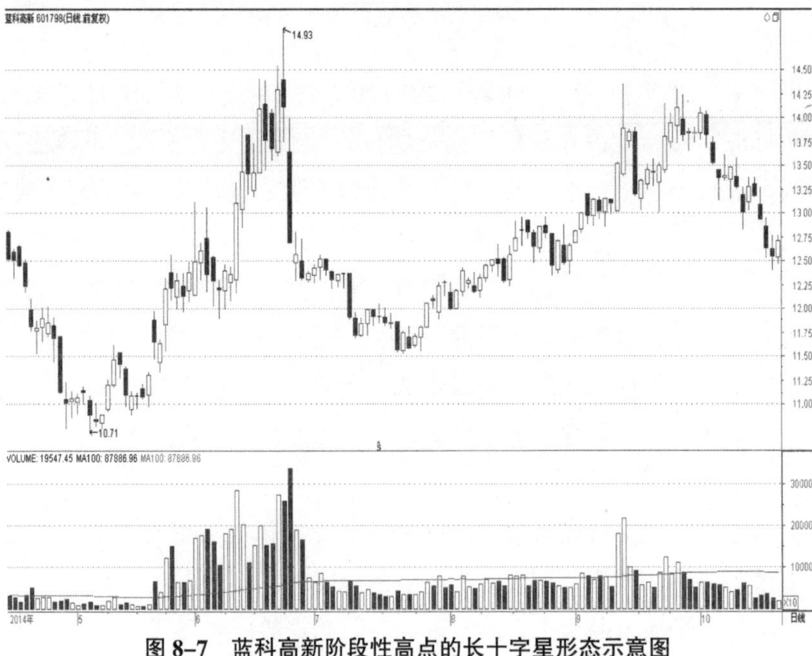

图 8–7 蓝科高新阶段性高点的长十字星形态示意图

图 8-8 为力合股份（000532）2009 年 12 月 15 日至 2010 年 5 月 20 日走势情况，此股在下跌途中的一波反弹走势后的阶段性高点，出现了一个上影线很长的上影阳线形态，这是个股一波反弹上涨走势结束，也是投资者短线卖股的信号。

图 8-8　力合股份阶段性高点的长上影阳线形态示意图

图 8-9 为广宇发展（000537）2009 年 9 月 8 日至 2010 年 4 月 30 日走势情况，此股在持续大涨后的高位滞涨区出现了一个上影线很长的阴线形态，这是空方抛压突然增强的标志，预示着一波深幅调整走势即将展开，是投资者高位离场的信号。

5. 长下影线

长下影线是下影线较长且下影线明显长于实体的 K 线形态。一般来说，这种 K 线形态多出现在一波下跌走势后的阶段性低点，是空方无力再度打压、多方力量有意反击的标志，预示着一波反弹上涨走势即将展开，是投资者短线买股的信号。

图 8-10 为美的电器（000527）2010 年 2 月 12 日至 9 月 9 日走势情况，此股在一波深幅下跌后，于阶段性的低点出现了一个下影线较长的阳线形

图 8-9　广宇发展阶段性高点的长上影阴线形态示意图

态。这是多方反击力度加大的表现，也是空方无力再度打压的表现，预示着一波反弹上涨走势即将展开，是投资者短线买股的明确信号。

图 8-10　美的电器阶段性低点的长下影阳线形态示意图

图 8-11 为大通燃气（000593）2010 年 4 月 16 日至 7 月 13 日走势情况，此股在一波深幅调速后的低点出现了一个下影线极长的阴线形态。这同样是空方打压力度减弱，多方反击力度增强的信号，预示着一波反弹上涨走势即将展开。

图 8-11　大通燃气阶段性低点的长下影阴线形态示意图

6. 出水芙蓉

出水芙蓉是一种将单根 K 线与均线结合起来综合分析的形态，它是指一根大阳线向上穿越 MA5、MA10 和 MA20 三根均线的形态。当这种形态出现在一波涨势初期或是盘整突破区时，多预示着多方力量充足，是短期内升势将持续下去的信号。

图 8-12 为中海集运（601866） 2014 年 11 月 26 日至 2015 年 4 月 25 日走势情况，此股在上升途中出现了一段时间的盘整震荡走势，随后，出现了一个上穿 MA5、MA10 和 MA20 三根均线的大阳线形态，这就是出水芙蓉形态，它表明个股将突破上涨。

图 8-13 为天茂集团（000627）2009 年 11 月 16 日至 2010 年 4 月 7 日走势情况，此股在上升途中的盘整走势中出现了一个明显的出水芙蓉形态。这

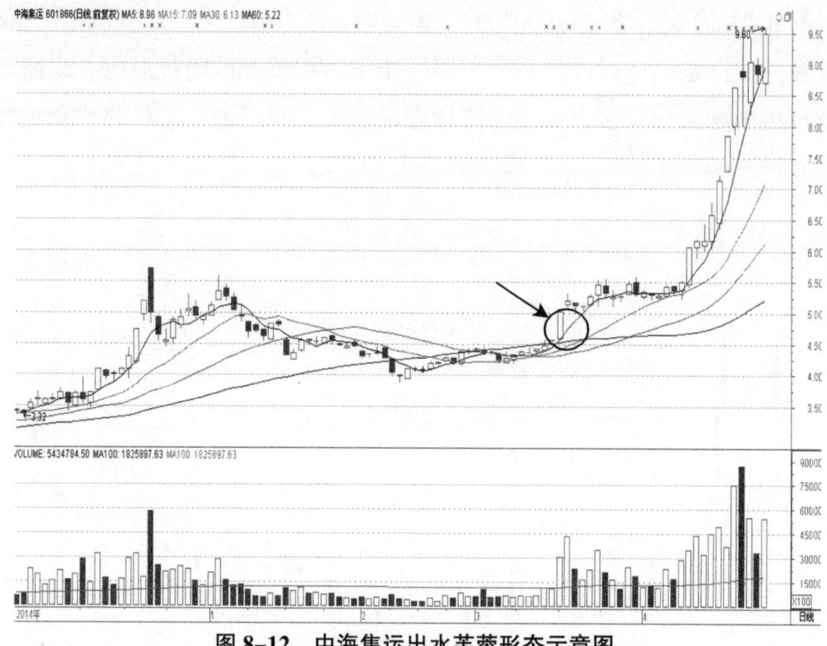

图 8-12　中海集运出水芙蓉形态示意图

是多方力量强劲且有意上攻的信号，预示着个股将突破上行，也是投资者短线买股的信号。

图 8-13　天茂集团出水芙蓉形态示意图

7. 断头铡刀

断头铡刀也是一种将单根 K 线与均线结合起来综合分析的形态，它是指一根大阴线向下穿越 MA5、MA10 和 MA20 三根均线的形态。当这种形态出现在一波跌势初期或是盘整破位区时，多预示着空方力量充足，是短期内跌势将持续下去的信号。

图 8-14 为青岛双星（000599）2010 年 2 月 3 日至 5 月 21 日走势情况，此股在经历了高位区的长期盘整震荡滞涨走势后，出现了一个下穿 MA5、MA10 和 MA20 三根均线的大阴线形态。这就是断头铡刀形态，它表明个股将破位下行。

图 8-14　青岛双星断头铡刀形态示意图

图 8-15 为吉林敖东（000623）2009 年 11 月 2 日至 2010 年 5 月 7 日走势情况，此股在高位滞涨区出现了明显的断头铡刀形态。这说明空方抛压较重，是个股随后将出现下跌走势的预兆，也是投资者在高位区卖股离场的信号。

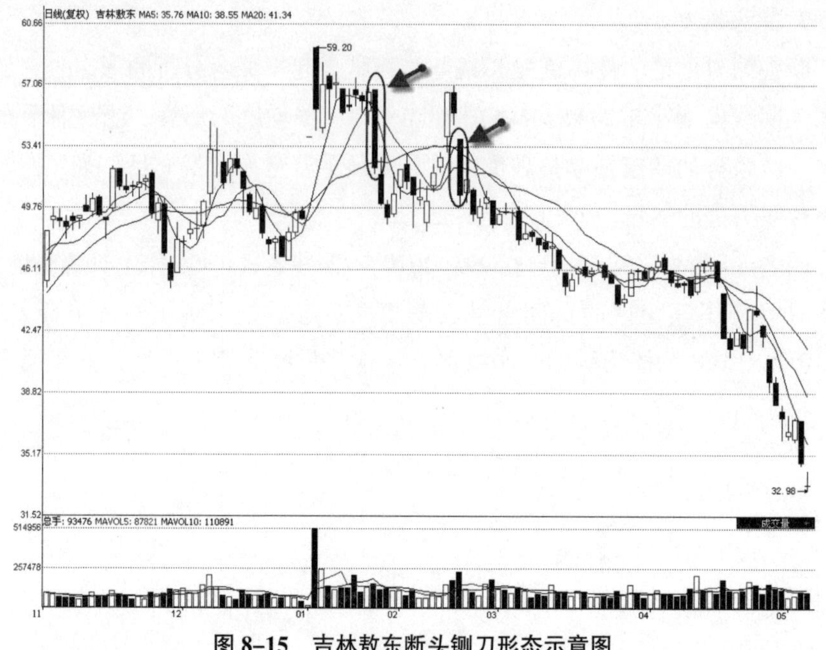

图 8-15 吉林敖东断头铡刀形态示意图

第二节 两根 K 线形态——孕线、抱线、平底线等

节前提示：在短线买卖个股的实战当日，两根 K 线的组合形态也蕴含了丰富的市场含义，正确解读出这些双根 K 线组合形态，投资者就可以更好地进行短线上的高抛低吸操作。

1. 乌云盖顶

乌云盖顶由一根大阳线和一根阴线组合而成，大阳线出现在一波上涨走势中的阶段性高点，它是多方力量仍旧较强的信号，次日开盘，多方力量继续占据优势，从而使得个股高开。但市场中多空双方力量的转化往往是十分迅速的，当日的高开并没有引发多方力量的继续上攻，反而引出了大量的抛盘，从而使得个股高开低走，至收盘时，当日的收盘价嵌入到昨日大阳线的实体内部。这种形态说明空方力量已快速转强，是一波下跌走势将展开的信号。

图 8-16 为盘江股份（600395）2014 年 9 月 19 日至 2015 年 2 月 25 日走势情况，此股在一波上涨走势后高点出现了乌云盖顶形态。这是空方抛压快速增强的信号，也是一波回调走势将出现的信号，此时，投资者可以选择短线卖股离场。

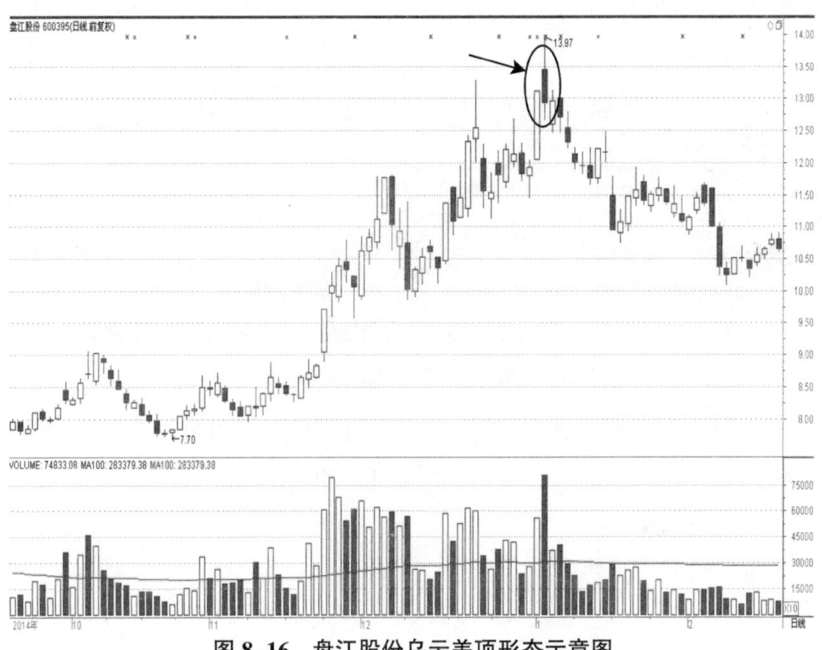

图 8-16　盘江股份乌云盖顶形态示意图

图 8-17 为出版传媒（601999）2009 年 3 月 2 日至 8 月 19 日走势情况，如图中标注所示，此股在一波快速上涨后，于阶段性的高点出现了乌云盖顶形态，且第二根大阴线的实体非常长。这是空方抛压急剧增强的信号，预示随后很有可能出现一波深幅调整走势，是投资者短期内卖股离场的信号。

2. 乌云飘来

与乌云盖顶形态较为相近的一种是乌云飘来形态，与前者稍有不同的是，乌云飘来第二根大阴线的收盘价仍旧略高于上一根大阳线的收盘价，并没有嵌入到上一根大阳线实体内部，但它同样是市场短期内抛压快速增强的信号，预示着一波下跌走势即将展开。

图 8-18 为银星能源（000862）2013 年 2 月 18 日至 2014 年 3 月 14 日

图 8-17　出版传媒乌云盖顶形态示意图

走势情况，此股在震荡上升的过程中，两次于阶段性走势中的高点出现了乌云飘来形态，这种形态预示着一波下跌调整走势的展开。

图 8-18　银星能源乌云飘来形态示意图

图 8-19 为吉林制药（000545）2009 年 7 月 23 日至 12 月 23 日走势情况，如图中箭头标注所示，一波快速上涨后，此股出现了乌云飘来形态。在理解这种形态市场含义的基础上，投资者就可以很好地把握此股的阶段性高抛时机了。

图 8-19 吉林制药乌云飘来形态示意图

3. 抱线

抱线是一种前短后长的双根 K 线组合形态，前面一根短 K 线的最高价低于后一根长 K 线的最高价、前面一根短 K 线的最低价则高于后面一根长 K 线的最低价，其形态上犹如后面一根长 K 线将前面一根短 K 线牢牢地“抱住”，故称为抱线。

抱线可以分为看涨抱线与看跌抱线，看涨抱线是前阴后阳的组合方式，看跌抱线则是前阳后阴的组合方式。看涨抱线更多地出现在一波下跌走势后的阶段性低点，是多方力量突然增强且反攻意图强烈的信号，预示着一波上涨走势即将出现；看跌抱线则更多地出现在一波上涨走势后的阶段性高点，是空方力量突然增强且多方无力反攻的信号，预示着一波下跌走势即将出现。

图 8-20 为湖南投资（000548）2009 年 8 月 27 日至 2010 年 1 月 29 日走势情况，此股在阶段性的高点出现了前短后长、前阳后阴的看跌抱线形态。

这是市场抛压开始快速增强的标志，预示着一波深幅下跌走势即将展开，是投资者短线卖股的信号。

图 8-20 湖南投资看跌抱线形态示意图

图 8-21 为长城电脑（000066）2009 年 12 月 22 日至 2010 年 7 月 2 日走势情况，此股在高位滞涨区出现了一个鲜明的看跌抱线形态。在看跌抱线组合形态中，可以看到大阴线的实体极长，这是空方抛压突然急剧增强的信号，预示着个股短期内将有一波深幅调整走势出现。

图 8-22 为中银绒业（000982）2010 年 2 月 10 日至 9 月 1 日走势情况，此股在一波深幅调整走势后出现了看涨抱线形态。在看涨抱线形态中，可以看到大阳线的实体很长，完全抱住了前面的一根小阴线，这是多方力量突然转强的标志，预示着一轮反弹上涨走势即将出现。

图 8-23 为安徽合力（600761）2009 年 3 月 26 日至 9 月 3 日走势情况，如图中标注所示，此股在阶段性低点所出现的看涨抱线形态准确地预示了随后的反弹上涨行情，是投资者进行低点买股的明显信号之一。

图 8-24 为 ST 宇航（000738）2010 年 2 月 11 日至 6 月 24 日走势情况，此股在阶段性的低点出现了后面一根大阳线“抱住”前面几根小阴、小阳线

图 8-21　长城电脑看跌抱线形态示意图

图 8-22　中银绒业看涨抱线形态示意图

的形态，它是双日阳抱线组合形态的变形，同样预示着一波反弹上涨走势即将展开。

图 8-23 安徽合力看涨抱线形态示意图

图 8-24 ST 宇航看涨抱线形态示意图

4. 孕线

孕线是一种前长后短的双根 K 线组合形态，前面一根长 K 线的最高价高于后一根短 K 线的最高价、前面一根长 K 线的最低价则低于后面一根短 K 线的最低价，其形态犹如前面一根长 K 线将后面一根短 K 线“孕于”其中，故称为孕线。

孕线可以分为阳孕线与阴孕线，阳孕线是前阴后阳的组合方式，阴孕线则是前阳后阴的组合方式。阳孕线更多地出现在一波下跌走势后的阶段性低点，是多方力量开始转强、空方打压力度减弱的信号，预示着一波上涨走势即将出现；阴孕线则更多地出现在一波上涨走势后的阶段性高点，是多方上攻力量减弱而空方抛压则开始转强的信号，预示着一波下跌走势即将出现。

图 8-25 为江铃汽车（000550）2009 年 6 月 29 日至 2010 年 1 月 26 日走势情况，如图中标注所示，此股在持续上涨后的高位滞涨区出现了前长后短、前阳后阴的阴孕线形态。这是空方抛压开始增强的信号，预示着一波回调走势将展开。

图 8-25 江铃汽车阴孕线形态示意图

图 8-26 为达安基因（0002030）2014 年 7 月 18 日至 12 月 26 日走势情况，如图中标注所示，此股在持续上涨后的阶段性高点出现的阴孕线形态准确地预示了它随后展开的一波深幅调整走势。

图 8-26　达安基因阴孕线形态示意图

图 8-27 为北京银行（601169）2009 年 4 月 28 日至 7 月 21 日走势情况，如图中标注所示，此股在上升途中一波回调走势后的低点出现了一个阳孕线形态。这是阶段性调整走势结束的信号，预示着新一波上涨走势即将展开，是投资者短线买股的时机。

图 8-28 为长城电脑（000066）2010 年 5 月 14 日至 9 月 14 日走势情况，如图中标注所示，此股在一波深幅下跌后所出现的阳孕线形态准确地预示了随后展开的反弹上涨走势，是投资者短线买股的信号。

5. 穿越线

穿越线是笔者自己总结出来的一种双根 K 线组合形态，在实盘操作中，它具有重要的指导意义，可以把帮助投资者较好地把握住短期内的强势个股及弱势个股，从而进行短线买卖操作。

穿越线可以分为高开穿越线和低开穿越线，高开穿越线是一种前阴后阳

图 8-27 北京银行阳孕线形态示意图

图 8-28 长城电脑阳孕线形态示意图

的组合形态，是指第二个交易日以高开的方式开盘，且收盘时的收盘价明显高于上一个交易日的收盘价，并且要相应地高于上一个交易日的最高价。当这种形态出现在盘整突破走势中或是一波反弹走势初期时，多是主力资金短期强势做多的标志，此时，投资者可以快速跟进买入。

如图 8-29 为 *ST 精伦（600355）2009 年 6 月 2 日至 9 月 17 日走势情况，如图中标注所示，此股在一波回调走势中出现了高开穿越线形态，且第二根大阳线是以一个涨停板的方式呈现来的，这是庄家短期内强势做多的标志。此时，投资者可以积极地追涨买股，以分享主力短期快速拉升所带来的收益。

图 8-29 *ST 精伦高开穿越线形态示意图

图 8-30 为东方钽业（000962）2010 年 4 月 20 日至 9 月 6 日走势情况，此股在一波回调走势后的低点出现了一个高开穿越线，这是多方力量明显增强的标志，预示着一波反弹上涨行情将出现。

低开穿越线是一种前阳后阴的组合形态，是指第二个交易日以低开的方式开盘，且收盘时的收盘价明显低于上一次交易日的收盘价，并且要相应地低于上一交易日的最低价。当这种形态出现在盘整破位走势中或是一波下跌走势初期时，多是主力资金打压出货的体现，预示着短期内将有一波深幅下

图 8-30　东方钼业高开穿越线形态示意图

跌行情。

图 8-31 为敦煌种业（600354）2014 年 9 月 30 日至 2015 年 3 月 9 日走

图 8-31　敦煌种业低开穿越线形态示意图

势情况，此股在高位滞涨区出现了一个前阳后阴的低开穿越线形态。这是空方抛压突然增强的标志，预示着短期内将有一波下跌走势出现。

图 8-32 为 ST 金瑞（600714）2009 年 12 月 11 日至 2010 年 2 月 18 日走势情况，此股在从高位滞涨区的相对高点开始一波下跌走势的初期，出现了一个低开穿越线形态。这是个股短期内将会出现较大幅度下跌的信号，此时，投资者应尽早卖股离场。

图 8-32　ST 金瑞低开穿越线形态示意图

第三节　三根 K 线形态——红三兵、黑三鸦等

节前提示：一般来说，在 K 线的各种组合形态中，K 线的数量越多则它所体现的看涨、看跌含义就越为准确，因为此时的 K 线组合形态可以更好地摒弃掉单日偶然因素的影响。因而，三根 K 线组合形态是投资者应重点关注的内容。本节中，主要介绍四种最为常见的三根 K 线组合形态，分别是红三

兵、黑三鸦、多方炮和空方炮。

1. 红三兵

红三兵形态是由三根中小阳线组合而成的，是多方力量蓄势待发的一种表现，但也并非每一种由三根中小阳线组合而成的 K 线形态都是预示着价格上涨的红三兵形态。一般来说，只有出现在盘整走势突破区或是阶段性低点的三根中小阳线组合形态才是可靠的看涨的红三兵形态。如果在红三兵形态出现时，还有量能的温和放大辅以支撑，其预示的看涨含义就更为准确。

图 8-33 为沧州明珠（002108） 2014 年 8 月 15 日至 2015 年 2 月 27 日走势情况，此股在突破盘整区的位置处出现了连续三根中小阳线的红三兵形态，且这三个交易日的成交量也温和放大。这是多方力量较为充足的体现，预示着个股将突破上行。

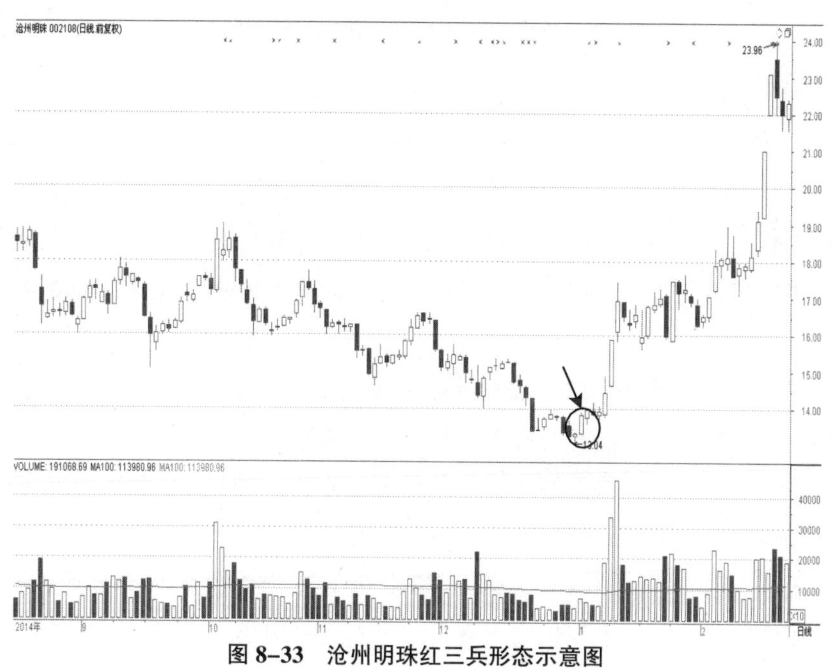

图 8-33 沧州明珠红三兵形态示意图

图 8-34 为威孚高科（000581）2010 年 5 月 7 日至 8 月 30 日走势情况，此股在一波回调走势中的阶段性低点出现了红三兵形态，且这一形态出现时还有量能的温和放大来支撑。这既是阶段性调整走势结束的信号，也是新

图 8-34 威孚高科红三兵形态示意图

一波上涨走势将展开的信号，是投资者短线买股的时机。

2. 黑三鸦

黑三鸦形态是由三根中小阴线组合而成的，是空方力量蓄势待发的一种表现，但也并非每一种由三根中小阴线组合而成的 K 线形态都是预示着价格下跌的黑三鸦形态。一般来说，只有出现在盘整走势破位区或是阶段性高点的三根中小阴线组合形态才是可靠的看跌的黑三鸦形态。与红三兵形态不同，由于“涨时放量、跌时缩量，是个股走势中常态”，因而，在黑三鸦形态出现时，并不需要量能的放大来配合，但如果在黑三鸦形态出现时，有成交量的明显放大，则这多是主力打压出货的体现，预示着个股短期内将有快速、深幅的下跌走势出现。

图 8-35 为韶能股份（000601）2010 年 1 月 25 日至 7 月 2 日走势情况，此股在高位盘整的向下破位区出现了一个由三根中小阴线组合而成的黑三鸦形态。这是空方抛压开始持续增强的信号，预示着一波破位下行走势即将展开，是投资者高位卖股的信号。

图 8-36 为德赛电池（000049） 2013 年 12 月 4 日至 2014 年 12 月 11 日走势情况，此股在高位盘整震荡中的阶段性高点出现了黑三鸦形态，这一形

图 8-35 韶能股份黑三鸦形态示意图

态准确地预示了此股随后展开的一波深幅下跌走势。

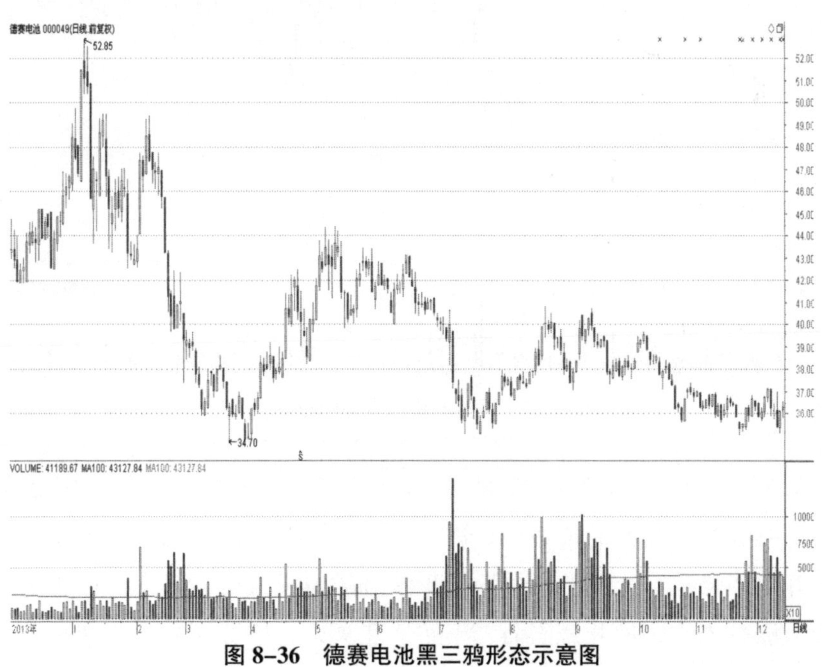

图 8-36 德赛电池黑三鸦形态示意图

3. 多方炮

多方炮是主力做多的典型 K 线形态之一，它是两阳夹一阴的 K 线组合形态，前后是两根中阳线，中间则为一根阴线。一般来说，在两根阳线出现的当日，可以看到成交量会出现明显的放大，这说明做多动能充足。这种组合形态往往出现在盘整突破位置或是一波涨势的初期，此时即是投资者买股做多的时机。

图 8-37 为长春高新（000661）2009 年 4 月 29 日至 8 月 26 日走势情况，此股在突破低位盘整区的位置处，出现了一个两阳夹一阴的多方炮形态。这是主力强势做多此股的信号，预示着此股在短期内将有强势上涨行情，是投资者短线追涨买股的明确信号。

图 8-37 长春高新多方炮形态示意图

图 8-38 为东北证券（000686）2009 年 2 月 25 日至 7 月 28 日走势情况，此股在持续缓升的走势中，以一个多方炮的形态开始加速上行。这是主力开始强势拉升个股的信号，对于激进的短线投资者来说，由于这一波加速上涨行才刚刚展开，因而，不妨追涨买入，以分享主力快速拉升所带来的短期厚利。

图 8-38 东北证券多方炮形态示意图

4. 空方炮

空方炮是主力做空的典型 K 线形态之一，它与多方炮形态正好相反，是两阴夹一阳的 K 线组合形态，前后是两根中阴线，中间则为一根阳线。这种 K 线组合形态往往出现在高位盘整向下破位的位置处或是一波跌势的初期，此时即是投资者卖股离场的时机。

图 8-39 为丰原药业（000153） 2014 年 10 月 21 日至 2015 年 3 月 5 日走势情况，此股在高位区出现了较长时间的盘整震荡滞涨走势，随后，在盘整向下破位的位置处出现了一个两阴夹一阳的空方炮形态。这预示着个股将破位下行，是投资者卖股离场的信号。

图 8-40 为顺发恒业（000631）2009 年 8 月 31 日至 2010 年 2 月 2 日走势情况，此股在高位区的盘整高点处，出现了空方炮形态，且两根阴线的当日都出现了明显的放量形态。这是市场抛压沉重的表现，预示着阶段性下跌走势即将展开。

图 8-39 丰原药业空方炮形态示意图

图 8-40 顺发恒业空方炮形态示意图

第四节 常见的底部与顶部形态

节前提示：经典的底部形态与顶部形态是投资者把握中长线买卖点的重要方式，这是因为相对于其他技术分析工具来说，这些形态由于更受关注、也更被投资者所熟知。因而，它们不仅在市场含义上体现了多空力量的转变，同样也对投资者的心理预期起到了极强的指导作用。本节中，我们就来了解常见的、经典的底部形态与顶部形态。

1. 头肩底与头肩顶

头肩底是最为经典的底部形态，而头肩顶则是最为经典的顶部形态，因而这两种形态都清晰、准确地揭示了多空双方的总体力量对比是如何转变的。图 8–41 为标准的头肩底形态，图 8–42 为标准的头肩顶形态。

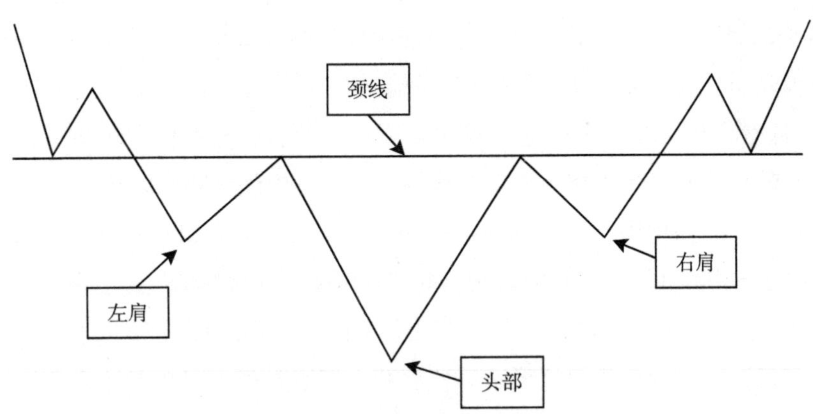

图 8–41 标准的头肩底形态示意图

在头肩底形态中，左肩及头部均出现在深幅下跌后的低位区，属于价格走势震荡探底的过程，也是空方力量开始趋于枯竭的阶段，此时，投资者不宜贸然判断底部的出现；随后，一波强势上涨及回调使得右肩出现，而且在这一波上涨中，可以看到量能的明显放大，这是多方力量开始反攻的信号，也说明了空方力量已无力再度打压股价创出新低；再随后，当价

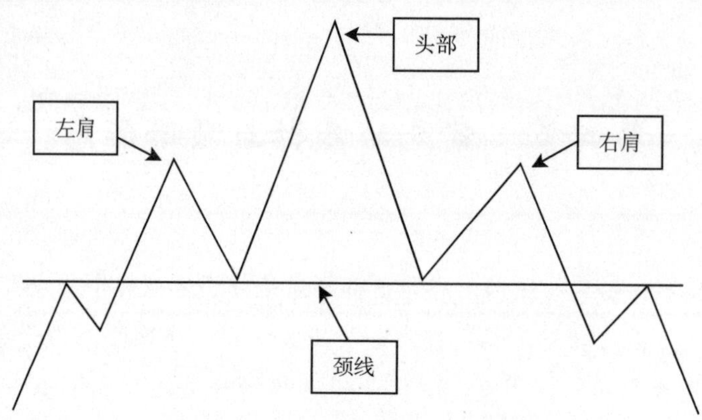

图 8-42　标准的头肩顶形态示意图

格走势向上突破颈线时，就宣告着整个头肩底形态的构筑完毕，一轮升势即将展开。

在头肩顶形态中，左肩及头部均出现在大幅上涨后的高位区，属于价格走势冲顶的过程，也是市场中的买盘力量开始趋于枯竭的阶段。在形成左肩及头部的上涨过程中，往往会看到一些预示着顶部出现的"量价背离"等反转信号；随后，一波深幅下跌走势及无力的反弹走势使得右肩出现，而且在这一波反弹上涨中，往往可以看到量能的相对萎缩（相对于之前上涨时而言），这是市场买盘资金枯竭的再次验证；再随后，当价格走势向下跌破颈线时，就宣告着整个头肩顶形态的构筑完毕，一轮跌势即将展开。

图 8-43 为中国医药（600056）2008 年 7 月 11 日至 2009 年 2 月 3 日走势情况，如图中标注所示，可以看到，此股在深幅下跌后的低位区出现了一个形态开阔的头肩底形态，这一形态完美地诠释了多空双方的力量转化过程。

实盘操作中利用头肩底形态时，有两个买点是值得投资者注意的：第一个买点出现在右肩处，此时可以基于个股前期的累计跌幅及近期的止跌回升来把握它；第二个买点出现在价格走势向上突破颈线时，此时的头肩底形态完全形成，一轮上升行情喷薄欲出，从中长线的角度来看，个股仍处于极低的位置区，因而，此时是投资者中长线买股布局的时机。

图 8-44 为中信证券（600030）2007 年 3 月 5 日至 2008 年 3 月 13 日走势情况，可以看到，此股在大幅上涨后的高位区出现了一个形态开阔的头肩顶形态，这一形态完美地诠释了多空双方的力量转化过程。

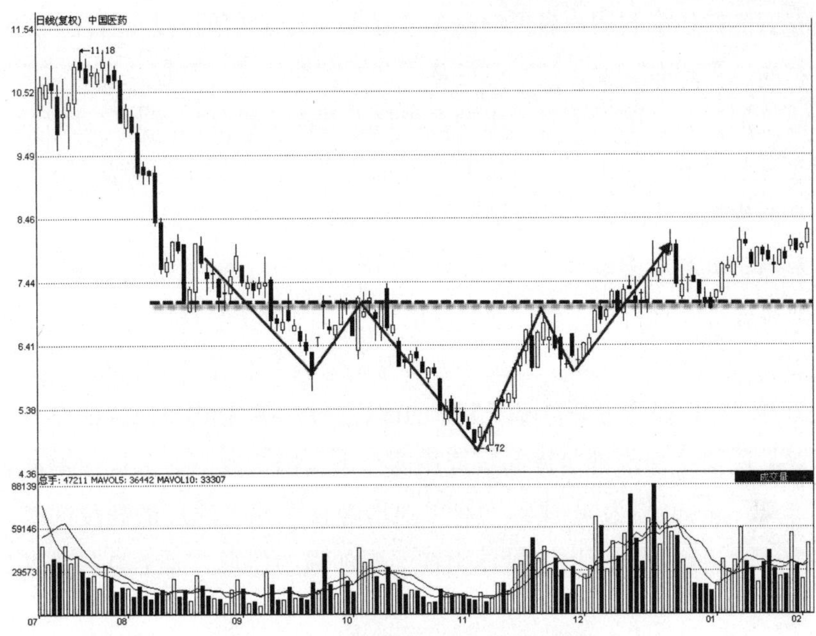

图 8-43　中国医药头肩底形态示意图

图 8-44　中信证券头肩顶形态示意图

在实盘操作中利用头肩顶形态时，有两个卖点是值得投资者注意的：第一个卖点出现在右肩处，此时可以基于个股前期的累计涨幅及近期的滞涨震荡走势来把握它；第二个卖点出现在价格走势向下跌破颈线时，此时的头肩顶形态完全形成，一轮下跌行情即将出现，从中长线的角度来看，个股仍处于极高的位置区，因而，此时是投资者中长线卖股离场的时机。

2. 双重底与双重顶

双重底是一种价格走势二次探底的形态，因为其形态如同大写的英文字母“W”，故也称为 W 底。当双重底出现在深幅下跌后的低位区时，这是空方无力再度打压而多方力量不断汇集的体现，是下跌趋势见底的信号。

双重顶是一种价格走势二次探顶的形态，因为其形态如同大写的英文字母“M”，故也称为 M 顶，当双重顶出现在大幅上涨后的高位区时，这是多方无力再度上攻而空方抛压则在不断加强的体现，是上升趋势见顶的信号。

图 8–45 为 ST 川化（000155） 2012 年 9 月 4 日至 2015 年 1 月 22 日走势情况，此股在高位区出现了较长时间的盘整震荡滞涨走势，随后，在盘整向下破位的位置处出现了一个两阴夹一阳的空方炮形态，预示着个股将破位

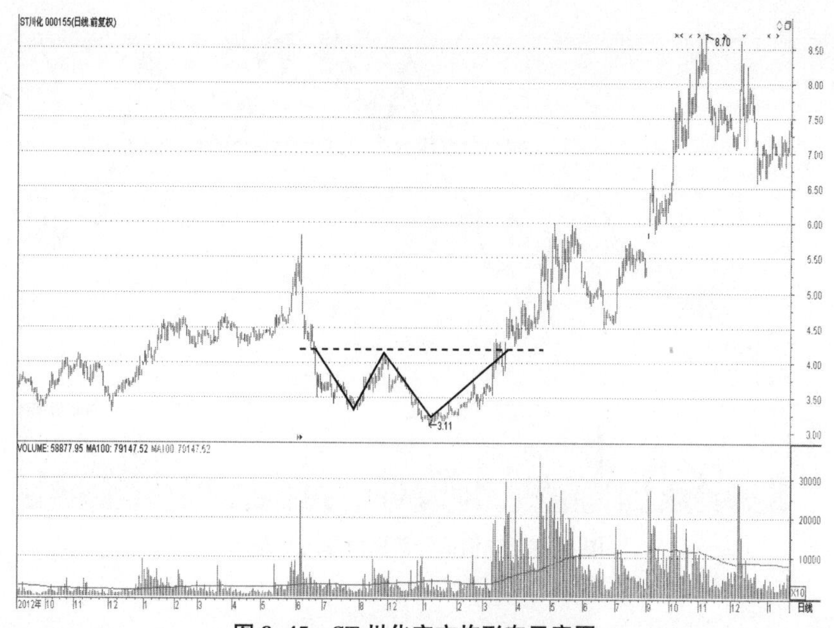

图 8–45　ST 川化空方炮形态示意图

下行，是投资者卖股离场的信号。

图8-46为格力电器（000651）2009年3月5日至2010年6月27日走势情况，此股在大幅上涨后的高位区出现了双重顶形态。在利用双重顶进行卖出操作时，有两个较好的卖点是值得关注的，一个卖点出现在个股二次探顶时，另一个卖点则出现在价格向下跌破颈线时（图中虚线）。

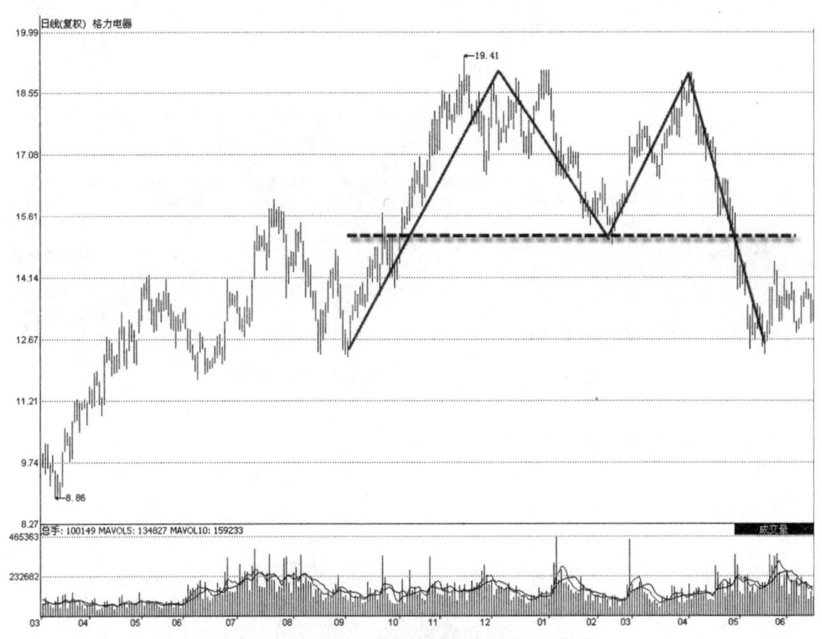

图8-46　格力电器双重顶形态示意图

3. 三重底与三重顶

三重底与三重顶就是双重底与双重顶的变形，三重底相对于双重底来说，多了一次探底的过程，因而，底部的构筑更为坚实；三重顶相对于双重顶来说，多了一次探顶的过程。

图8-47为中核科技（000777）2008年6月18日至12月9日走势情况，此股在深幅下跌后的低位区出现了三次探底的三重底形态，这是个股可靠的见底信号，预示着跌势的结束，也是投资者中长线买股布局的时机。

图8-48为名流置业（000667）2008年9月11日至2010年8月31日走势情况，如图中标注所示，此股在大幅上涨后的高位区出现震荡滞涨走势，且整个震荡滞涨形态呈三重顶形态。这是个股见顶的可靠信号，也是投资者

图 8-47　中核科技三重底形态示意图

中长线卖股离场的明确信号。

图 8-48　名流置业三重顶形态示意图

4. 圆弧底与圆弧顶

圆弧底与圆弧顶，顾名思义，其形态如同圆弧。这两个趋势反转形态体现了多空双方力量循序渐进的转变过程，而且它们的出现往往与主力的参与有关。可以说，正是主力资金的积极参与，才使得个股的走势能“画出”优美的圆弧。

图 8-49 为金融街（000402）2014 年 7 月 1 日至 11 月 2 日走势情况，此股在深幅下跌后出现了一个圆弧底形态。这说明空方抛压开始逐渐减轻，而多方承接力量则开始逐渐增强，是跌势见底的信号，也是投资者应中长线买股布局的信号。

图 8-49　金融街圆弧底形态示意图

图 8-50 为京能置业（600791）2008 年 12 月 3 日至 2009 年 9 月 8 日走势情况，此股在持续上涨后的高位区出现了一个圆弧顶形态。这说明多方上攻力量开始逐渐减轻，而空方抛压则开始逐渐增强，是升势见顶的信号，也是投资者应中长线卖股离场的信号。

图 8-50 京能置业圆弧顶形态示意图

5. 尖底与尖顶

尖底也称为 V 形底，尖顶也称为 V 形顶，它们是价格走势中两种转势迅急的反转形态，多出现在个股高位区的一波快速拔高走势中（尖顶）或是低位区的一波快速恐慌下探走势中（尖底）。

图 8-51 为山东地矿（000409）2014 年 4 月 18 日至 2015 年 4 月 10 日走势情况，此股在深幅下跌后的低位区出现了连续涨停板反转向上的尖底形态。在后期主力的疯狂炒作下，此股出现了短期内急速飙升的尖底反转形态。

图 8-52 为三木集团（000632）2008 年 10 月至 2010 年 10 月走势情况，此股在长期大涨后的高位区再度出现了一波快速上涨走势，但这一波快速上涨走势也引发了抛盘的快速离场，从而使得此股出现了急速反转的尖顶形态。

图 8-51 山东地矿尖底形态示意图

图 8-52 三木集团尖顶形态示意图

第九章　利用突破缺口展开实战

第一节　熟识缺口类型

节前提示：缺口是K线走势中的一种特殊形态，然而，它却是极为重要的，这也是我们将其单独列出成章的原因。不同类型的缺口往往蕴含着极其丰富且各不相同的市场含义，理解这些缺口，投资者就可以更好地把握住价格的后期走势。本节中，我们就来全面了解一下缺口的类型。

1. 上升缺口与下降缺口

缺口也称为跳空，是连续两个交易日之间的价位空当。如果后一个交易日的最低价高于上一个交易日的最高价，或是后一个交易日的最高价低于上一个交易日的最低价，则这两个交易日之间就会留下价位空当，这就是所谓的缺口。

可以说，缺口是K线运行中出现的中断、不连贯现象，依据缺口的跳空方向，可以把其统分为上升缺口和下降缺口两大类。

上升缺口是跳空方向向上的缺口，这一类缺口是指后一个交易日的最低价高于上一个交易日的最高价的缺口。一般来说，价格走势的跳空高开会形成这种缺口。下降缺口是跳空方向向下的缺口，这一类缺口是指后一个交易日的最高价低于上一个交易日的最低价的缺口。一般来说，价格走势的跳空低开会形成这种缺口。

图9-1为风华高科（000636）2010年6月28日至9月9日走势情况，此股在盘整震荡走势中出现了一个跳空向下的下降缺口。

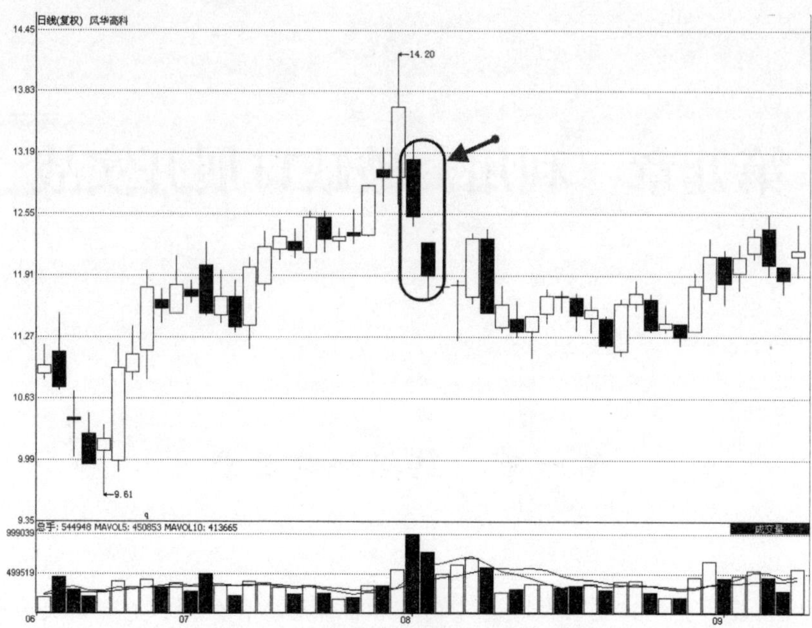

图 9-1　风华高科下降缺口形态示意图

图 9-2 为茂化实华（000637）2010 年 5 月 20 日至 7 月 14 日走势情况，此股在盘整震荡走势中出现了一个跳空方向向上的上升缺口。

图 9-2　茂化实华上升缺口形态示意图

2. 普通缺口、突破缺口和衰竭缺口

虽然可以把所有的缺口依据其跳空方向统分为上升缺口和下降缺口两大类，但这种划分方法并没有考虑到价格的整体走势特点。因而，在实盘操作中，还应将个股的走势情况结合进去，结合个股的前期走势情况，可以将缺口分为普通缺口、突破缺口、加速缺口和衰竭缺口。

普通缺口是一种最为常见的缺口，是指价格走势在运行过程中所出现的缺口，在随后很快就会被“回补”。例如，当上升缺口出现时，若随后价格走势出现了一波下跌回调，则就会使得这一缺口所产生的“价位空当带”回补上，而这一上升缺口也就成为普通缺口；又如，当下降缺口出现时，若随后价格走势出现了一波反弹上涨，则就会使得这一缺口所产生的“价位空当带”回补上，而这一下降缺口就成为普通缺口。普通缺口多出现在盘整震荡走势中，它出现的主要原因往往是市场交投较为清淡，相对较小的买单或卖单便足以导致价格跳空。普通缺口的出现可以帮助投资者确认当前所处的盘势。

突破缺口，顾名思义，是在价格走势中具有突破意义的缺口。依据价格的突破方向，可以分为向上突破缺口和向下突破缺口，向上突破缺口多出现在盘整走势的突破位置处，预示着一轮上涨行情即将展开；向下突破缺口则多出现在盘整走势的破位位置处，预示着一轮下跌行情即将展开。

加速缺口出现在上升趋势持续上涨的上升通道中或是下跌趋势的下跌通道中，其跳空方向与趋势的原有运行方向一致，是涨势或跌势加速运行的体现。在上升趋势中，当加速缺口出现后，说明多方力量已完全占据主导地位，此时，投资者不要因小利而贸然出局，而应耐心地持股待涨；在下跌趋势中，当加速缺口出现后，说明空方力量已完全占据主动，此时，投资者不可贪一时便宜而过早“抄底”入场，因为这时的“底”很可能会随着跌势的持续而成为令人遥望的高点。

衰竭缺口是涨势末期或跌势末期所出现的缺口，而且其跳空方向与原有的趋势运行方向一致。兵法有云“一鼓作气，再而衰，三而竭”，当个股在长期的上涨或是长期的下跌后，再度出现与趋势运行方向一致的跳空缺口时往往就是多方力量或空方力量的最后一击。

本节中，我们主要讲解缺口的基本概念，关于如何利用这些不同类型的缺口展开实战，将会放在后面的小节中进行单独讲解。

第二节 普通缺口实战

节前提示：普通缺口多见于盘整走势中，故很多投资者认为这种缺口的实战意义不大，然而，非也，当普通缺口频繁地出现在低位盘整走势或是高位盘整走势中时，它极有可能是多方力量不断转强或是空方力量不断转强的信号。本节中，我们就结合价格整体走势情况来了解如何利用普通缺口展开实盘操作。

虽然普通缺口是一种会被“回补”的缺口，且给人的感觉似乎这种缺口的市场含义并不突出，但是，如果投资者能将个股的整体走势与普通缺口的跳空方向综合起来进行分析的话，那么，还是可以得到较为有用的信息的。

在深幅下跌后的低位区，若是经常性地出现跳空方向向上的普通缺口，且买盘资金频繁出现动作，则表明多方力量已开始占有一定的优势，如果同期还有量能的放大及价格的企稳回升走势作为支撑的话，则这种跳空方向向上的普通缺口所蕴含的看多含义就更为准确。

图 9-3 为中金黄金（600489）2008 年 7 月 16 日至 2009 年 1 月 20 日走势情况，此股在深幅下跌后的低位盘整区，频繁地出现跳空方向向上的普通缺口，同期的价格走势止跌企稳、成交量明显放大。这是买盘资金开始加速涌入的迹象，通过跳空方向向上的普通缺口及价格整体走势特点，可以判断出底部的出现。

图 9-4 为太原重工（600169）2008 年 8 月 1 日至 2009 年 2 月 2 日走势情况，如图中标注所示，此股在低位盘整区也频繁地出现跳空向上的普通缺口。偶然出现的普通缺口也许不具有实战指导意义，无法反映出多空力量的转变情况，但是，频繁出现的跳空方向一致的普通缺口则有较强的实战指导意义。本例中的个股走势正处于低位企稳区，因而，这时频繁出现的跳空方向向上的普通缺口就是趋势即将反转上行的最好前兆。

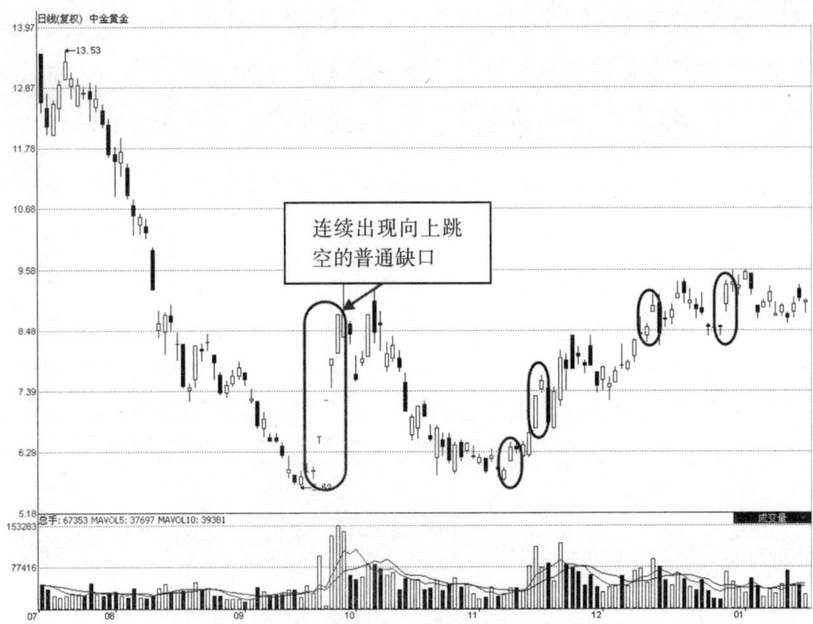

图 9-3 中金黄金低位盘整区普通缺口示意图

图 9-4 太原重工低位盘整区普通缺口示意图

图 9–5 为徐工机械（000425）2013 年 12 月 5 日至 2014 年 10 月 20 日走势情况，如图中标注所示，此股在低位盘整区多次出现跳空方向向上的普通缺口，这是多方力量开始转强的信号，也是个股进入底部区的标志。

图 9–5 徐工机械低位盘整区普通缺口示意图

在持续上涨后的高位区，若是经常性地出现跳空方向向下的普通缺口，则表明是空方时不时大力打压的操作，如果同期还有价格走势的滞涨缓跌作为陪衬，则这种跳空方向向下的普通缺口所蕴含的看跌含义就更为准确。

图 9–6 为冠城大通（600067）2009 年 4 月 10 日至 2010 年 4 月 1 日走势情况，如图中标注所示，此股在高位区出现宽幅震荡走势，且同期多次出现跳空方向向下的普通缺口。这是空方抛压较强的体现，也预示着个股进入到顶部区间，是投资者应选择卖股离场的信号。

图 9–7 为凤凰光学（600071）2009 年 10 月 20 日至 2010 年 10 月 14 日走势情况，此股同样在持续上涨后高位区出现滞涨走势，在滞涨走势中多次出现跳空方向向下的普通缺口。这说明空方打压频繁，而多方则承接力度不足，是个股升势见顶的信号。

图 9-6 冠城大通高位盘整区普通缺口示意图

图 9-7 凤凰光学高位盘整区普通缺口示意图

图 9-8 为重庆路桥（600106）2009 年 11 月 13 日至 2010 年 8 月 24 日走势情况，此股在持续上涨后的高位区出现滞涨走势，股价重心开始缓步下移，且同期多次出现跳空方向向下的普通缺口。如果投资者仔细观察就会发现，这些跳空方向向下的普通缺口均是出现在两根大阴线之间，这足可见市场在此区间抛压之沉重，是个股中期顶部出现的标志。

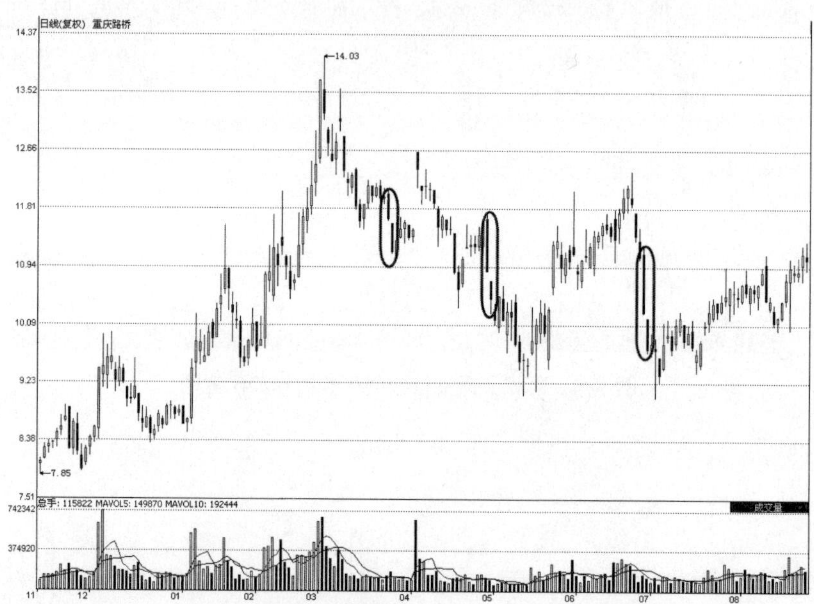

图 9-8 重庆路桥高位盘整区普通缺口示意图

第三节 向上突破缺口实战

节前提示：向上突破缺口在投资者的实盘操作中，特别是短线操作中，是最为重要的一种形态，因为它既是主力资金短期内强势做多的信号，也是个股将有一波强势上涨行情出现的信号。可以说，准确地把握住向上突破缺口，就可以买在起涨点上，从而获得最高回报的时间收益比。

突破缺口是价格走势突破上行的标志，当价格走势在向上刚刚突破盘整格局时所出现的第一个上升缺口，可以将其称为向上突破缺口。向上突破缺口的出现，使得个股开始向上脱离前期盘整走势所形成的筹码密集区，从而使得市场中的绝大多数筹码都处于获利状态。很明显，只有当多方力量极其强劲且有强烈的上攻意图时，才会出现这种情况。由于向上突破缺口也体现了向上突破时的多方“合力”效果，因而，往往将其看作主力资金强势拉升个股的信号。因为散户投资者行动分散、很难形成合力，而只有手持重筹的主力资金才可以使得个股走势具有明确的方向，并形成合力效果。

向上突破缺口在出现后的 3 个交易日内，甚至在较长时间内都不会被轻易回补，这更体现了多方力量的强劲。当突破缺口出现在底部横盘的末期时，往往是主力资金为了迅速脱离底部而做出跳空缺口，使前几日割肉出局的投资者无法买回；当突破缺口出现在顶部横盘的末期时，往往是主力资金使股价快速打压，远离头部区域，使高位接盘的投资者深度被套而不忍割肉。下面我们结合实例来了解如何利用向上突破缺口把握短线买股时机。

图 9-9 为新农开发（600359）2009 年 3 月 30 日至 7 月 20 日走势情况，如图中标注所示，此股在上升途中累计涨幅不大的位置出现了长期横盘震荡整理的走势；随后，出现了一个向上跳空的缺口，使得个股脱离前期盘整区，且在随后几个交易日内并没有出现回调走势，这就是向上突破缺口。它是主力资金强势做多此股的信号，也是投资者应在第一时间追涨买入的信号。图 9-10 显示了此股随后的突破上涨情况，可以看到，在主力资金的强势拉升下，此股的短期升幅极其可观。

图 9-11 为沈阳机床（000410）2014 年 11 月 28 日至 2015 年 4 月 24 日走势情况，此股在经历了长期低位盘整震荡走势后，出现了涨停板的走势，且这两个涨停板之间出现了一个鲜明的向上突破缺口形态。涨停板是主力资金强势做多的信号，突破缺口也是主力资金强势做多的信号，因而，可以预计此股将加速上涨。图 9-12 显示了此股随后的突破上涨走势。

图 9-13 为广晟有色（600259）2010 年 6 月 11 日至 9 月 10 日走势情况，此股在经历了盘整走势后，同样出现了连续两个涨停板且两个涨停板之间形成一个向上突破缺口的形态。这是主力资金强势拉升个股的信号，预示着个股将脱离盘整区加速上行。此时，投资者可以积极地追涨买入，以分享主力强势拉升所带来的短期厚利。图 9-14 显示了此股随后的走势情况。

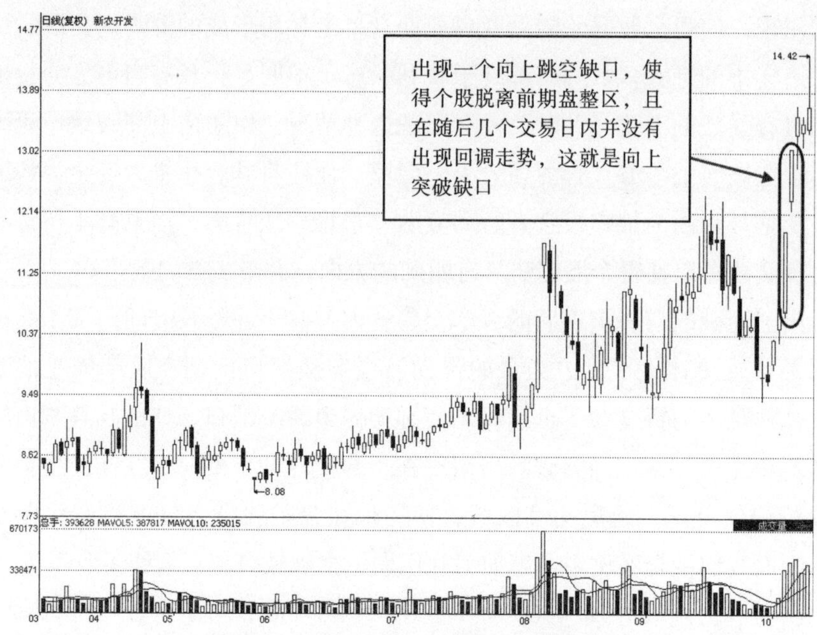

图 9-9　新农开发向上突破缺口示意图

图 9-10　新农开发向上突破缺口出现后的走势图

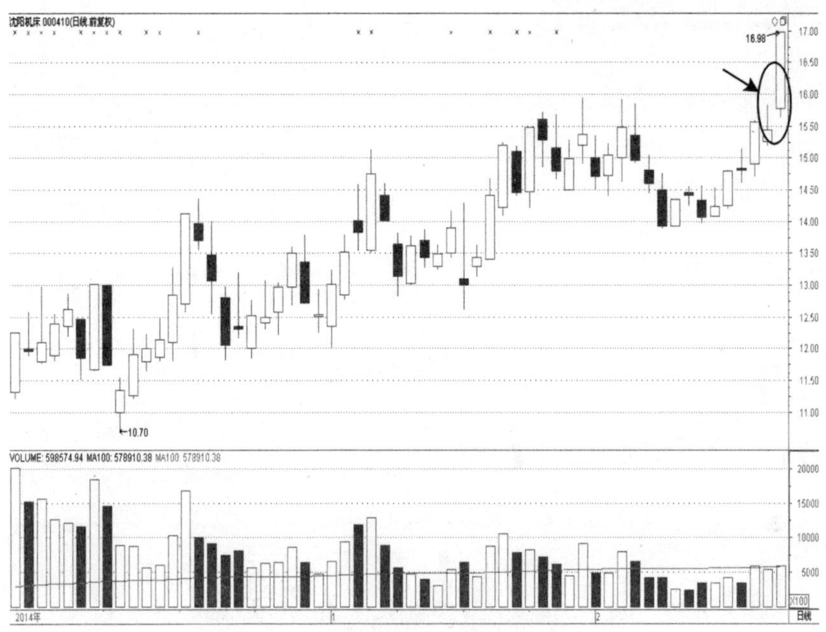

图 9-11　沈阳机床向上突破缺口示意图

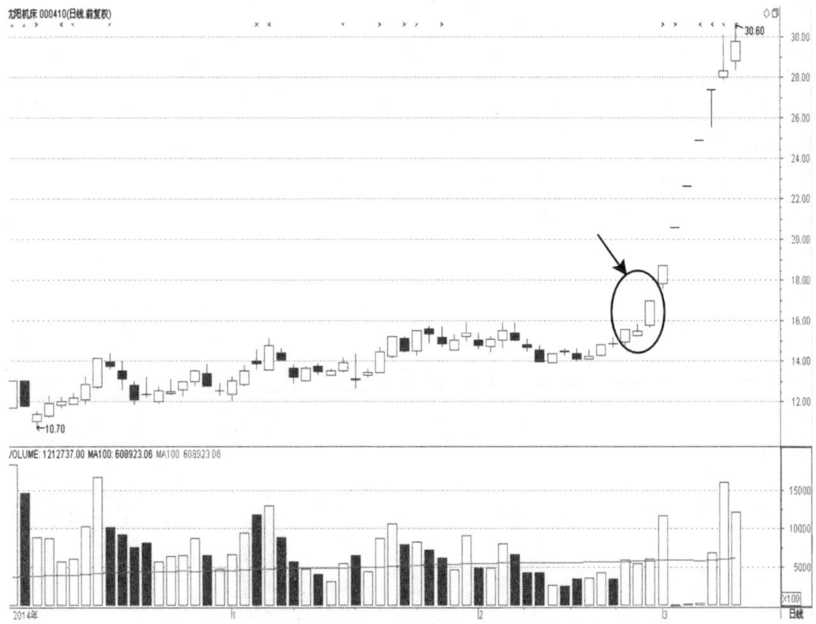

图 9-12　沈阳机床向上突破缺口出现后的走势图

图 9–13　广晟有色向上突破缺口示意图

图 9–14　广晟有色向上突破缺口出现后的走势图

第四节 向下突破缺口实战

节前提示：如果说向上突破缺口是机会的象征，那么，向下突破缺口则是风险的象征。在股票市场中，本金的安全性永远是处在第一位的，投资者除了应掌握盈利的技巧外，还应掌握规避风险的手段。本节中，我们就来了解如何利用向下突破缺口最大限度地规避高位被套的风险。

向上突破缺口出现在相对低位区或是上升途中盘整区的向上突破位置处，预示着个股将加速上行；而向下突破缺口则刚好相反，它出现在高位盘整滞涨区或是下跌途中盘整走势后的向下破位处，预示着一轮大幅下跌行情即将展开，是市场风险加剧的象征。

图 9-15 为张家界（000430）2012 年 12 月 26 日至 2013 年 6 月 13 日走势情况，此股在高位出现较长时间的震荡滞涨走势，随后出现了一个向下跌破滞涨区的向下跳空缺口，且这一缺口在随后也没有回补倾向。考虑到此股前期累计涨幅较大，且近期呈现滞涨缓跌的走势，因而可以判断这是一个向下突破缺口，它预示着个股将破位下行。图 9-16 显示了此股随后的走势情况。

值得注意的是，此股在随后的下跌途中再度出现向下突破缺口，只不过这一向下突破缺口是出现在下跌途中的盘整走势后，它预示着下跌行情的继续运行。

图 9-17 为中信银行（601998）2009 年 8 月 25 日至 2010 年 4 月 20 日走势情况，此股在高位出现较长时间的震荡滞涨走势，随后出现了一个向下跌破滞涨区的向下跳空缺口。这是一个向下突破缺口，它预示着个股将破位下行，图 9-18 显示了此股随后的走势情况。

在众多的跳空方向下的突破缺口中，尤以跌停板形态出现的向下跳空缺口最具杀伤力，其短期跌幅也最大，因为这既是主力资金大力打压出货的信号，也是空方抛压异常强大的信号。

图 9-15　张家界向下突破缺口形态示意图

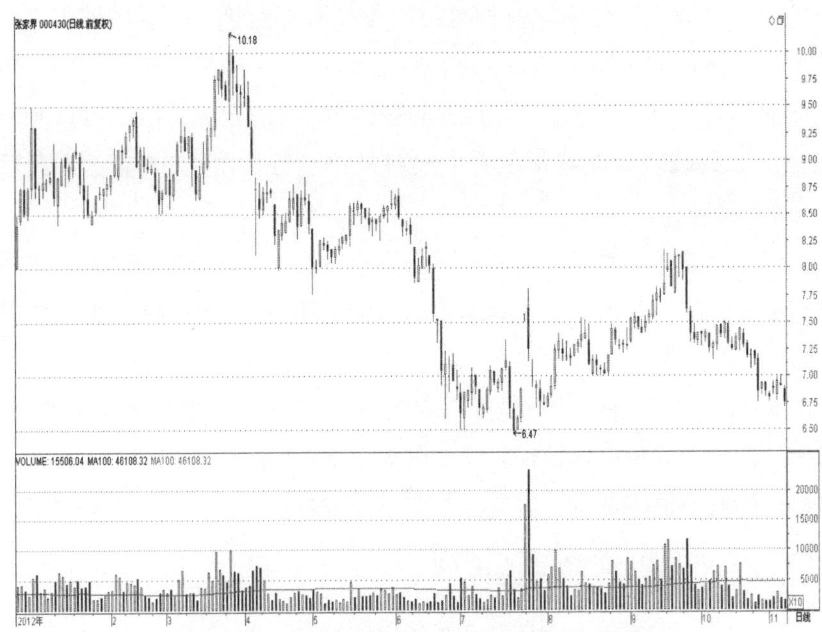

图 9-16　张家界向下突破缺口出现后的走势图

图 9-17 中信银行向下突破缺口形态示意图

图 9-18 中信银行向下突破缺口出现后的走势图

图 9-19 为 *ST 明科（600091）2009 年 12 月 7 日至 2010 年 7 月 4 日走势情况，此股在经高位盘整震荡走势后，于盘整震荡后的破位位置处出现了

一个向下突破缺口（第二根 K 线为跌停板），这是个股将破位下行的信号，图 9-20 显示了此股随后的走势情况。

图 9-19 *ST 明科向下突破缺口形态示意图

图 9-20 *ST 明科向下突破缺口出现后走势图

第五节 加速缺口实战

节前提示：利用上升或下跌途中的加速缺口，投资者可以更好地把握个股的总体走势，从而真正做到顺势而为，既不在上升途中过早卖股离场，也不在下跌途中过早抄底布局。

图 9-21 为晨鸣纸业（000488）2014 年 12 月 9 日至 2015 年 4 月 24 日走势情况，如图中标注所示，此股在快速上涨过程中出现了加速上涨的上升缺口，这是市场多方力量完全占据主导地位的体现，也是投资者应持股待涨的信号。

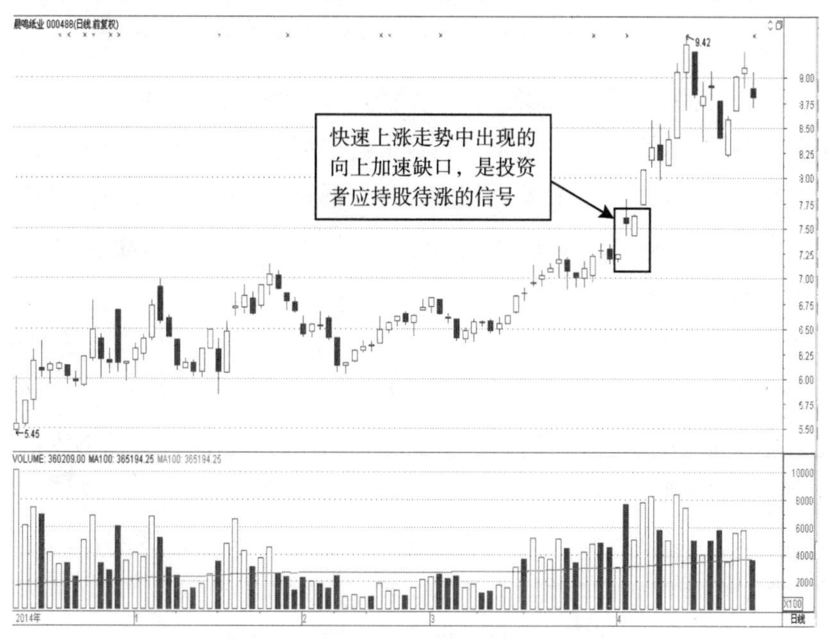

图 9-21 晨鸣纸业向上加速缺口示意图

图 9-22 为 ST 泰复（000409）2008 年 12 月 17 日至 2009 年 6 月 16 日走势情况，如图中标注所示，此股在上升途中出现了一个向上加速缺口，这是个股升势仍将持续的信号，也是投资者应持股待涨的信号。

图 9-22 ST 泰复向上加速缺口示意图

图 9-23 为恒邦股份（002237）2008 年 11 月 13 日至 2009 年 7 月 9 日走势情况，如图中标注所示，此股在持续上涨走势中，于上升通道中接连出现方向向上的加速缺口。这说明个股在经历了前期的大涨后，多方力量依旧牢牢地占据着主导地位，因而，投资者仍然可以持股待涨，不必急于获利了结，正所谓“利润会自奔跑”。

图 9-24 为珠海港（000507）2014 年 9 月 12 日至 2015 年 2 月 11 日走势情况，此股在复牌后开始出现震荡下跌走势。如图中标注所示，在震荡下跌途中，此股多次出现向下跳空的向下加速缺口，这说明空方抛压依然强大，个股跌势也仍将继续，是投资者仍应持币观望的信号。

图 9-25 为中国平安（601318）2007 年 10 月 23 日至 2008 年 3 月 26 日走势情况，如图中标注所示，此股在下跌途中出现了一个向下加速缺口，这是个股跌势仍将持续的信号，也是投资者应持币观望的信号。

图 9-26 为中国铝业（601600）2007 年 12 月 25 日至 2008 年 8 月 15 日走势情况，如图中标注所示，此股在持续下跌走势中，于下跌通道中多次出现方向向下的加速缺口。这说明个股在经历了前期的大跌后，空方力量依旧牢牢地占据着主导地位，因而，投资者依然要持币观望，不宜过早抄底入场。

图 9-23　恒邦股份向上加速缺口示意图

图 9-24　珠海港向下加速缺口示意图

图 9-25 中国平安向下加速缺口示意图

图 9-26 中国铝业向下加速缺口示意图

第十章　利用量价结合展开实战

第一节　成交量所蕴含的深层含义

节前提示：成交量的含义绝不限于买卖双方成交的股票数量这一层，它蕴含了丰富的市场含义，透过成交量，投资者不仅可以看到多空双方力量的交锋规模，还可以看到主力资金的异动行为。在前面的章节中，我们已经理解了成交量的最基本含义（即买卖双方的成交股票数量，以单边的方式计算所得），本节中，将更进一步来了解成交量还蕴含了哪些不知的市场含义。

美国著名的投资专家格兰维尔曾经说过，“成交量是股票的元气，而股价是成交量的反映罢了，成交量的变化，是股价变化的前兆”。

成交量蕴含了丰富的市场含义，主要体现在量能形态的放大与缩小中，量能的放大、量能的缩小、不同形式的量能放大等成交量形态向投资者呈现出了不同的市场交投情况。在结合价格走势的基础上，投资者就可以利用这些量能形态来更好地预测价格的后期走势。

1. 成交量是多空双方交锋规模的体现

成交量能最简单、最直接地表现多空双方的交锋规模，也表现出市场交投的活跃程度。成交量的放大说明多空双方交锋力度较大，双方均投入了较多的“兵力”，市场交投活跃；反之，成交量缩小，说明多空双方参与不积极、市场交投气氛较为清淡。

图 10-1 为江南红箭（600217）2011 年 11 月至 2014 年 1 月走势情况，

如图中标注所示，这一段时间内的平均成交量要显著小于前期。这说明个股在这一段时间内的交投较为清淡，如果有大资金想在这个时候拉升股价，短时间内难以实现。

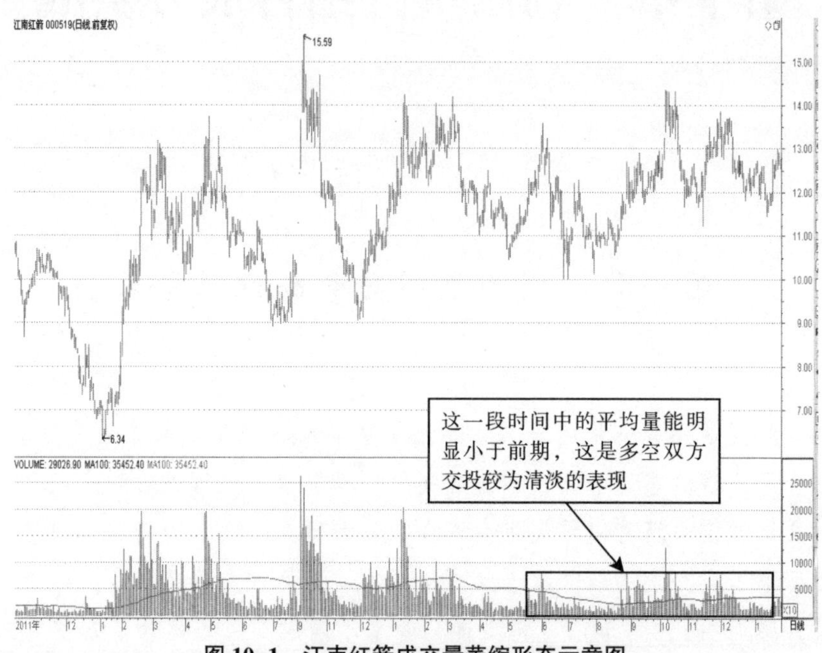

图 10-1　江南红箭成交量萎缩形态示意图

图 10-2 为太龙药业（600222）2009 年 2 月 25 日至 10 月 30 日走势情况，如图中标注的一个时间段，可以看到，在股价快速上涨的一波走势中，其量能出现了明显的放大。这说明在这一波快速上涨走势中，多空双方分歧加剧且交锋规模较大，是个股交投处于明显活跃状态的表现。

一般来说，仅从多空双方的交锋规模，是难以有效地预测价格的后期走势的，因为清淡的交投结果既可能是主力完全控盘、买方占优的情况，也有可能是买盘无意入场、卖盘不肯离场的表现；而活跃的交投情况既可能来自于卖盘的汹涌抛售，也可能来自于买盘的大力吸筹。只有在结合价格局部走势、整体走势的基础之上，才可以利用量能的放大或缩小来有效地预测价格的后期走势。

图 10-2 太龙药业成交量放大形态示意图

2. 成交量是上涨的动力，也是反转的信号

利用成交量形态的变化，再结合同期的价格走势来对后期走势进行预测的分析方法，也称为“量价结合”分析法。量价分析的实质是动力方向的分析，成交量是动力，价格走势是方向。“众人拾柴火焰高”，表示上涨势头仍在延续；如价格走势在节节攀升，但成交量却逐渐萎缩，这意味升势已到了“曲高和寡”的地步，是大势即将调头的信号；反过来，价格走势不断下跌，而成交量却不断放大，这说明跌势已进入“墙倒众人推”的阶段，显示跌势风云初起；随着跌势的不断行进，但成交量越缩越小，这说明跌势几乎已到了无人敢跟的阶段，而这正是大势即将掉头向上的信号。在后面的章节中，我们就来了解利用量能形态的变化来分析升势、跌势及趋势反转的发生。

3. 成交量是价格走势的先兆

成交量蕴含的丰富信息体现在多日成交量的不同组合方式中，如成交量是先放大再缩小、放量的程度如何、缩小的程度如何、是连续放量还是间歇性的放量等。大多数参与股市的投资者对于成交量的理解程度只停留在较为浅显的直观意义上，其实，不同的量能组合形态往往可以作为判断价格后期走势的可靠信号，这也是股市中常说的“量在价先”的根本原因。

图 10-3 为浙江广厦（600052）2009 年 4 月 24 日至 2010 年 2 月 3 日走势情况，此股在一波反弹上涨走势后的阶段性高点出现了一个单日量能大幅放出，随后又快速恢复如初的脉冲式量能形态。其实，如果投资者了解这种量能形态所蕴含的市场含义，就能很容易地把握住此股的这一个阶段性高抛时机。可以说，透过量能形态的异动，投资者是完全可以提前预测出价格的后期走势的，这就是量价结合分析方法的意义所在，也是“量在价先”的精华所在。

图 10-3　浙江广厦阶段性高点的脉冲量能形态示意图

4. 成交量是主力资金异动的表现

主力是股市中的“大鳄”，大鳄在水中的活动自然会激起一片涟漪，透过价格走势，可以直接观察到主力行动方向，但价格走势有时来得太快，这使得投资者难以及时有效地进行高抛低吸操作。此时，投资者还可以透过量能形态的变化来分析主力的动向，主力的控盘过程主要分为四个阶段，即建仓阶段、拉升阶段、洗盘阶段和出货阶段。主力在每一阶段都有不同的控盘目的与控盘行为，不同的行为也会导致个股出现不同的盘面形态，而其中最为重要的盘面形态之一就是量能形态。

例如，在建仓阶段，由于建仓时机稍纵即逝，主力往往在相对较短的一段时间内大力吸筹，这势必会导致平静的市场中出现较大规模的成交，因而，低位区的量能放大就是判断主力建仓的最好方法之一。在其他的几个控盘阶段中，也往往会呈现出典型的量能形态，如高位滞涨区出现的脉冲式量能就是主力诱多出货操盘手法的体现。

第二节　底部区的温和放量形态

节前提示：底部区是一个重要的位置区，在前面的章节中，我们已经通过 K 线形态学会如何识别底部区，但真正的底部区除了有一些典型的 K 线形态出现外，还应由量能的相应变化来表现。因为底部区是买盘资金大力度介入的区域，因而，在底部区往往可以看到温和放量的形态出现。

当价格深幅下跌后，于低位区出现止跌企稳的走势，此时，可以通过量能形态的变化来分析这一区域是否就是跌势末期的底部区。如果在这一止跌企稳区域，可以看到量能的持续温和放大（相对于前期下跌途中的平均量能而言），则多说明买盘资金开始持续、加速流入，是跌势见底的信号；如果个股前期跌势巨大，则这一区域所蕴含的机会也大，正所谓“跌得越深涨得越高”。

图 10-4 为柳工（000528）2013 年 8 月 20 日至 2014 年 10 月 21 日走势情况，此股在深幅下跌后的低位的企稳回升走势中出现了持续的温和放量形态，这是买盘资金开始加速流入的表现，预示着跌势的见底，同时也预示着趋势反转正在演进中。图 10-5 显示了此股随后的走势情况，可以看出，此股的这一低位区温和放量正是其中长期的底部区域。

图 10-6 为中信海直（000099）2008 年 3 月 17 日至 2009 年 2 月 2 日走势情况，此股在低位区出现企稳走势，且同期的量能呈温和放大形态，这是跌势见底的信号，也预示着后期此股将步入升势，是投资者中长线买股布局的时机。图 10-7 显示了此股随后的走势情况。

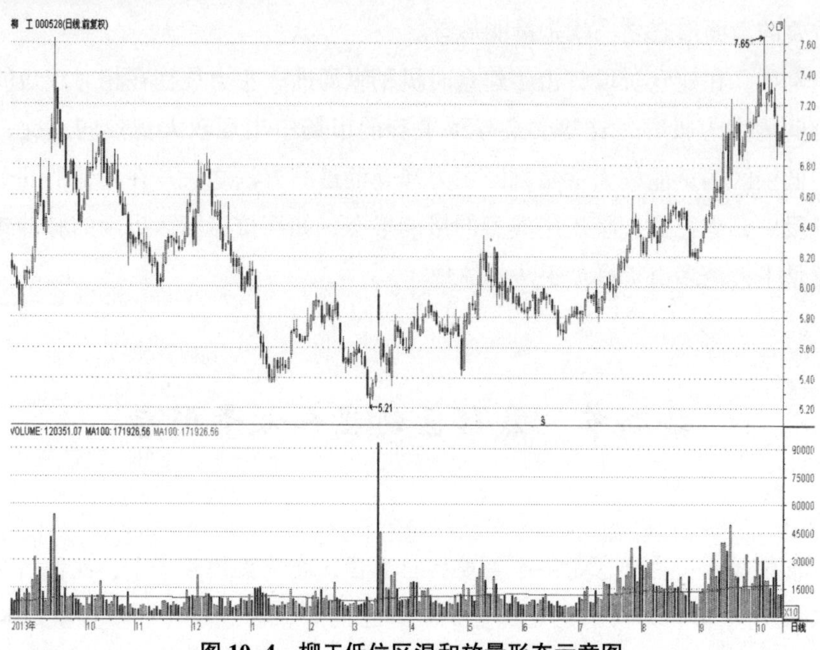

图 10-4 柳工低位区温和放量形态示意图

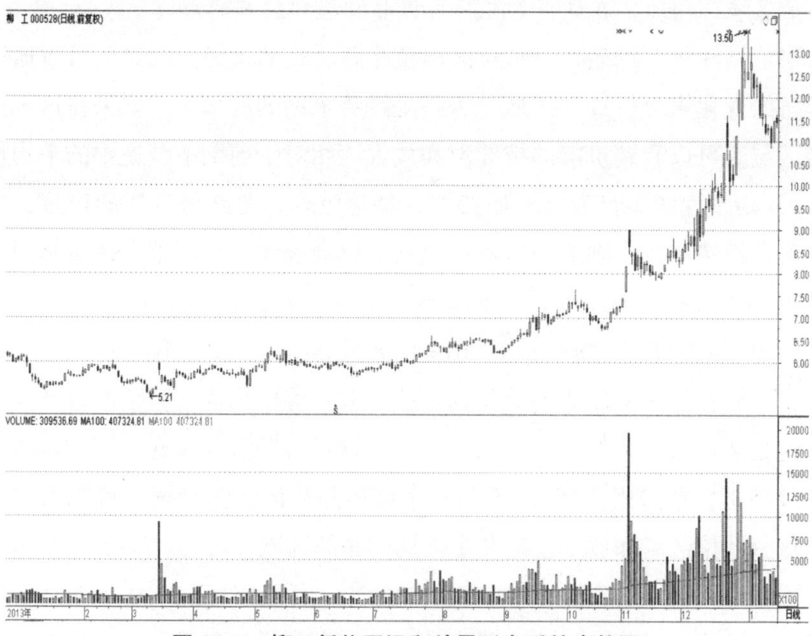

图 10-5 柳工低位区温和放量形态后的走势图

图 10-6　中信海直低位区温和放量形态示意图

图 10-7　中信海直低位区温和放量形态后的走势图

在实盘中应用低位区温和放量形态来判断个股的中期底部时，一定要结合同期的价格走势，只有同期出现较长时间（至少要两个月以上）的止跌企稳走势，才可以认为这种温和放量形态体现了买盘资金的加速入场，这种量能形态也才是预示着底部出现的可靠信号。

图 10-8 为佛山照明（000541）2008 年 3 月 7 日至 2009 年 1 月 15 日走势情况，图 10-9 为 ST 科龙（000921）2008 年 1 月 24 日至 2009 年 1 月 22 日走势情况。如图中标注所示，这两只个股在深幅下跌后的低位区均出现了企稳回升的走势，且在企稳回升过程中都出现了量能的温和放大形态，这可以说是买盘资金加速、持续流入的体现，预示着趋势反转正在演进中。

图 10-8　佛山照明低位区温和放量形态示意图

图 10-9 ST 科龙低位区温和放量形态示意图

第三节 上升行情中的量价同步齐升形态

节前提示：当价格走势步入到升势后，检验升势持久力的最好方法就是看买盘资金的介入力度和后续买盘资金是否充足。由于价格的持续上涨而使得投资者有较强的获利离场愿望，所以价格走势只有基于充足的买盘推动才能实现长久、大幅度的上涨。因而，“随着价格不断创出新高，同期量能也不断放大”的量价齐升形态就是上升趋势持续行进时的典型量价配合关系。

上升行情中的量价齐升形态是上升趋势中最为典型的量价配合形态，这种量价齐升形态也是投资者识别上升趋势、分析上升趋势的重要方法。量价齐升形态是指在价格走势逐波上涨的过程中，若一波上涨走势使得价格创出了新高，则这一波上涨走势中的平均量能也要高于上一波上涨走势中的平均量能，即价格创出新高时，量能也创出新高。

上升行情中的量价齐升形态是市场买盘资金极其充足的体现，说明上升行情的持续运行是在充足买盘资金推动下完成的。因而，这是升势可靠、持续力较强的体现，预示着上升行情仍将持续下去，对于手中持有个股的投资者来说，仍应持股待涨。

图 10-10 为上证指数 2005 年 9 月至 2007 年 6 月走势情况，如图中箭头标注所示，可以看到，在 2007 年的大牛市行情中，随着指数的节节走高，成交量也呈逐步放大的形态。这就是量与价齐升的量价齐升形态，是上升行情持续的可靠保证，也预示着上升行情仍将持续下去。

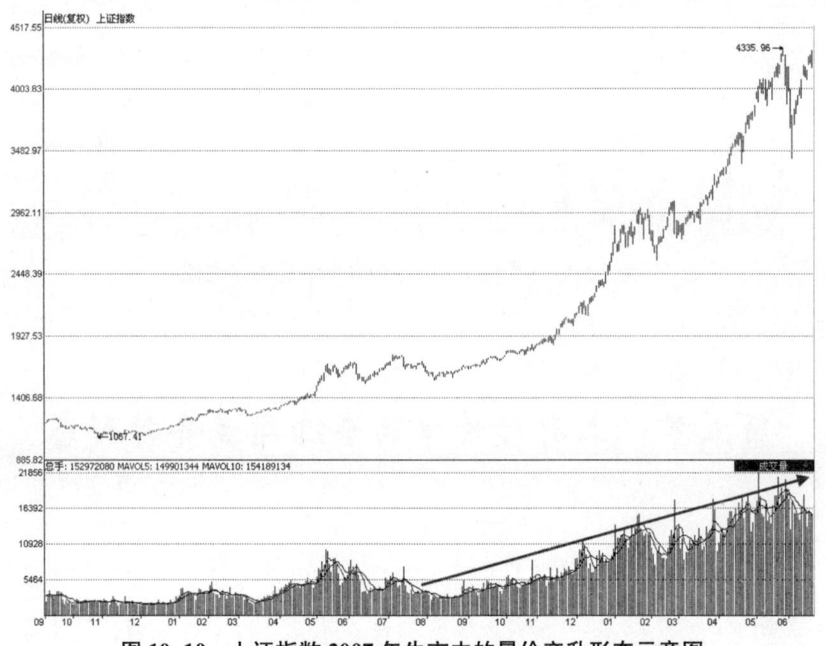

图 10-10 上证指数 2007 年牛市中的量价齐升形态示意图

图 10-11 为中信海直（000099）2008 年 11 月 3 日至 2009 年 7 月 16 日走势情况，此股在不断攀升的走势中，随着一波上涨走势创出新高，可以发现，这一波上涨走势中的平均量能也相应地高于前一波上涨走势中的平均量能。虽然此股的这种量价齐升形态不如上证指数 2007 年牛市中的量价齐升形态那么鲜明、醒目，但这仍然是上升行情中的量价齐升形态，因而，在实盘分析时，需要投资者仔细观察。

如果仅从成交量的柱形形态中难以准确判断这是否是量价齐升形态，一种简便的方法就是观察均量线，如果均量线随着价格的震荡走高，也出现震

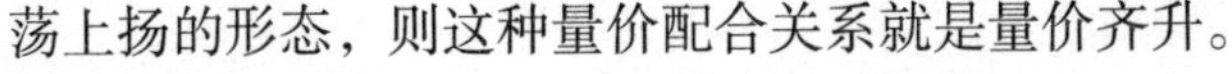

荡上扬的形态，则这种量价配合关系就是量价齐升。

图 10-11　中信海直上升行情中的量价齐升形态示意图

图 10-12 为中煤能源（601898）2008 年 12 月 24 日至 2009 年 7 月 29 日走势情况，此股在震荡上扬的过程中，其量能也不断放大，呈现出量价齐升形态，这是多方力量充足、买盘不断加速入场的体现，也是投资者应持股待涨的信号。

图 10-13 为东风汽车（600006）2006 年 11 月 15 日至 2007 年 5 月 29 日走势情况，如图中箭头标注所示，此股在整个上升行情中呈现出了明显的量价齐升形态。可以说，在实盘操作中，只要这种量价齐升形态保持良好，投资者就不必急于卖股离场。

图 10-14 为西部资源（600139）2008 年 12 月 18 日至 2009 年 11 月 20 日走势情况，此股在持续攀升的上升通道中呈现出了鲜明的量价齐升形态，这说明市场做多力量非常充足，反过来，这种量价齐升形态也是个股持续上涨的可靠保证。

图 10-12　中煤能源上升行情中量价齐升形态示意图

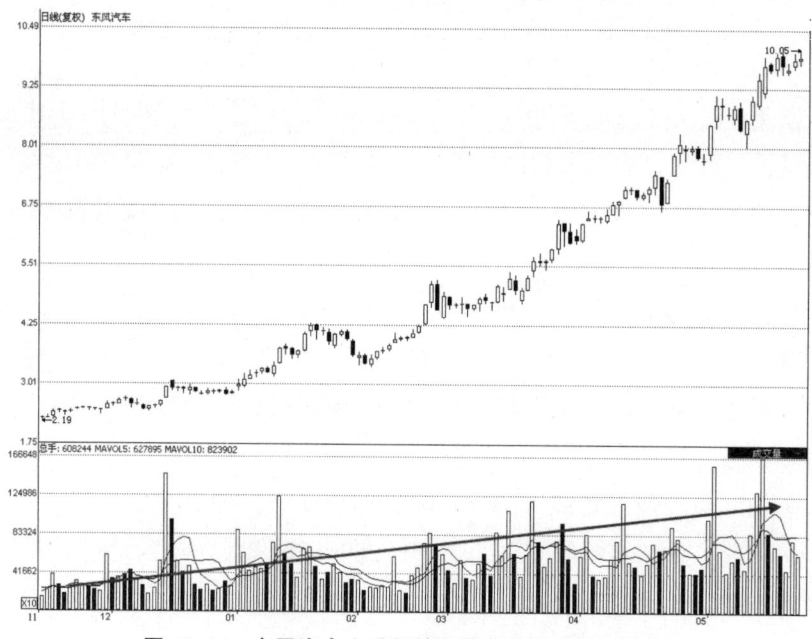

图 10-13　东风汽车上升行情中量价齐升形态示意图

图 10-14　西部资源上升行情中量价齐升形态示意图

第四节　上升行情中的量价背离形态

节前提示：上升趋势需要充足的买盘资金推动，这体现在升势中就是"量价齐升"形态，但场外的买盘资金毕竟有限，价格的不断上涨也使得场外买盘的介入意愿降低。当买盘资金开始减弱时，往往就是升势见顶时，这时，虽然价格走势基于前期惯性而创出新高，但匮乏的买盘却说明升势已难以持久，往往会看到"量价背离"形态出现。

上升行情的持续得益于加速涌入的买盘资金推动，这种市况就体现在量价齐升形态中，但是，升势总有终结的时候。当买盘资金开始匮乏时也就是升势即将见顶时，那么，什么样的量价配合关系可以反映出买盘资金的匮乏呢？量价背离就是反映这种市场含义的典型形态。

所谓的量价背离形态，是指虽然价格走势在一波上涨中创出了新高，但是这一波上涨时的量能却要明显地小于前期主升浪时量能。量价背离形态的出现说明推动价格持续上涨的动力已经不是充足的买盘资金，而是源于投资狂热的做多情绪。当这种形态出现在持续上涨后的高位区时，它所代表的含义就是升势即将见顶。

图 10–15 为上证指数 2006 年 7 月至 2007 年 11 月走势情况，上证指数在持续上涨后，再度出现了创新高的一波上涨，但是在这一波上涨走势中，虽然价格走势创出新高，但成交量却明显小于前期主升浪时的量能，这就是量价背离形态，它预示着升势见顶。图 10–16 显示了上证指数在这一量价背离形态后的走势情况。

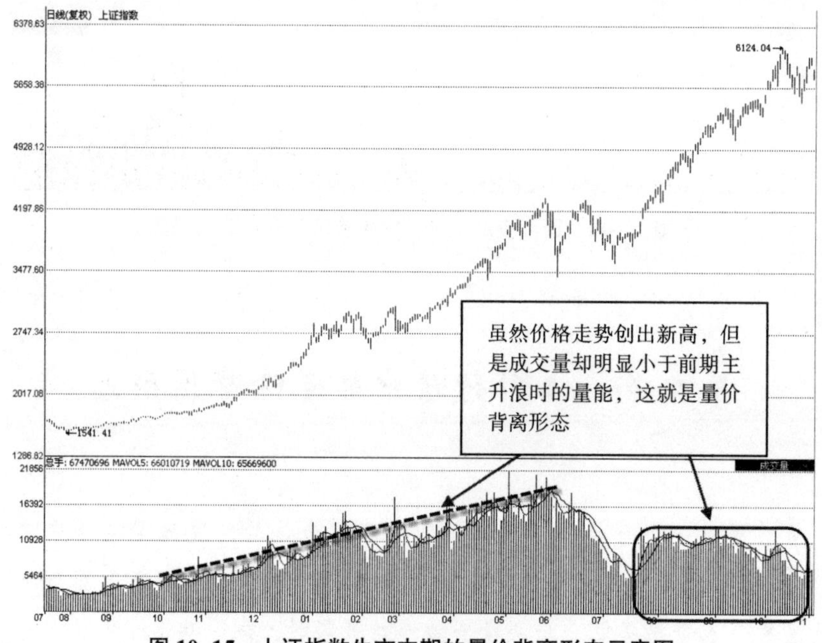

图 10–15 上证指数牛市末期的量价背离形态示意图

图 10–17 为浦发银行（600000）2006 年 10 月至 2007 年 11 月走势情况，此股在持续上涨后的高位区出现了量价背离形态，由于这种量价背离形态出现在大涨后的高位区，因而，它更是升势即将见顶的可靠信号，此时，投资者应做好中长线卖股离场的准备。

图 10–18 为超声电子（000823）2009 年 7 月 3 日至 2010 年 8 月 10 日走势情况，此股在高位区的一波上涨走势中出现了量价背离形态，这是多方力量开始趋于枯竭的体现，也是投资者应逢高卖股的信号。

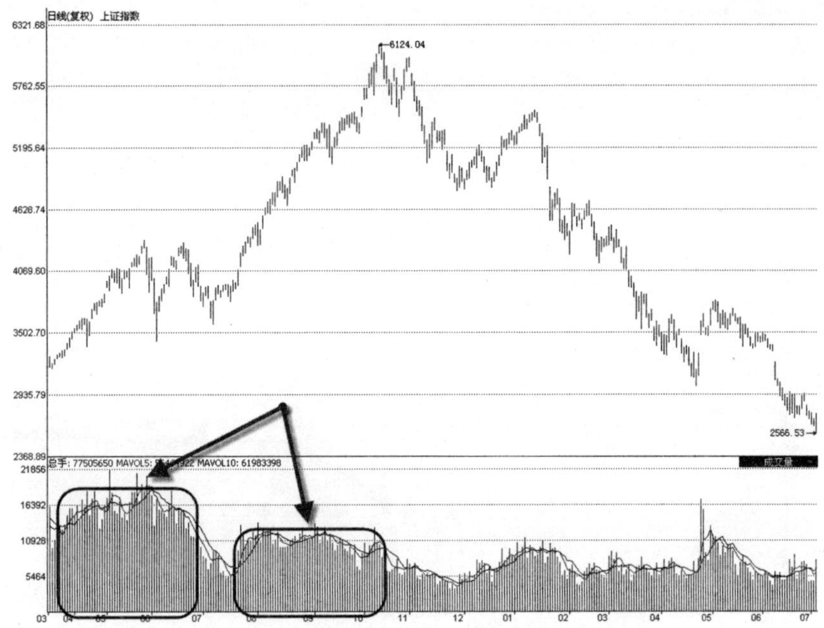

图 10-16　上证指数量价背离形态后的走势图

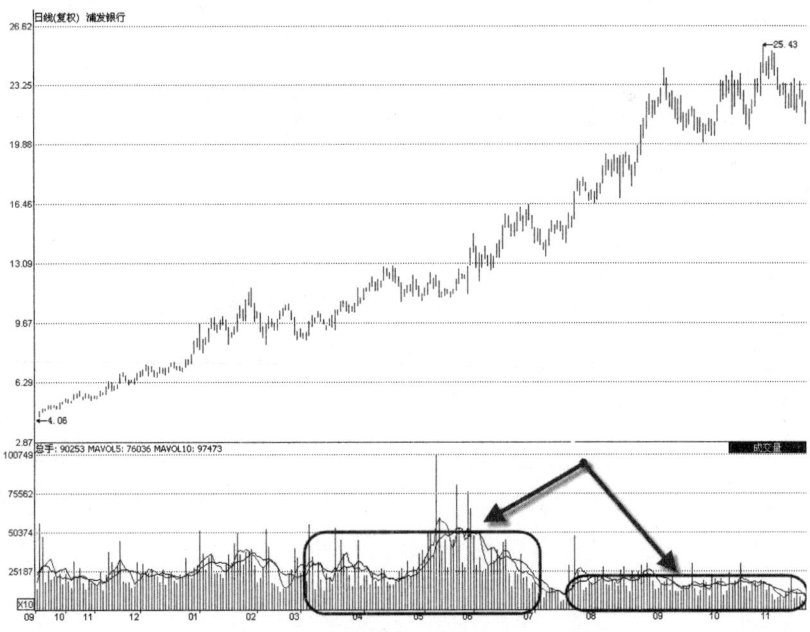

图 10-17　浦发银行量价背离形态示意图

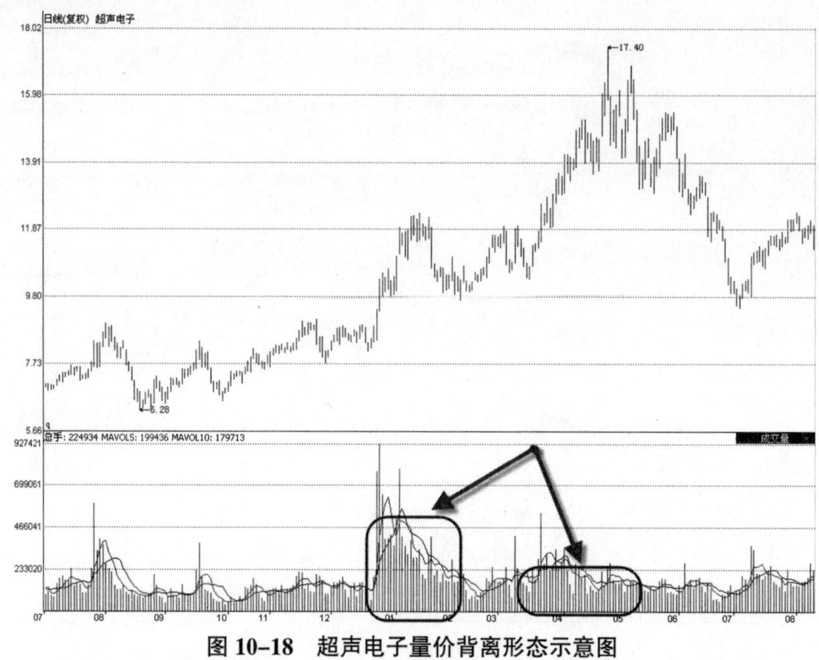

图 10–18 超声电子量价背离形态示意图

第五节 顶部区的量能萎缩形态

节前提示：顶部区是一个极为重要的位置区，在前面的章节中，我们已经通过 K 线形态学会如何识别顶部区，但真正的顶部区除了有一些典型的 K 线形态出现外，还应有量能的相应变化来表现。因为顶部区是买盘资金开始趋于枯竭，而卖盘的抛压也显得犹豫不决、无法集中起来的区域，因而，在顶部区往往可以看到量能的明显萎缩形态（相对于前期上涨时的量能而言）。

顶部区，顾名思义，是一个上升行情与下跌行情的过渡阶段。一般来说，顶部区呈现出盘整震荡滞涨的走势，这种走势既是多方无力再度上攻的表现，也是空方力量开始不断汇聚的过程。

顶部区的成交量往往会因延续牛市末期的量价背离形态，而呈现出再度缩量形态，这种缩量形态是买盘无意入场的体现，当然，它也是市场交投清淡的表现。这种交投清淡的情况说明了场外买盘资金的匮乏，也是市场观望气氛较重的表现，一旦更多的投资者意识到了升势的结束，就会以空头的方式进行操作，从而使得价格走势步入跌途。

图 10-19 为中国医药（600056）2009 年 1 月 21 日至 2010 年 4 月 1 日走势情况，此股在持续上涨后的高位区出现了滞涨走势，且同期的量能明显萎缩，“价格的震荡滞涨走势”再加上“持续萎缩的量能形态”，这种量价配合关系是个股升势见顶的信号，也是投资者应中长线卖股离场的信号。

图 10-19 中国医药顶部区缩量形态示意图

图 10-20 为亚宝药业（600351）2008 年 11 月 7 日至 2010 年 7 月 20 日走势情况，如图中箭头标注所示，此股在大涨后的高位滞涨区出现了量能明显萎缩的形态，这是顶部出现的标志，也是投资者卖股离场的信号。

图 10-21 为瀚蓝环境（600323）2013 年 6 月 6 日至 2014 年 5 月 5 日走势情况，此股在大涨后于高位区出现了长期的震荡滞涨走势，且随着震荡滞涨走势的持续，可以看到成交量越发萎缩。这正是场外买盘资金趋于枯竭的体现，也是多方无力再度上攻的体现，一旦空方抛压开始转强、进行批量抛售，则此股就会步入下跌趋势中。

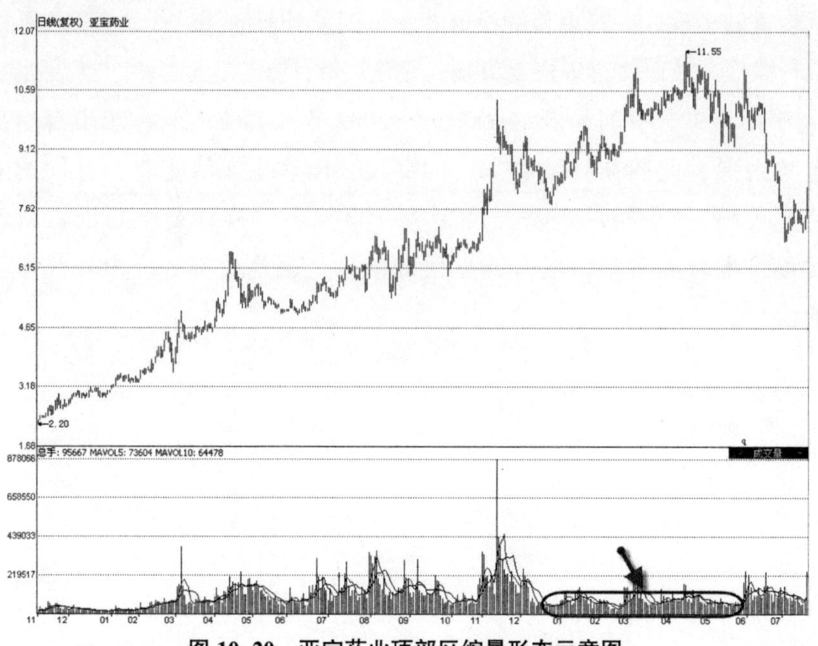

图 10-20 亚宝药业顶部区缩量形态示意图

图 10-21 瀚蓝环境顶部区缩量形态示意图

图 10-22 为茂化实华（000637）2009 年 2 月 10 日至 2010 年 3 月 23 日走势情况，如图中标注所示，当此股经历持续上涨而步入高位区后，随着高位滞涨走势的持续，此股的成交量也越来越小，这就是预示着顶部出现的典型的缩量滞涨形态。图 10-23 显示了此股在随后的走势情况。

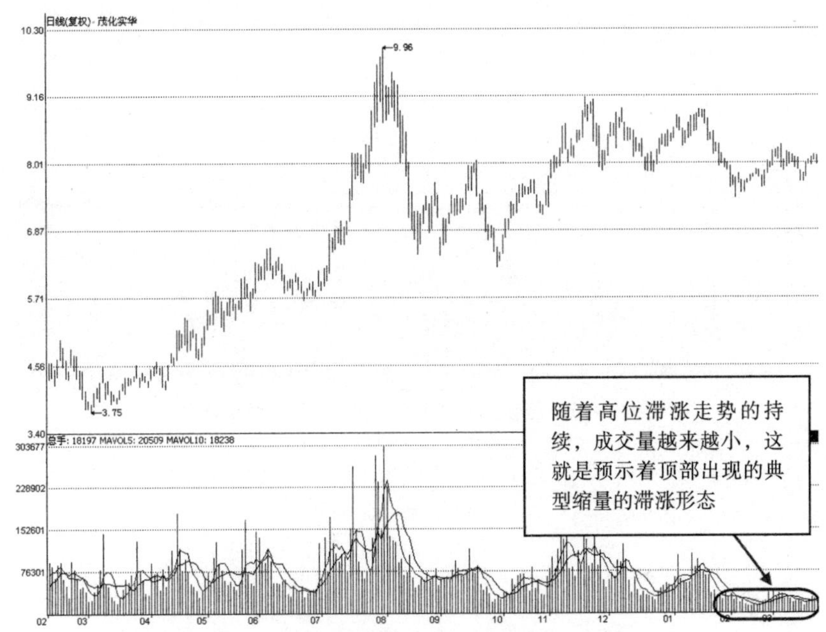

图 10-22 茂化实华顶部区缩量形态示意图

图 10-24 为建发股份（600153）2005 年 10 月至 2008 年 12 月走势情况，此股在此期间完成了一轮完整的牛熊交替走势，而顶部区的缩量形态很好地预示了此股的趋势反转。

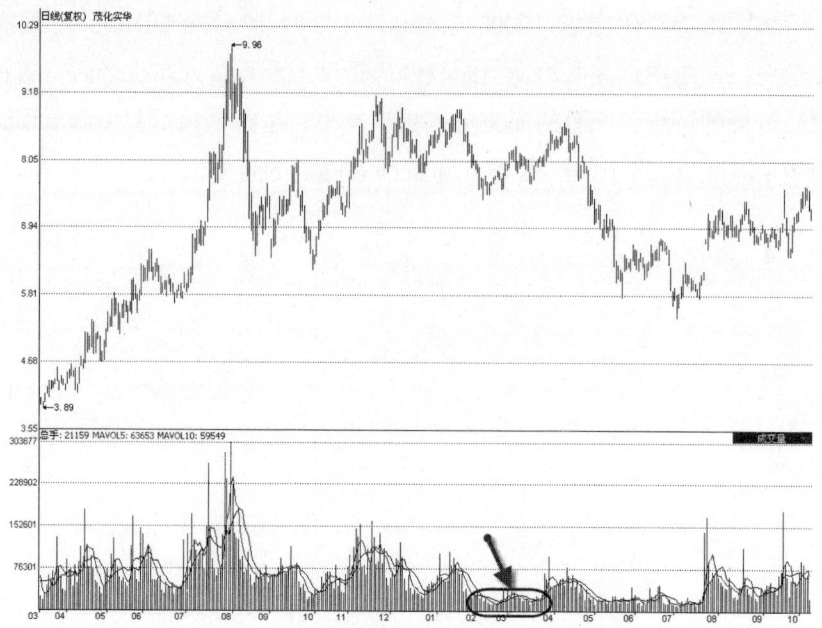

图 10-23　茂化实华顶部区缩量形态后的走势图

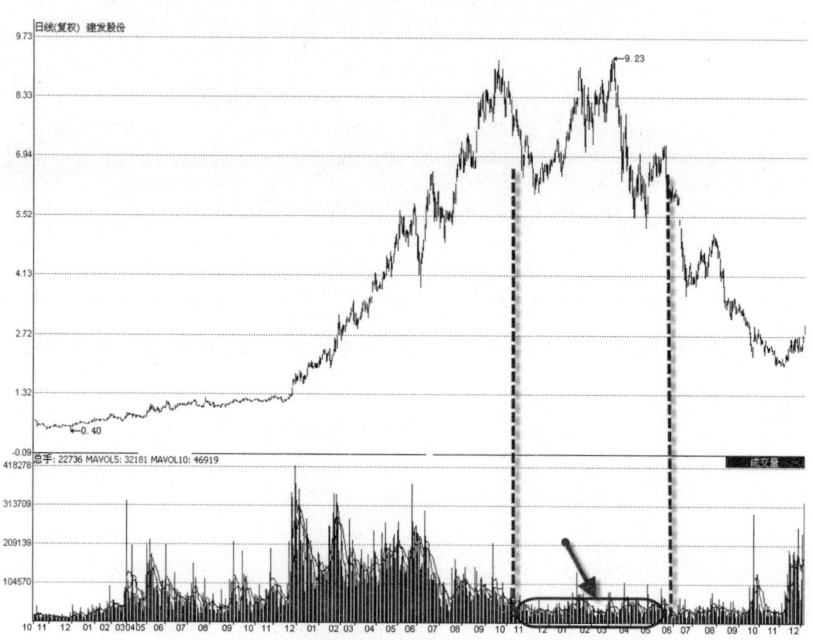

图 10-24　建发股份顶部区缩量形态后的走势图

第六节 下跌行情中的缩量形态

节前提示："涨时放量、跌时缩量"是价格运动过程中的常态，这种量价配合关系与投资者的普遍心态相关。因为在上涨时，获利的投资者都有较强的套现出局的意愿，因而，上涨时需要量能的放大支撑；反之，在下跌时，由于投资者总希冀可以逢高抛售，其卖出行为就显分散、迟缓，因而，下跌时并不一定有量能的放大。在下跌行情中，多可以看到量能的明显缩小形态，其实，这既是持股者不愿卖股离场的体现，也是场外买盘资金无意入场的体现，没有足够的买盘资金来承接、反攻，价格的下跌行情也自然难以结束。

下跌途中的缩量说明场外买盘并没有较强的入场意愿，也说明少量的抛压就可以大幅度地压低价格，这是空方力量完全占据主导地位的体现。可以说，只要这种持续的下跌走势与量能明显萎缩之间的配合关系不出现明显的改观，则这种跌势就难以结束。

图 10-25 为华升股份（600156）2006 年 12 月至 2008 年 9 月走势情况，此股在步入到震荡下跌途中后，可以看到成交量出现了明显的萎缩（相对于前期上升趋势中及顶部区的量能而言），这是市场观望气氛浓郁、场外买盘资金无意入场的表现。

图 10-26 为冀中能源（000937）2007 年 7 月 24 日至 2008 年 9 月 24 日走势情况，此股在经高位区震荡后，开始步入跌势。此股在整个下跌途中，其量能都处在一种极低的状态下，这也可以说明是对顶部缩量形态的一种延续。

图 10-27 为坚瑞消防（300116）2014 年 5 月 26 日至 2015 年 2 月 12 日走势情况，此股在整个下跌途中，除了偶然出现的反弹走势使得成交量相对放大之外，在其余的时间内，其成交量都处在一种极低的状态下，这就是下跌途中的典型量能形态——缩量。

图 10-25 华升股份下跌途中缩量形态示意图

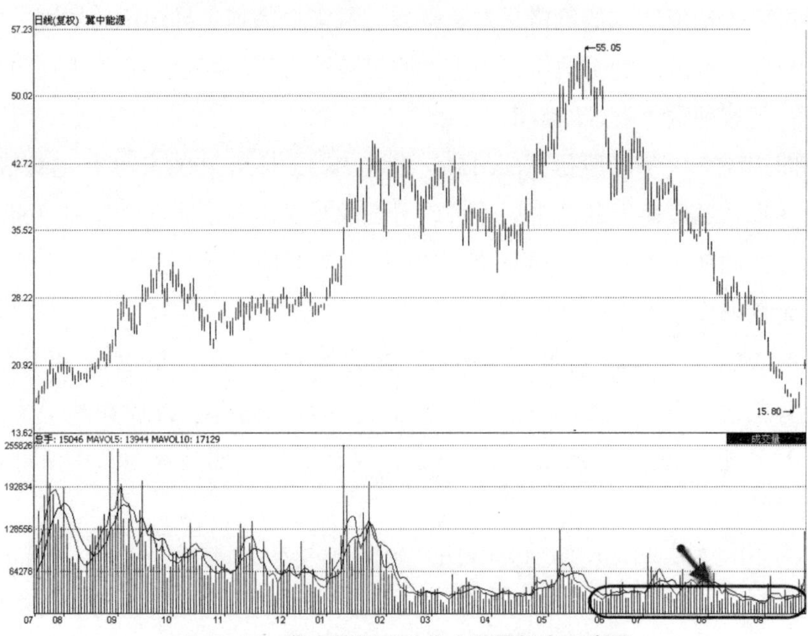

图 10-26 冀中能源下跌途中缩量形态示意图

图 10-27 坚瑞消防下跌途中缩量形态示意图

图 10-28 为大秦铁路（601006）2007 年 2 月 16 日至 2008 年 11 月 6 日走势情况，此股在由顶部区开始步入到下跌途中后，可以看到它的成交量是处在一种明显的缩量形态下的。

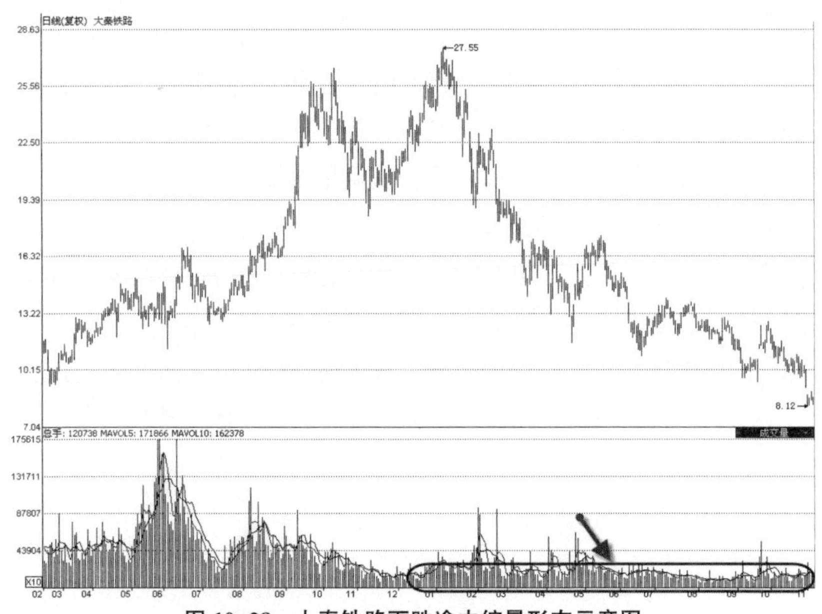

图 10-28 大秦铁路下跌途中缩量形态示意图

第七节　个股飙升中的堆量形态

节前提示：“题材”是主力资金爆炒个股的一条导火索，也是主力炒作个股的理由。由于国内的股市极为重视题材炒作，而在主力炒作题材股时，由于价格走势在短期内的剧烈波动往往会使得多空双方分歧明显加剧，这就会造成量能的大幅放出，从而形成“堆量”形态，这种量能形态是主力短期内拔高建仓的体现，也是支撑个股飙升的基石。可以说，这种堆量形态是投资者在短线操作中应重点关注的量能形态之一。

堆量是一种较为特殊的量能形态，它是指连续、大幅度的放量形态，个股在放量前后处在两种完全不同的量能水平上。一般来说，低位区的堆量形态往往是主力快速建仓个股的体现，由于主力在建仓后还会积极地进行拉升等控盘操作，因而，这时的堆量效果可以在更长的时间内得以保持；反之，高位区的堆量形态则多是主力对倒拉升手法的体现，多预示着个股升势的见顶，此时，一旦量能放大效果开始减弱，往往也就是主力借机逢高出货的时机。

图 10-29 为浩物股份（000757）2013 年 10 月 21 日至 2014 年 8 月 27 日走势情况，此股在持续下跌的低位区出现了反转走势，且在反转过程中，可以看到成交量连续、大幅度地放出，这就是堆量形态。出现在这一位置区的堆量形态是主力资金强势介入的体现，既预示着趋势反转的出现，也是个股后期将有大行情的征兆。图 10-30 显示了此股随后的走势情况。

图 10-31 为烟台冰轮（000811）2007 年 9 月 26 日至 2009 年 3 月 5 日走势情况，此股在深幅下跌后的低位区出现了堆量形态。这种形态说明此股有主力资金大力介入，预示了个股后期的上升行情将是潜力十足，图 10-32 显示了此股随后的走势情况。

图 10-29　浩物股份低位反转走势中堆量形态示意图

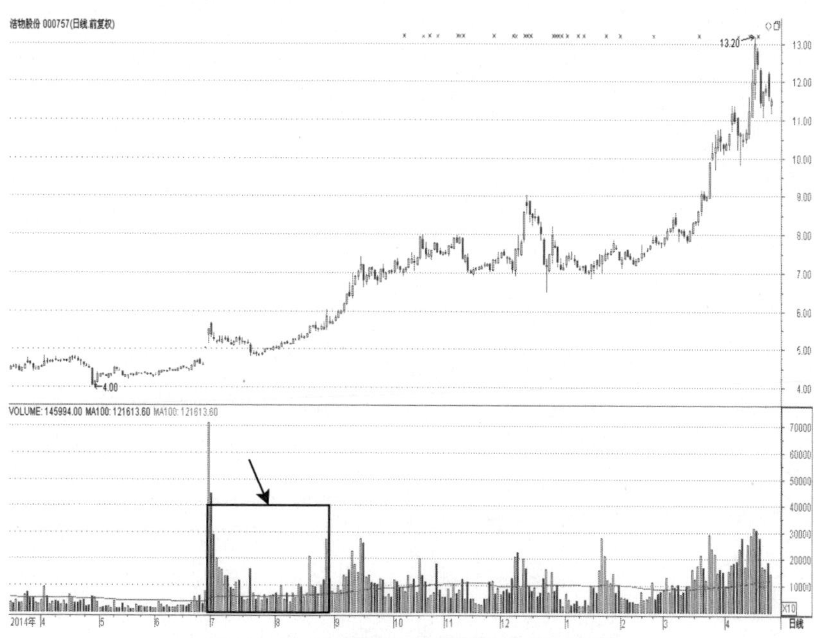

图 10-30　浩物股份堆量形态后的走势图

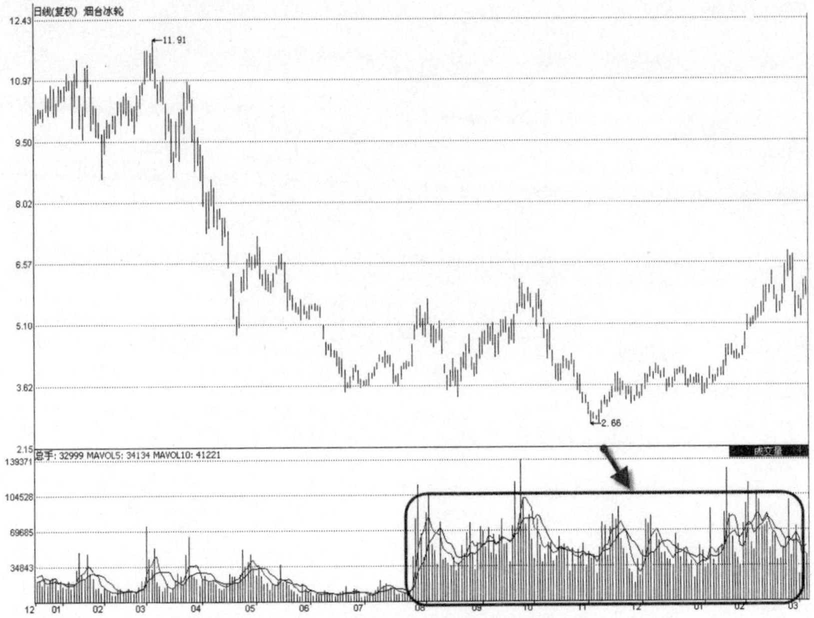

图 10-31　烟台冰轮低位反转走势中堆量形态示意图

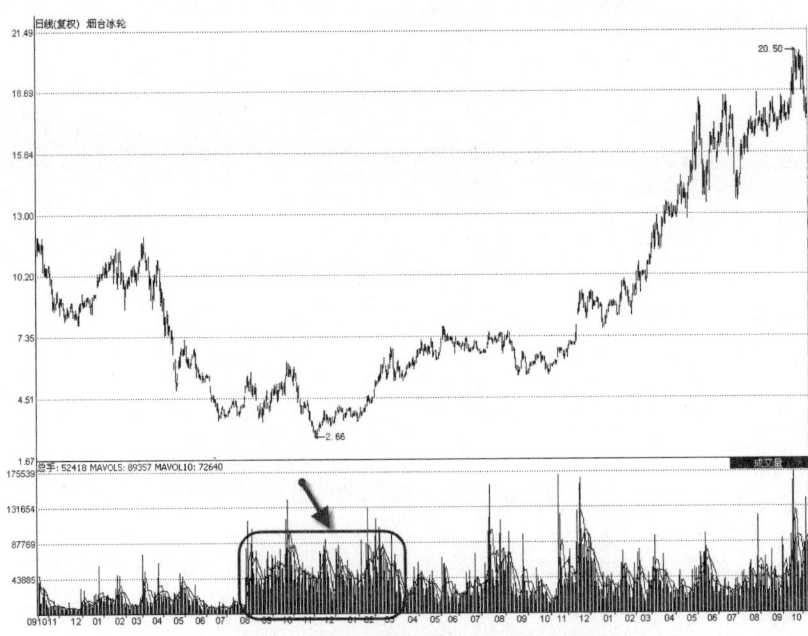

图 10-32　烟台冰轮堆量形态后的走势图

图 10-33 为保税科技（600794）2008 年 10 月 23 日至 2009 年 12 月 31 日走势情况，此股在持续攀升的途中也多次出现成交量连续大幅度放出的堆量形态，但相比于底部区主力建仓时的堆量形态而言，它的持续性较差，往往只能持续十几或数十个交易日。其实，这种堆量形态是主力对倒拉升手法的体现，因而，当主力停止对倒时，堆量形态就会消失。在理解时，投资者不可以将这种堆量形态看作主力大力建仓的体现，否则极容易出现判断上的错误。

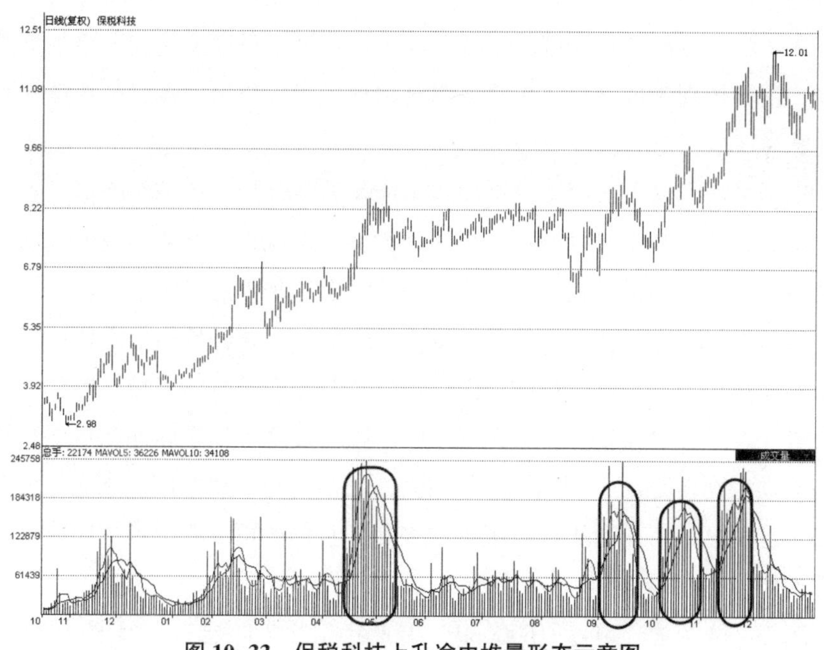

图 10-33 保税科技上升途中堆量形态示意图

第八节 主力对倒手法下的脉冲放量形态

节前提示：脉冲放量是一种单日或双日量能急剧变大，随后又快速恢复如初的形态，脉冲放量的出现多与主力资金的异动有关，它既有可能是主力高抛低吸手法的体现，也有可能是主力对倒诱多手法的体现。一般来说，在脉冲放量过后，价格短期内会有一波深幅调整走势出现，因而，可以把它视作阶段性高抛的信号。

脉冲式量能形态是一种极为常见的形态，而且它多出现在阶段性的高点，是投资者短线卖股的信号。脉冲式量能形态打破了个股的常规交投情况，它的出现必有原因。一般来说，个股可能因为两点原因而出现这种形态，一种是消息面的影响，另一种则是主力对倒手法影响。

就消息面来说，由于消息的公布往往会使得多空双方的投资者在判断上出现明显的分歧，从而采取行动，这就会造成当日量能的急速放出；随后，当投资者情绪冷静、消息刺激性减弱时，市场就会再度恢复到原来的交投状况中，这就体现为成交量在单日或双日出现大幅度放出，随后又快速恢复如初的脉冲式量能形态。

在消息面刺激下所产生的脉冲式量能是看涨信号，还是看跌信号呢？一般来说，若脉冲放量当日的价格呈现为大涨，则这种量能的大幅度放出无疑是对短期内多方力量的快速、过度消耗。由于这种大规模的交投很难持续下去，场外的买盘也无法保持这种速度入场，而且，这种价格上涨伴以量能脉冲的形态往往出现在阶段性的高点、市场获利抛压较重的区域，因而，在脉冲式量能过后，价格走势多会出现短线下跌。反之，如果脉冲放量当日伴以价格下跌，则多是源于利空消息的刺激，大幅度地下跌并伴以量能的大幅度放出，这明显是市场抛压极其沉重的表现，它仍然预示着个股短期将有一波下跌走势。

图 10-34 为海信电器（600060）2009 年 1 月 7 日至 7 月 24 日走势情况，此股在上升途中的盘整震荡走势中出现了一个单日量能脉冲上涨的形态，这一脉冲量能是源于当日此股发布的业绩预增利好消息，“海信电器：2009 年 1~6 月每股收益 0.339 元，净利润同比增长 87.90%。报告期内，公司实现电视业务收入 68.66 亿元，同比增长 23.79%；实现净利润 1.67 亿元，同比增长 87.90%。报告期内，国内市场平板电视需求旺盛，同时国家也推出一系列扶持政策，2009 年 2 月，国家推出了电子信息产业调整和振兴规划，并全国范围内推广‘家电下乡’政策，进一步拉动了市场需求。报告期内，公司的平板电视销量增长高达 141%，其中内销平板电视销量增幅更是接近 200%。商务部提供的数据显示，2009 年上半年，海信家电下乡产品销售额

图 10-34　海信电器利好消息下的脉冲式量能形态示意图

占有率达到 21.12%，排名第一”。

上市公司的业绩强劲增长源于主营业务的优势，这是一个明显的利好消息，当日此股的大幅上涨就是最好的证明。但是当日的量能放得太大且呈脉冲式量能形态，这对买盘力量是一种短期过度消耗的体现，而且此股当日正处于盘整震荡中的相对高点处，因而，一波下跌回调走势也就不可避免。图 10-35 显示了此股随后的短期走势情况。

图 10-36 为银鸽投资（600069）2010 年 5 月 5 日至 8 月 10 日走势情况，此股在 2010 年 8 月 10 日因公布终止重组的利空消息而出现了脉冲式放量下跌形态，这是市场抛压极其沉重的表现，预示着个股短期难有表现，还将再度下跌，图 10-37 显示了此股在这一脉冲式放量后的短期走势情况。

消息刺激无疑是引发个股脉冲放量的原因之一，但更多的脉冲放量形态却是源于主力的对倒手法。由于散户投资者往往都有“放量要涨”的思维方式，因而，主力在高位震荡区出货时或在反弹后的高点进行派发时，往往会通过将手中筹码“左手倒右手”的方法来人为地制造成交量。这样，当日便出现了一个量能巨幅放出的脉冲放量上涨形态，不明白的投资者会误以为个

图 10-35　海信电器脉冲式量能形态后的走势图

图 10-36　银鸽投资利空消息下的脉冲式量能形态示意图

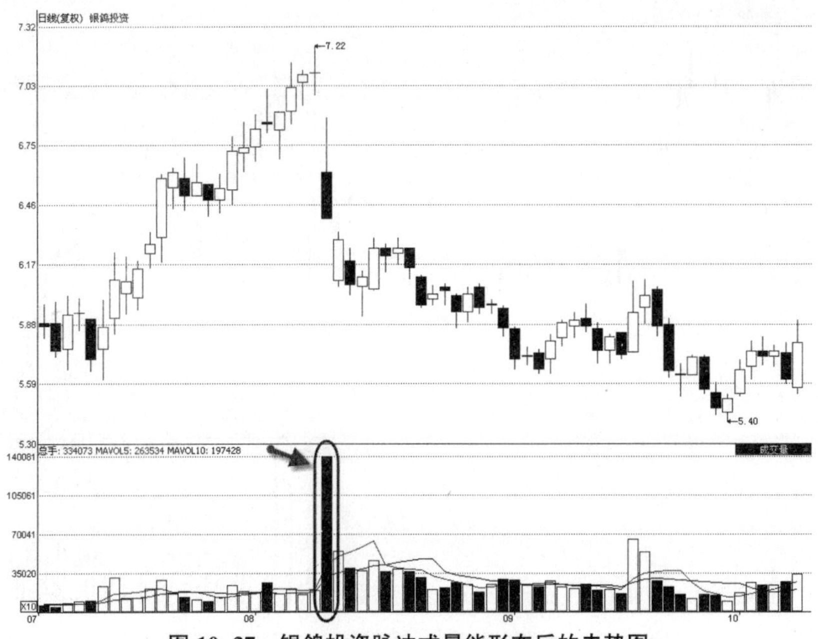

图 10-37　银鸽投资脉冲式量能形态后的走势图

股将突破上涨，从而追涨买入，而主力则可借机进行高位派筹操作。

图 10-38 为国阳新能（600348）2009 年 12 月 16 日至 2010 年 7 月 5 日走势情况，此股在高位震荡滞涨区出现的脉冲放量上涨形态刚好出现在阶段性的高点，给人一种该股将突破上行的直观感觉，其实，这正是主力对倒诱多出货手法的体现，这一点从脉冲放量过后的短期快速下跌得以体现。

图 10-39 为新疆众和（600888）2013 年 8 月 5 日至 8 月 13 日走势情况，此股在高位滞涨区出现的脉冲放量也是主力对倒诱多出货手法的体现，它非但没有预示价格走势的突破上涨，反而直接导致了随后的破位下行。但是，如果投资者理解了这种脉冲放量形态的实质，就不难做出正确的操盘决断。

图 10-40 为抚顺特钢（600399）2008 年 1~10 月走势情况，此股在下跌途中出现了较长时间的横盘整理走势，随后，在盘整区间的阶段性高点，此股出现了一个显著的脉冲放量上涨形态，给投资者的直观感觉是此股将突破上行，然而，这不过是主力诱多出货的手法，它预示着阶段性反弹走势的结束及新一波跌势的展开。

图 10-38　国阳新能高位滞涨区脉冲放量形态示意图

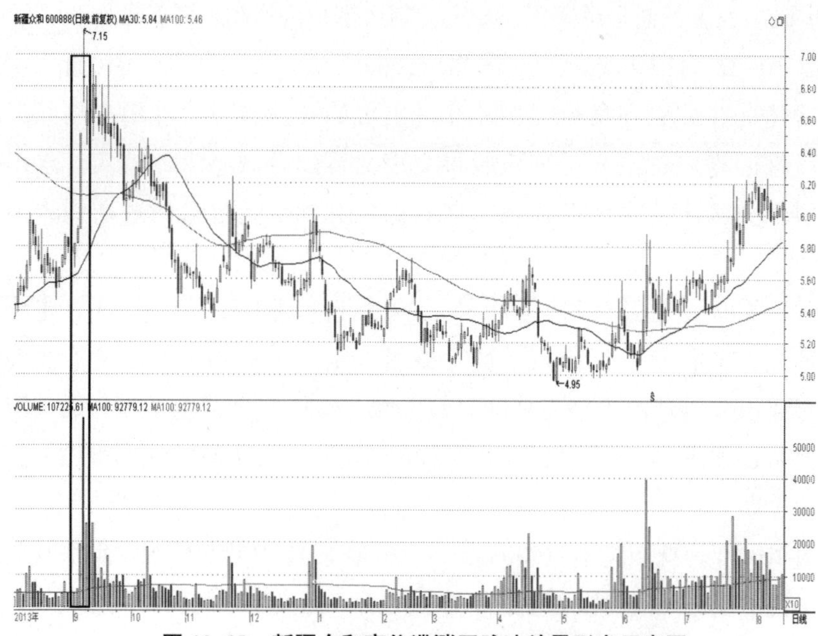

图 10-39　新疆众和高位滞涨区脉冲放量形态示意图

图 10-40　抚顺特钢脉冲放量形态示意图

附录：上海证券交易所交易规则

《上海证券交易所交易规则》已经中国证监会批准，现予以发布。本规则自 2006 年 7 月 1 日起实施，相关业务细则另行公布。

上海证券交易所

二〇〇六年五月十五日

第一章　总则

1.1　为规范证券市场交易行为，维护证券市场秩序，保护投资者合法权益，根据《中华人民共和国证券法》等法律、行政法规、部门规章以及《上海证券交易所章程》，制定本规则。

1.2　在上海证券交易所（以下简称“本所”）上市的证券及其衍生品种（以下统称“证券”）的交易，适用本规则。本规则未作规定的，适用本所其他有关规定。

1.3　证券交易遵循公开、公平、公正的原则。

1.4　证券交易应当遵守法律、行政法规和部门规章及本所相关业务规则，遵循自愿、有偿、诚实信用原则。

1.5　证券交易采用无纸化的集中交易或经中国证券监督管理委员会（以下简称“证监会”）批准的其他方式。

第二章　交易市场

第一节　交易场所

2.1.1　本所为证券交易提供交易场所及设施。交易场所及设施由交易主机、交易大厅、参与者交易业务单元、报盘系统及相关的通信系统等组成。

2.1.2　本所设置交易大厅。本所会员（以下简称“会员”）可以通过其派驻交易大厅的交易员进行申报。

除经本所特许外，进入交易大厅的，仅限下列人员：

（一）登记在册交易员；

（二）场内监管人员。

第二节　交易参与人与交易权

2.2.1　会员及本所认可的机构进入本所市场进行证券交易的，须向本所申请取得相应席位和交易权，成为本所交易参与人。

交易参与人应当通过在本所申请开设的参与者交易业务单元进行证券交易。

2.2.2　参与者交易业务单元，是指交易参与人据此可以参与本所证券交易，享有及行使相关交易权利，并接受本所相关交易业务管理的基本单位。

2.2.3　参与者交易业务单元和交易权限等管理细则由本所另行规定，报证监会批准后生效。

第三节　交易品种

2.3.1　下列证券可以在本所市场挂牌交易：

（一）股票；

（二）基金；

（三）债券；

（四）债券回购；

（五）权证；

（六）经证监会批准的其他交易品种。

第四节　交易时间

2.4.1　本所交易日为每周一至周五。

国家法定假日和本所公告的休市日，本所市场休市。

2.4.2　采用竞价交易方式的，每个交易日的 9：15 至 9：25 为开盘集合竞价时间，9：30 至 11：30、13：00 至 15：00 为连续竞价时间，开市期间停牌并复牌的证券除外。

根据市场发展需要，经证监会批准，本所可以调整交易时间。

2.4.3　交易时间内因故停市，交易时间不作顺延。

第三章　证券买卖

第一节　一般规定

3.1.1　会员接受投资者的买卖委托后，应当按照委托的内容向本所申报，并承担相应的交易、交收责任。

会员接受投资者买卖委托达成交易的，投资者应当向会员交付其委托会员卖出的证券或其委托会员买入证券的款项，会员应当向投资者交付卖出证券所得款项或买入的证券。

3.1.2　会员通过其拥有的参与者交易业务单元和相关的报送渠道向本所交易主机发送买卖申报指令，并按本规则达成交易，交易结果及其他交易记录由本所发送至会员。

3.1.3　会员应当按照有关规定妥善保管委托和申报记录。

3.1.4　投资者买入的证券，在交收前不得卖出，但实行回转交易的除外。

证券的回转交易是指投资者买入的证券，经确认成交后，在交收前全部或部分卖出。

3.1.5　债券和权证实行当日回转交易，B 股实行次交易日起回转交易。

3.1.6　根据市场需要，本所可以实行一级交易商制度，具体办法由本所另行规定，报证监会批准后生效。

第二节　指定交易

3.2.1　本所市场证券交易实行全面指定交易制度，境外投资者从事 B 股交易除外。

3.2.2　全面指定交易是指参与本所市场证券买卖的投资者必须事先指定一家会员作为其买卖证券的受托人，通过该会员参与本所市场证券买卖。

3.2.3　投资者应当与指定交易的会员签订指定交易协议，明确双方的权利、义务和责任。指定交易协议一经签订，会员即可根据投资者的申请向本所交易主机申报办理指定交易手续。

3.2.4　本所在开市期间接受指定交易申报指令，该指令被交易主机接受后即刻生效。

3.2.5　投资者变更指定交易的，应当向已指定的会员提出撤销申请，由该会员申报撤销指令。对于符合撤销指定条件的，会员不得限制、阻挠或拖延其办理撤销指定手续。

3.2.6 指定交易撤销后即可重新申办指定交易。

3.2.7 指定交易的其他事项按照本所的有关规定执行。

第三节 委托

3.3.1 投资者买卖证券，应当开立证券账户和资金账户，并与会员签订证券交易委托协议。协议生效后，投资者即成为该会员经纪业务的客户（以下简称客户）。

投资者开立证券账户，按本所指定登记结算机构的规定办理。

3.3.2 客户可以通过书面或电话、自助终端、互联网等自助委托方式委托会员买卖证券。电话、自助终端、互联网等自助委托应当按相关规定操作。

3.3.3 客户通过自助委托方式参与证券买卖的，会员应当与其签订自助委托协议。

3.3.4 除本所另有规定外，客户的委托指令应当包括下列内容：

（一）证券账户号码；

（二）证券代码；

（三）买卖方向；

（四）委托数量；

（五）委托价格；

（六）本所及会员要求的其他内容。

3.3.5 客户可以采用限价委托或市价委托的方式委托会员买卖证券。

限价委托是指客户委托会员按其限定的价格买卖证券，会员必须按限定的价格或低于限定的价格申报买入证券；按限定的价格或高于限定的价格申报卖出证券。

市价委托是指客户委托会员按市场价格买卖证券。

3.3.6 客户可以撤销委托的未成交部分。

3.3.7 被撤销和失效的委托，会员应当在确认后及时向客户返还相应的资金或证券。

3.3.8 会员向客户买卖证券提供融资融券服务的，应当按照有关规定办理。

第四节　申报

3.4.1　本所接受会员竞价交易申报的时间为每个交易日 9：15 至 9：25、9：30 至 11：30、13：00 至 15：00。

每个交易日 9：20 至 9：25 的开盘集合竞价阶段，本所交易主机不接受撤单申报；其他接受交易申报的时间内，未成交申报可以撤销。撤销指令经本所交易主机确认方为有效。

本所认为必要时，可以调整接受申报时间。

3.4.2　会员应当按照客户委托的时间先后顺序及时向本所申报。

3.4.3　本所接受会员的限价申报和市价申报。

3.4.4　根据市场需要，本所可以接受下列方式的市价申报：

（一）最优五档即时成交剩余撤销申报，即该申报在对手方实时最优五个价位内以对手方价格为成交价逐次成交，剩余未成交部分自动撤销。

（二）最优五档即时成交剩余转限价申报，即该申报在对手方实时五个最优价位内以对手方价格为成交价逐次成交，剩余未成交部分按本方申报最新成交价转为限价申报；如该申报无成交的，按本方最优报价转为限价申报；如无本方申报的，该申报撤销。

（三）本所规定的其他方式。

3.4.5　市价申报只适用于有价格涨跌幅限制证券连续竞价期间的交易，本所另有规定的除外。

3.4.6　限价申报指令应当包括证券账号、营业部代码、证券代码、买卖方向、数量、价格等内容。

市价申报指令应当包括申报类型、证券账号、营业部代码、证券代码、买卖方向、数量等内容。

申报指令按本所规定的格式传送。本所认为必要时，可以调整申报的内容及方式。

3.4.7　通过竞价交易买入股票、基金、权证的，申报数量应当为 100 股（份）或其整数倍。

卖出股票、基金、权证时，余额不足 100 股（份）的部分，应当一次性申报卖出。

3.4.8　竞价交易中，债券交易的申报数量应当为 1 手或其整数倍，债券质押式回购交易的申报数量应当为 100 手或其整数倍，债券买断式回购交易的申报数量应当为 1000 手或其整数倍。

债券交易和债券买断式回购交易以人民币 1000 元面值债券为 1 手，债券质押式回购交易以人民币 1000 元标准券为 1 手。

3.4.9 股票、基金、权证交易单笔申报最大数量应当不超过 100 万股（份），债券交易和债券质押式回购交易单笔申报最大数量应当不超过 1 万手，债券买断式回购交易单笔申报最大数量应当不超过 5 万手。

根据市场需要，本所可以调整证券的单笔申报最大数量。

3.4.10 不同证券的交易采用不同的计价单位。股票为“每股价格”，基金为“每份基金价格”，权证为“每份权证价格”，债券为“每百元面值债券的价格”，债券质押式回购为“每百元资金到期年收益”，债券买断式回购为“每百元面值债券的到期购回价格”。

3.4.11 A 股、债券交易和债券买断式回购交易的申报价格最小变动单位为 0.01 元人民币，基金、权证交易为 0.001 元人民币，B 股交易为 0.001 美元，债券质押式回购交易为 0.005 元。

3.4.12 根据市场需要，本所可以调整各类证券单笔买卖申报数量和申报价格的最小变动单位。

3.4.13 本所对股票、基金交易实行价格涨跌幅限制，涨跌幅比例为 10%，其中 ST 股票和 *ST 股票价格涨跌幅比例为 5%。

股票、基金涨跌幅价格的计算公式为：涨跌幅价格=前收盘价×(1±涨跌幅比例)。

计算结果按照四舍五入原则取至价格最小变动单位。

属于下列情形之一的，首个交易日无价格涨跌幅限制：

（一）首次公开发行上市的股票和封闭式基金；

（二）增发上市的股票；

（三）暂停上市后恢复上市的股票；

（四）本所认定的其他情形。

经证监会批准，本所可以调整证券的涨跌幅比例。

3.4.14 买卖有价格涨跌幅限制的证券，在价格涨跌幅限制以内的申报为有效申报，超过价格涨跌幅限制的申报为无效申报。

3.4.15 买卖无价格涨跌幅限制的证券，集合竞价阶段的有效申报价格应符合下列规定：

（一）股票交易申报价格不高于前收盘价格的200%，并且不低于前收盘价格的50%；

（二）基金、债券交易申报价格最高不高于前收盘价格的150%，并且不低于前收盘价格的70%。

集合竞价阶段的债券回购交易申报无价格限制。

3.4.16 买卖无价格涨跌幅限制的证券，连续竞价阶段的有效申报价格应符合下列规定：

（一）申报价格不高于即时揭示的最低卖出价格的110%且不低于即时揭示的最高买入价格的90%；同时不高于上述最高申报价与最低申报价平均数的130%且不低于该平均数的70%；

（二）即时揭示中无买入申报价格的，即时揭示的最低卖出价格、最新成交价格中较低者视为前项最高买入价格；

（三）即时揭示中无卖出申报价格的，即时揭示的最高买入价格、最新成交价格中较高者视为前项最低卖出价格。

当日无交易的，前收盘价格视为最新成交价格。

根据市场需要，本所可以调整申报价格限制的规定。

3.4.17 申报当日有效。每笔参与竞价交易的申报不能一次全部成交时，未成交的部分继续参加当日竞价，本规则另有规定的除外。

第五节　竞价

3.5.1 证券竞价交易采用集合竞价和连续竞价两种方式。

集合竞价是指在规定时间内接受的买卖申报一次性集中撮合的竞价方式。

连续竞价是指对买卖申报逐笔连续撮合的竞价方式。

3.5.2 集合竞价期间未成交的买卖申报，自动进入连续竞价。

第六节　成交

3.6.1 证券竞价交易按价格优先、时间优先的原则撮合成交。

成交时价格优先的原则为：较高价格买入申报优先于较低价格买入申报，较低价格卖出申报优先于较高价格卖出申报。

成交时时间优先的原则为：买卖方向、价格相同的，先申报者优先于后申报者。先后顺序按交易主机接受申报的时间确定。

3.6.2　集合竞价时，成交价格的确定原则为：

（一）可实现最大成交量的价格；

（二）高于该价格的买入申报与低于该价格的卖出申报全部成交的价格；

（三）与该价格相同的买方或卖方至少有一方全部成交的价格。

两个以上申报价格符合上述条件的，使未成交量最小的申报价格为成交价格；仍有两个以上使未成交量最小的申报价格符合上述条件的，其中间价为成交价格。

集合竞价的所有交易以同一价格成交。

3.6.3　连续竞价时，成交价格的确定原则为：

（一）最高买入申报价格与最低卖出申报价格相同，以该价格为成交价格；

（二）买入申报价格高于即时揭示的最低卖出申报价格的，以即时揭示的最低卖出申报价格为成交价格；

（三）卖出申报价格低于即时揭示的最高买入申报价格的，以即时揭示的最高买入申报价格为成交价格。

3.6.4　按成交原则达成的价格不在最小价格变动单位范围内的，按照四舍五入原则取至相应的最小价格变动单位。

3.6.5　买卖申报经交易主机撮合成交后，交易即告成立。符合本规则各项规定达成的交易于成立时生效，买卖双方必须承认交易结果，履行清算交收义务。

因不可抗力、意外事件、交易系统被非法侵入等原因造成严重后果的交易，本所可以采取适当措施或认定无效。

对显失公平的交易，经本所认定并经理事会同意，可以采取适当措施，并向证监会报告。

违反本规则，严重破坏证券市场正常运行的交易，本所有权宣布取消，由此造成的损失由违规交易者承担。

3.6.6　依照本规则达成的交易，其成交结果以本所交易主机记录的成交数据为准。

3.6.7　证券交易的清算交收业务，应当按照本所指定的登记结算机构的规定办理。

第七节　大宗交易

3.7.1　在本所进行的证券买卖符合以下条件的，可以采用大宗交易方式：

（一）A 股单笔买卖申报数量应当不低于 50 万股，或者交易金额不低于 300 万元人民币；

（二）B 股单笔买卖申报数量应当不低于 50 万股，或者交易金额不低于 30 万美元；

（三）基金大宗交易的单笔买卖申报数量应当不低于 300 万份，或者交易金额不低于 300 万元；

（四）国债及债券回购大宗交易的单笔买卖申报数量应当不低于 1 万手，或者交易金额不低于 1000 万元；

（五）其他债券单笔买卖申报数量应当不低于 1000 手，或者交易金额不低于 100 万元。

本所可以根据市场情况调整大宗交易的最低限额。

3.7.2　本所接受大宗交易申报的时间为每个交易日 9：30 至 11：30、13：00 至 15：30。

3.7.3　大宗交易的申报包括意向申报和成交申报。

意向申报指令应包括证券账号、证券代码、买卖方向等。

成交申报指令应包括证券代码、证券账号、买卖方向、成交价格、成交数量等。

3.7.4　意向申报应当真实有效。申报方价格不明确的，视为至少愿以规定的最低价格买入或最高价格卖出；数量不明确的，视为至少愿以大宗交易单笔买卖最低申报数量成交。

3.7.5　当意向申报被会员接受（包括其他会员报出比意向申报更优的价格）时，申报方应当至少与一个接受意向申报的会员进行成交申报。

3.7.6　有涨跌幅限制证券的大宗交易成交价格，由买卖双方在当日涨跌幅价格限制范围内确定。

无涨跌幅限制证券的大宗交易成交价格，由买卖双方在前收盘价的上下 30%或当日已成交的最高、最低价之间自行协商确定。

3.7.7　买卖双方达成协议后，向本所交易系统提出成交申报，申报的交易价格和数量必须一致。

成交申报一经本所确认，不得变更或撤销，买卖双方必须承认交易结果。

3.7.8　会员应保证大宗交易参与者实际拥有与意向申报和成交申报相对应的证券或资金。

3.7.9　本所债券大宗交易实行一级交易商制度。

经本所认可的会员，可以担任一级交易商，通过本所大宗交易系统进行债券双边报价业务。

3.7.10　大宗交易不纳入本所即时行情和指数的计算，成交量在大宗交易结束后计入该证券成交总量。

3.7.11　每个交易日大宗交易结束后，属于股票和基金大宗交易的，本所公告证券名称、成交价、成交量及买卖双方所在会员营业部的名称等信息；属于债券和债券回购大宗交易的，本所公告证券名称、成交价和成交量等信息。

第八节　债券回购交易

3.8.1　债券回购交易包括债券买断式回购交易和债券质押式回购交易等。

3.8.2　债券买断式回购交易是指债券持有人将债券卖给购买方的同时，交易双方约定在未来某一日期，卖方再以约定价格从买方购回相等数量同种债券的交易。

债券质押式回购交易是指债券持有人在将债券质押的同时，将相应债券以标准券折算比率计算出的标准券数量为融资额度而进行的质押融资，交易双方约定在回购期满后返还资金和解除质押的交易。

3.8.3　债券回购交易的期限按日历时间计算。如到期日为非交易日，顺延至下一个交易日结算。

第四章　其他交易事项

第一节　开盘价与收盘价

4.1.1　证券的开盘价为当日该证券的第一笔成交价格。

4.1.2　证券的开盘价通过集合竞价方式产生，不能产生开盘价的，以连续竞价方式产生。

4.1.3　证券的收盘价为当日该证券最后一笔交易前一分钟所有交易的成交量加权平均价（含最后一笔交易）。当日无成交的，以前收盘价为当日收盘价。

第二节　挂牌、摘牌、停牌与复牌

4.2.1　本所对上市证券实行挂牌交易。

4.2.2　证券上市期届满或依法不再具备上市条件的，本所终止其上市交易，并予以摘牌。

4.2.3　股票、封闭式基金交易出现异常波动的，本所可以决定停牌，直至相关当事人做出公告当日的上午 10：30 予以复牌。

根据市场发展需要，本所可以调整停牌证券的复牌时间。

4.2.4　本所可以对涉嫌违法违规交易的证券实施特别停牌并予以公告，相关当事人应按照本所的要求提交书面报告。

特别停牌及复牌的时间和方式由本所决定。

4.2.5　证券停牌时，本所发布的行情中包括该证券的信息；证券摘牌后，行情中无该证券的信息。

4.2.6　证券开市期间停牌的，停牌前的申报参加当日该证券复牌后的交易；停牌期间，可以继续申报，也可以撤销申报；复牌时对已接受的申报实行集合竞价，集合竞价期间不揭示虚拟开盘参考价格、虚拟匹配量、虚拟未匹配量。

4.2.7　证券挂牌、摘牌、停牌与复牌的，本所予以公告。

4.2.8　证券挂牌、摘牌、停牌与复牌的其他规定，按照本所上市规则或其他有关规定执行。

第三节　除权与除息

4.3.1　上市证券发生权益分派、公积金转增股本、配股等情况，本所在权益登记日（B 股为最后交易日）次一交易日对该证券作除权除息处理，本所另有规定的除外。

4.3.2　除权（息）参考价格的计算公式为：

除权（息）参考价格 = [（前收盘价格 − 现金红利）+ 配（新）股价格 × 流通股份变动比例] ÷（1 + 流通股份变动比例）。

证券发行人认为有必要调整上述计算公式的，可向本所提出调整申请并说明理由。本所可以根据申请决定调整除权（息）参考价格计算公式，并予以公布。

除权（息）日即时行情中显示的该证券的前收盘价为除权（息）参考价。

4.3.3　除权（息）日证券买卖，按除权（息）参考价格作为计算涨跌幅度的基准，本所另有规定的除外。

第五章　交易信息

第一节　一般规定

5.1.1　本所每个交易日发布证券交易即时行情、证券指数、证券交易公开信息等交易信息。

5.1.2　本所及时编制反映市场成交情况的各类日报表、周报表、月报表和年报表，并予以发布。

5.1.3　本所市场产生的交易信息归本所所有。未经本所许可，任何机构和个人不得使用和传播。

经本所许可使用交易信息的机构和个人，未经本所同意，不得将本所交易信息提供给其他机构和个人使用或予以传播。

5.1.4　证券交易信息的管理办法由本所另行规定。

第二节　即时行情

5.2.1　每个交易日 9：15 至 9：25 开盘集合竞价期间，即时行情内容包括：证券代码、证券简称、前收盘价格、虚拟开盘参考价格、虚拟匹配量和虚拟未匹配量。

5.2.2　连续竞价期间，即时行情内容包括：证券代码、证券简称、前收盘价格、最新成交价格、当日最高成交价格、当日最低成交价格、当日累计成交数量、当日累计成交金额、实时最高五个买入申报价格和数量、实时最低五个卖出申报价格和数量。

5.2.3　首次上市证券上市首日，其即时行情显示的前收盘价格为其发行价，本所另有规定的除外。

5.2.4　即时行情通过通信系统传输至各会员，会员应在本所许可的范围内使用。

5.2.5　根据市场发展需要，本所可以调整即时行情发布的方式和内容。

第三节　证券指数

5.3.1　本所编制综合指数、成份指数、分类指数等证券指数，以反映证券交易总体价格或某类证券价格的变动和走势，随即时行情发布。

5.3.2　证券指数的编制遵循公开透明的原则。

5.3.3　证券指数设置和编制的具体方法由本所另行规定。

第四节　证券交易公开信息

5.4.1　有价格涨跌幅限制的股票、封闭式基金竞价交易出现下列情形之一的，本所公布当日买入、卖出金额最大的五家会员营业部的名称及其买入、卖出金额。

（一）日收盘价格涨跌幅偏离值达到±7%的各前三只股票（基金）。

收盘价格涨跌幅偏离值的计算公式为：

收盘价格涨跌幅偏离值 = 单只股票（基金）涨跌幅 – 对应分类指数涨跌幅

（二）日价格振幅达到 15%的前三只股票（基金）。

价格振幅的计算公式为：

价格振幅 =（当日最高价格 – 当日最低价格）/当日最低价格 × 100%

（三）日换手率达到 20%的前三只股票（基金）。

换手率的计算公式为：

换手率 = 成交股数（份额）/ 流通股数（份额）×100%

收盘价格涨跌幅偏离值、价格振幅或换手率相同的，依次按成交金额和成交量选取。

对应分类指数包括本所编制的上证 A 股指数、上证 B 股指数和上证基金指数等。

对 3.4.13 规定的无价格涨跌幅限制的股票、封闭式基金，本所公布当日买入、卖出金额最大的五家会员营业部的名称及其买入、卖出金额。

5.4.2　股票、封闭式基金竞价交易出现下列情形之一的，属于异常波动，本所分别公告该股票、封闭式基金交易异常波动期间累计买入、卖出金额最大五家会员营业部的名称及其买入、卖出金额：

（一）连续三个交易日内日收盘价格涨跌幅偏离值累计达到±20%的；

（二）ST 股票和 *ST 股票连续三个交易日内日收盘价格涨跌幅偏离值累计达到±15%的；

（三）连续三个交易日内日均换手率与前五个交易日的日均换手率的比

值达到30倍，并且该股票、封闭式基金连续三个交易日内的累计换手率达到20%的；

（四）本所或证监会认定属于异常波动的其他情形。

异常波动指标自复牌之日起重新计算。

对3.4.13规定的无价格涨跌幅限制的股票、封闭式基金不纳入异常波动指标的计算。

5.4.3　本所根据第4.2.4条对证券实施特别停牌的，根据需要可以公布以下信息：

（一）成交金额最大的五家会员营业部的名称及其买入、卖出数量和买入、卖出金额；

（二）股份统计信息；

（三）本所认为应披露的其他信息。

5.4.4　证券交易公开信息涉及机构的，公布名称为“机构专用”。

5.4.5　根据市场发展需要，本所可以调整证券交易公开信息的内容。

第六章　交易行为监督

6.1　本所对下列可能影响证券交易价格或者证券交易量的异常交易行为，予以重点监控：

（一）可能对证券交易价格产生重大影响的信息披露前，大量买入或者卖出相关证券；

（二）以同一身份证明文件、营业执照或其他有效证明文件开立的证券账户之间，大量或者频繁进行互为对手方的交易；

（三）委托、授权给同一机构或者同一个人代为从事交易的证券账户之间，大量或者频繁进行互为对手方的交易；

（四）两个或两个以上固定的或涉嫌关联的证券账户之间，大量或者频繁进行互为对手方的交易；

（五）大笔申报、连续申报或者密集申报，以影响证券交易价格；

（六）频繁申报或频繁撤销申报，以影响证券交易价格或其他投资者的投资决定；

（七）巨额申报，且申报价格明显偏离申报时的证券市场成交价格；

（八）一段时期内进行大量且连续的交易；

（九）在同一价位或者相近价位大量或者频繁进行回转交易；

（十）大量或者频繁进行高买低卖交易；

（十一）进行与自身公开发布的投资分析、预测或建议相背离的证券交易；

（十二）在大宗交易中进行虚假或其他扰乱市场秩序的申报；

（十三）本所认为需要重点监控的其他异常交易。

6.2 会员及其营业部发现投资者的证券交易出现第 6.1 条所列异常交易行为之一，且可能严重影响证券交易秩序的，应当予以提醒，并及时向本所报告。

6.3 出现第 6.1 条所列异常交易行为之一，且对证券交易价格或者交易量产生重大影响的，本所可采取非现场调查和现场调查措施，要求相关会员及其营业部提供投资者开户资料、授权委托书、资金存取凭证、资金账户情况、相关交易情况等资料；如异常交易涉及投资者的，本所可以直接要求其提供有关材料。

6.4 会员及其营业部、投资者应当配合本所进行相关调查，及时、真实、准确、完整地提供有关文件和资料。

6.5 对情节严重的异常交易行为，本所可以视情况采取下列措施：

（一）口头或书面警示；

（二）约见谈话；

（三）要求相关投资者提交书面承诺；

（四）限制相关证券账户交易；

（五）报请证监会冻结相关证券账户或资金账户；

（六）上报证监会查处。

如对第（四）项措施有异议的，可以向本所提出复核申请。复核期间不停止相关措施的执行。

第七章 交易异常情况处理

7.1 发生下列交易异常情况之一，导致部分或全部交易不能进行的，本所可以决定技术性停牌或临时停市：

（一）不可抗力；

（二）意外事件；

（三）技术故障；

（四）本所认定的其他异常情况。

7.2 出现行情传输中断或无法申报的会员营业部数量超过营业部总数10%以上的交易异常情况，本所可以实行临时停市。

7.3 本所认为可能发生第7.1条、第7.2条规定的交易异常情况，并会严重影响交易正常进行的，可以决定技术性停牌或临时停市。

7.4 本所对技术性停牌或临时停市决定予以公告。

7.5 技术性停牌或临时停市原因消除后，本所可以决定恢复交易。

7.6 除本所认定的特殊情况外，技术性停牌或临时停市后当日恢复交易的，技术性停牌或临时停市前交易主机已经接受的申报有效。交易主机在技术性停牌或临时停市期间继续接受申报，在恢复交易时对已接受的申报实行集合竞价交易。

7.7 因交易异常情况及本所采取的相应措施造成的损失，本所不承担责任。

第八章 交易纠纷

8.1 会员之间、会员与客户之间发生交易纠纷，相关会员应当记录有关情况，以备本所查阅。交易纠纷影响正常交易的，会员应当及时向本所报告。

8.2 会员之间、会员与客户之间发生交易纠纷，本所可以按有关规定，提供必要的交易数据。

8.3 客户对交易有疑义的，会员应当协调处理。

第九章 交易费用

9.1 投资者买卖证券成交的，应当按规定向代其进行证券买卖的会员交纳佣金。

9.2 会员应当按规定向本所交纳会员费、交易经手费及其他费用。

9.3 证券交易的收费项目、收费标准和管理办法按照有关规定执行。

第十章　纪律处分

10.1　会员违反本规则的，本所责令其改正，并视情节轻重单处或并处：

（一）在会员范围内通报批评；

（二）在证监会指定的媒体上公开谴责；

（三）暂停或者限制交易；

（四）取消交易资格；

（五）取消会员资格。

10.2　会员对前条（二）、（三）、（四）、（五）项处分有异议的，可以自接到处分通知之日起 15 日内向本所理事会申请复核。复核期间不停止相关处分的执行。

第十一章　附则

11.1　交易型开放式指数基金、债券、债券回购、权证等品种的其他交易事项，由本所另行规定。

11.2　本规则中所述时间，以本所交易主机的时间为准。

11.3　本所有关股票、基金交易异常波动的规定与本规则不一致的，按本规则执行。

11.4　本规则下列用语含义：

（一）市场：指本所设立的证券交易市场；

（二）上市交易：指证券在本所挂牌交易；

（三）委托：指投资者向会员进行具体授权买卖证券的行为；

（四）申报：指会员向本所交易主机发送证券买卖指令的行为；

（五）标准券：指由不同债券品按相应折算率折算形成的，用以确定可利用质押式回购交易进行融资的额度；

（六）最优价：指集中申报簿中买方的最高价或卖方的最低价，集中申报簿指交易主机中某一时点按买卖方向以及价格优先、时间优先顺序排列的所有未成交申报队列；

（七）虚拟开盘参考价格：指特定时点的所有有效申报按照集合竞价规则虚拟成交并予以即时揭示的价格；

（八）虚拟匹配量：指特定时点按照虚拟开盘参考价格虚拟成交并予以即时揭示的申报数量；

（九）虚拟未匹配量：指特定时点不能按照虚拟开盘参考价格虚拟成交并予以即时揭示的买方或卖方剩余申报数量。

11.5　本规则经本所理事会通过，报证监会批准后生效。修改时亦同。

11.6　本规则由本所负责解释。

11.7　本规则自 2006 年 7 月 1 日起施行。